HJ,80

rororo studium

Herausgegeben von Ernesto Grassi
Universität München

WISSENSCHAFTLICHER BEIRAT:

Erhard Denninger, Frankfurt/Main / Erwin Grochla, Köln / Franz-Xaver Kaufmann, Bielefeld / Erich Kosiol, Berlin / Karl Kroeschell, Göttingen / Joachim Matthes, Bielefeld / Helmut Schnelle, Berlin / Dieter Wunderlich, Berlin

rororo studium ist eine systematisch konzipierte wissenschaftliche Arbeitsbibliothek, die nach Inhalt und Aufbau die Vermittlung von theoretischer Grundlegung und Handlungsbezug des Wissens im Rahmen interdisziplinärer Koordination anstrebt. Die Reihe orientiert sich an den didaktischen Ansprüchen, der Sachlogik und dem kritischen Selbstverständnis der einzelnen Wissenschaften. Die innere Gliederung der Studienkomplexe in EINFÜHRENDE GRUNDRISSE, SCHWERPUNKTANALYSEN *und* PRAXISBEZOGENE EINZELDARSTELLUNGEN *geht nicht vom überlieferten Fächerkanon aus, sondern zielt auf eine problemorientierte Zusammenfassung der Grundlagen und Ergebnisse derjenigen Wissenschaften, die wegen ihrer gesellschaftlichen Bedeutung didaktischen Vorrang haben. Kooperation und thematische Abstimmung der mitarbeitenden Wissenschaftler gewährleisten die Verknüpfung zwischen den einzelnen Bänden und den verschiedenen Studienkomplexen.*

E. G.

Rechtswissenschaften

WISSENSCHAFTLICHER BEIRAT:

Professor Dr. Erhard Denninger (Universität Frankfurt/Main)
Professor Dr. Karl Kroeschell (Universität Göttingen)

Ein reformiertes rechtswissenschaftliches Studium muß vor allem begreiflich machen, daß und in welcher Weise Rechtswissenschaft nur als Teil der Sozialwissenschaften den theoretischen und praktischen Anforderungen der wissenschaftlichen Zivilisation genügen kann. Dies erfordert neue begriffliche Strukturen, neue thematische Schwerpunkte und kritische Auseinandersetzung mit den Methoden herkömmlicher dogmatischer Jurisprudenz.

Die Reihe rororo studium RECHTSWISSENSCHAFTEN *will einen für den kritischen Studenten wie für den Rechtspraktiker gleichermaßen nützlichen Beitrag zu diesem Reformprozeß leisten. Sie baut – gegliedert in* EINFÜHRENDE GRUNDRISSE *(Staatsrecht, Staatslehre, Grundstrukturen der Privatrechtsordnung, Wirtschaftsrecht, Verfahrensrecht, Strafrecht, Rechtssoziologie, Rechtsgeschichte u. a.),* PROBLEM- UND PRAXISBEZOGENE EINZELDARSTELLUNGEN *(Die wirtschaftliche Unternehmung, Multinationale Gesellschaften, Planung und Planungsrecht, Wirtschaftskriminalität und Wirtschaftsstrafrecht u. a.) und Arbeiten zu* RECHTSTHEORIE UND METHODOLOGIE *(Theorie der Rechtsgeltung, Gesetzgebungslehre u. a.) – eine wissenschaftliche Arbeitsbibliothek auf, die sowohl den Fortschritten der Forschung als auch dem Prinzip der Praxisnähe gerecht zu werden versucht.*

E. D. / K. K.

NIKLAS LUHMANN

Rechtssoziologie
2

ROWOHLT

Herausgeberassistent: Eginhard Hora
Redaktion: Ursula Einbeck
Ragni M. Gschwend / Frank Schwerin
München

Veröffentlicht im Rowohlt Taschenbuch Verlag GmbH,
Reinbek bei Hamburg, Mai 1972
© Rowohlt Taschenbuch Verlag GmbH, Reinbek bei Hamburg, 1972
Alle Rechte vorbehalten
Umschlagentwurf Werner Rebhuhn
Gesetzt aus der Linotype-Aldus-Buchschrift
Satz Otto Gutfreund, Darmstadt
Gesamtherstellung Clausen & Bosse, Leck/Schleswig
Printed in Germany
ISBN 3 499 21002 9

INHALTSVERZEICHNIS

IV. POSITIVES RECHT — 207
1. Begriff und Funktion der Positivität — 207
2. Ausdifferenzierung und funktionale Spezifikation des Rechts — 217
3. Konditionale Programmierung — 227
4. Differenzierung der Entscheidungsverfahren — 234
5. Strukturelle Variation — 242
6. Risiken und Folgeprobleme der Positivität — 251
7. Legitimität — 259
8. Durchsetzung des positiven Rechts — 267
9. Kontrolle — 282

V. SOZIALER WANDEL DURCH POSITIVES RECHT — 294
1. Bedingungen eines steuerbaren sozialen Wandels — 298
2. Kategoriale Strukturen — 325
3. Rechtsprobleme der Weltgesellschaft — 333
4. Recht, Zeit und Planung — 343

SCHLUSS: FRAGEN AN DIE RECHTSTHEORIE — 354

ÜBER DEN VERFASSER — 363

BIBLIOGRAPHIE — 364

SACHREGISTER — 374

IV. POSITIVES RECHT

1. Begriff und Funktion der Positivität

Der Begriff der Positivität des Rechts ist der Rechtsphilosophie und der Rechtswissenschaft geläufig. Dort bezeichnet er im Kern die Gesetztheit des Rechts,[1] hat in der näheren Auffassung dieser Gesetztheit aber einige Mitbedeutungen, die wir abstreifen müssen, um einen rechtssoziologischen Begriff der Positivität zu gewinnen. Im rechtswissenschaftlichen Verständnis der Positivität des Rechts ist diese zugleich dogmatisiert, das heißt als Grund ihrer selbst gesetzt.[2] Damit kann eine Soziologie, die immer auch andere Möglichkeiten im Blick zu halten sucht, sich nicht zufriedengeben. Zwar begegnet der klassische rechtswissenschaftliche Positivismus heute (mehr übrigens als der wissenschaftliche Positivismus) breiter Ablehnung, aber ernsthafte Versuche, ihn durch eine andere Theorie der Begründung des Rechts zu ersetzen, sind nicht in Sicht, und die Tatsache der Positivität des Rechts bleibt zu deuten.

Die Auffassungsdifferenz zwischen Rechtswissenschaft und Soziologie hängt damit zusammen, daß für die Soziologie die Vorstellung einer ‹Rechtsquelle› nicht annehmbar ist.[2a] Die Vorstellung einer Rechtsquelle hat nur Sinn, wenn in ihr Entstehungsweise und Geltungsgrund (und oft auch noch Erkenntnisweise und Erkenntnisgrund) des Rechts verschmolzen werden.[3] Für den Blick des Soziologen sind jedoch die faktischen Vorgänge, die, kausal gesehen, zur Entstehung generalisierter Normvorstellungen führen, so weitläufig und verwickelt, daß ‹die› Entstehungsursachen eines Gesetzes nicht angebbar sind. Entsprechend kann die gesetzgeberische Entscheidung nicht als erklärende Ursache der Geltung des gesetzten Normsinnes behan-

---

1 Dies gilt vor allem für die ältere Bedeutungsgeschichte. Vgl. STEPHAN KUTTNER, Sur les origines du terme ‹droit positif›. Revue historique de droit français et étranger 15 (1936), S. 728–740; DAMIAN VAN DEN EYNDE, ‹Ius positivum› and ‹signum positivum› in Twelfth-Century Scholasticism. Franciscan Studies 9 (1949), S. 41–49; STEN GAGNÉR, Studien zur Ideengeschichte der Gesetzgebung. Stockholm–Uppsala–Göteborg 1960. Seit der vollen Positivierung des Rechts im 19. Jahrhundert wird der Begriff indes unklar und vieldeutig – teils dadurch, daß er generalisiert und mit Geltung gleichgesetzt wird; teils dadurch, daß er Ansprüche auf Begründung der Rechtsgeltung mitzubefriedigen sucht.

2 Das gleiche wäre übrigens zum wissenschaftlichen Verständnis der Positivität der Wissenschaften anzumerken – vgl. etwa die kritischen Bemerkungen von JÜRGEN HABERMAS, Erkenntnis und Interesse. Frankfurt/Main 1968, insbes. S. 88 f.

2a Hierzu näher NIKLAS LUHMANN, Die juristische Rechtsquellenlehre aus soziologischer Sicht. Festschrift René König, im Druck.

3 Das ist auch in der Rechtstheorie selbst auf mannigfache Kritik gestoßen. Als kritischen Überblick über die ältere Literatur, der jedoch den Begriff der Rechtsquelle in einem erkenntnistheoretischen Sinne zu bewahren sucht, vgl. ALF Ross, Theorie der Rechtsquellen. Ein Beitrag zur Theorie des positiven Rechts auf Grundlage dogmenhistorischer Untersuchungen. Leipzig–Wien 1929.

delt werden.⁴ Kausal gesehen gibt es immer weitere Ursachen und Vorursachen, oft wichtigere Ursachen als die Entscheidung. Das Recht stammt nicht aus der Feder des Gesetzgebers. Die Entscheidung des Gesetzgebers (und das gleiche gilt, wie heute weithin anerkannt, für die Entscheidung des Richters) findet eine Fülle von Normprojektionen vor, aus denen sie mit mehr oder minder großer Entscheidungsfreiheit auswählt. Sie könnte anders keine Rechtsentscheidung sein. Ihre Funktion liegt nicht in der Schöpfung, in der Herstellung von Recht, sondern in der Selektion und symbolischen Dignifikation von Normen als bindendes Recht. Der Prozeß der Rechtsbildung bezieht die gesamte Gesellschaft ein. In ihn ist ein verfahrensmäßiger Filter eingeschaltet, den alle Rechtsgedanken durchlaufen müssen, um gesellschaftlich bindendes Recht zu werden. In diesem Verfahren wird nicht das Recht, wohl aber die Entweder/Oder-Struktur des Rechts erzeugt; wird über Geltung oder Nichtgeltung entschieden, nicht aber das Recht aus dem Nichts geschaffen. Es ist wichtig, diesen Unterschied im Auge zu behalten, da sich anderenfalls allzu leicht die Vorstellung der Entscheidungsgesetztheit des Rechts mit der ganz falschen Vorstellung einer faktischen oder moralischen Allmacht des Gesetzgebers verbindet.

Man muß, mit anderen Worten, Zurechnung und Kausalität unterscheiden.⁵ Die besondere Prominenz des (gesetzgeberischen bzw. richterlichen) Entscheidungsverfahrens und ihre Bedeutung für die Positivierung der Rechtsgeltung können nicht vom Kreativen oder Ursächlichen her begriffen werden; sie ergeben sich aus den Systemstrukturen, die den Entwurf von Möglichkeiten und ihre Reduktion auf eine Entscheidung ermöglichen, und sie bestehen in der *Zurechnung* der Geltung des Rechts auf solche Entscheidungen. Das gibt keinen vollständigen Aufschluß über Kausalität, über die Vorbehandlung und Auswahl der zu entscheidenden Möglichkeiten und erst recht nicht über die faktischen Machtverhältnisse; wohl aber darüber, an wen Vorwürfe, politische Sanktionen und Änderungswünsche zu adressieren sind. Das Bemerkenswerte, strukturell Bedeutsame daran ist, daß, wie immer die Stränge der Kausalität verwoben sind, die *Geltung des Rechts auf einen variablen Faktor bezogen wird: auf eine Entscheidung*.

Auch damit ist nicht die historische, kausalgenetische Rückrechnung gemeint, nicht das bloße Faktum, daß einmal ein Gesetzgeber oder Richter entschieden hatte. Das gab es immer. Deshalb ist auch die historische Tatsache gesetzgeberischer Entscheidung kein ausreichendes Indiz für die Positivität des darin fixierten Rechtes. Weder die römischen noch die spätgermanischen Volksgesetze haben in vollem Umfange positives Recht geschaf-

---

4 Auch Juristen kennen diese Unterscheidung. Siehe GEORGES RIPERT, *Les forces créatrices du droit.* Paris 1955, S. 78 ff.

5 Vgl. z. B. FELIX KAUFMANN, Methodenlehre der Sozialwissenschaften. Wien 1936, insbes. S. 181 ff; HANS KELSEN, Vergeltung und Kausalität. Den Haag 1941; FRITZ HEIDER, *Social Perception and Phenomenal Causality.* Psychological Review 51 (1944), S. 358–374; EDWARD E. JONES u. a., *Attribution. Perceiving the Causes of Behavior.* New York 1971. An juristischer Literatur etwa: KARL LARENZ, Hegels Zurechnungslehre und der Begriff der objektiven Zurechnung. Leipzig 1927;

fen. Das Kriterium liegt nicht in der ‹Rechtsquelle›, nicht im einmaligen Akt der Entscheidung, sondern im laufend aktuellen Rechtserleben. Positiv gilt Recht nicht schon dann, wenn dem Rechtserleben ein historischer Akt der Gesetzgebung in Erinnerung ist – dessen Geschichtlichkeit kann traditionalem Rechtsdenken gerade als Symbol der Unabänderlichkeit dienen –, sondern nur, wenn das Recht als kraft dieser Entscheidung geltend, als Auswahl aus anderen Möglichkeiten und somit als abänderbar erlebt wird. Das historisch Neue und Riskante der Positivität des Rechts ist die *Legalisierung von Rechtsänderungen*.

Ein solches Präsenthalten von Möglichkeiten der Änderung allen Rechts impliziert eine abstrakte Vorstellung der Zeit. Es setzt eine Egalisierung der Zeit voraus in dem Sinne, daß es von der Zeit her gesehen gleichgültig ist, in welchem Zeitpunkt Recht gesetzt wird.[5a] Es gibt dafür keine günstigen oder ungünstigen *Zeiten* mehr, sondern nur günstige oder ungünstige *Umstände*. Der alte Gedanke, daß es nicht wiederkehrende Zeiten gegeben habe, in denen Recht gestiftet wurde – einen historischen Anfang, eine Zeit der Offenbarung, eine Zeit unmittelbarer Beziehung des Menschen zu den religiösen Quellen von Wahrheit und Recht –, oder umgekehrt, daß es Zeiten gibt, die ‹noch nicht reif sind für Gesetzgebung›, muß aufgegeben werden, wenn Rechtsetzung jederzeit möglich werden soll. Aus dem gleichen Grunde ist Positivierung unvereinbar mit einer qualitativen Differenzierung von altem und neuem Recht. Die Dauer der Geltung verliert jede Bedeutung für die Qualität und die Stärke der Bindungskraft des Rechts. Die mittelalterliche Vorstellung, altes Recht sei besser als neues, wird nicht ins Gegenteil – neues Recht sei besser als altes – umgewertet, sondern verliert schon in der zeitbezogenen Problemstellung ihren Sinn. Die Frage ist nur noch, ob bestimmte Rechtsnormen gelten oder nicht, und nur im Rahmen dieser Fragestellung gilt als Entscheidungsregel die Vermutung, daß der Gesetzgeber widersprechendes früheres Recht aufheben wollte.

Mit einer solchen Präsenz von Änderungsmöglichkeiten wird laufend bewußt gehalten, daß das jeweils geltende Recht eine Selektionsleistung ist und kraft dieser jederzeit änderbaren Selektion gilt. Gesetztheit heißt nämlich Kontingenz, heißt, daß die Geltung auf Setzung beruht, die auch anders hätte ausfallen können. Ein Bewußtsein solcher Gesetztheit wird nur erhalten in dem Maße, als der selektive Entscheidungsprozeß sich nicht im Unergründlichen einer Vorgeschichte verliert, sondern sichtbar gemacht und als laufend präsente Möglichkeit festgehalten werden kann. Positives Recht läßt sich somit durch Kontingenzbewußtsein charakterisieren: es schließt andere Möglichkeiten zwar aus, eliminiert sie damit aber nicht aus dem Horizont des Rechtserlebens, sondern hält sie als mögliche Themen

---

H. L. A. HART/A. M. HONORÉ, *Causation in the Law*, Oxford 1960; JOEL FEINBERG, *Doing and Deserving: Essays in the Theory of Responsibility*. Princeton 1970.

5a Zu den Anfängen dieser Umstellung des Verhältnisses von Zeit und Recht im Mittelalter HANS MARTIN KLINKENBERG, Die Theorie der Veränderbarkeit des Rechts im frühen und hohen Mittelalter. In: PAUL WILPERT (Hrsg.), Lex et sacramentum im Mittelalter. Berlin 1969, S. 157–188.

für Rechtsgeltung präsent und verfügbar für den Fall, daß eine entsprechende Änderung des geltenden Rechts opportun erscheint; es ist beliebig bestimmt, aber nicht beliebig bestimmbar.[6]

Wir können diesen Begriff der Positivität demnach auf die Formel bringen, daß das Recht nicht nur durch Entscheidung *gesetzt* (das heißt ausgewählt) wird, sondern auch kraft Entscheidung (also kontingent und änderbar) *gilt*. Durch Umstrukturierung des Rechts auf Positivität werden die Kontingenz und die Komplexität des Rechts immens gesteigert und damit dem Rechtsbedarf einer funktional differenzierten Gesellschaft angeglichen. Die Kontingenz und die Komplexität des Rechts werden damit auf eine andere Ebene gebracht – mit neuartigen Strukturvoraussetzungen und neuartigen Organisationsmöglichkeiten, neuartigen Risiken und neuartigen Folgeproblemen. Dieser Wandel erfaßt alle Dimensionen der Generalisierung von Erwartungen und ist nur dadurch zu realisieren, daß die Kongruenz des Rechts auf neuartige Weise sichergestellt wird.

Zeitlich muß das Recht ohne Beeinträchtigung seiner normativen Funktion als änderbar institutionalisiert werden. Das ist möglich. Die Funktion einer Struktur setzt keine absolute Konstanz voraus, sondern erfordert nur, daß die Struktur in den Situationen, die sie strukturiert, nicht problematisiert wird. Damit ist durchaus vereinbar, daß sie in *anderen* Situationen (zu anderen Zeitpunkten, für andere Rollen oder Personen) zum Entscheidungsthema gemacht wird, also variabel ist. Erforderlich ist dann nur eine deutlich erkennbare, fest institutionalisierte Grenze, die diese Situationen trennt.[7] Die Positivierung des Rechts besteht in einer widerspruchsvollen Behandlung von Strukturen auf der Grundlage von Systemdifferenzierung.

Gewonnen wird damit die Möglichkeit von zeitlich verschiedenem Recht. Heute kann Recht gelten, das gestern nicht galt und morgen möglicherweise oder wahrscheinlich oder sicher nicht gelten wird. Zeitlich auseinandergezogen, kann mithin widerspruchsvolles Recht gelten: Die Kündigung von Mietverträgen kann einmal verboten und dann wieder erlaubt, dann erschwert, dann wieder erleichtert werden. Die Geltung kann auch befristet werden, eine laufende Revision des Rechts – etwa in der Rentenanpassung – im voraus geplant und sogar normiert werden. Recht kann provisorisch in Kraft gesetzt werden. Kleine Reformen können vorweggenommen werden, weil die großen nicht so schnell zur Entscheidung zu bringen sind. Das ‹gute Recht› scheint jetzt nicht mehr in der Vergangenheit, sondern in einer offenen Zukunft zu liegen. Alles in allem: Die Zeitdimension kann zur Darstellung der Komplexität des Rechts in Anspruch genommen werden. Das Recht gerät so auf legitime und technisch kontrollierbare Weise in Fluß;[8] es stellt sich darauf ein, daß in funktional differenzierten Gesell-

---

6 So formuliert JULIUS KRAFT, Paradoxien des positiven Rechts. Internationale Zeitschrift für Theorie des Rechts 9 (1935), S. 270–282 (271).

7 Dazu näher unter 4.

8 Hierzu anregend und mit viel Material: HARTWIG BÜLCK, Wirtschaftsverfassungs- und Wirtschaftsverwaltungsrecht in nationaler und übernationaler Sicht.

schaften durch die hohe Interdependenz aller Vorgänge die Zeit knapp wird und rascher zu fließen beginnt.[9]

Die neuartige Beziehung des Rechts auf Geltungszeiten, über die man disponieren kann, steigert mit der zeitlichen zugleich die *sachliche* Komplexität des Rechts: die Zahl der gleichzeitig juridifizierbaren Themen. Was sachlich Recht werden kann, hängt jetzt nicht mehr von dem Nachweis ab, daß es schon immer Recht war.[10] Dadurch werden viele neuartige Verhaltensweisen rechtlich regulierbar, die es vorher nicht waren: Man kann Ansprüche auf Prämien für die Vernichtung von Äpfeln, das Mitführen von Warnleuchten bestimmter Art in Automobilen oder das Absehen von eigenhändiger Reparatur elektrischer Leitungen rechtlich fixieren. Andere Rechtsmaterien, zum Beispiel viele Maßnahmen der Wirtschaftspolitik, dienen der Reaktion auf momentane Lagen und können nur deshalb Recht werden, weil das Recht keinen Daueranspruch für die Zukunft mehr erhebt. Die zeitliche Disponibilität des Rechts ermöglicht mithin einen hohen Detaillierungsgrad von Rechtsnormen bei rasch wechselnden und sehr stark differenzierten Lebensumständen. Das Recht wird mehr und mehr zum Instrument planmäßiger Veränderung der Wirklichkeit in einer Fülle von Einzelheiten. Keine der vorneuzeitlichen Rechtskulturen hatte diese Prätention, geschweige denn diese Möglichkeit. Die reine Zahl der Vorschriften steigt ins Unübersehbare, was Probleme eigener Art mit sich bringt, die selbst von Juristen auf der Basis fachlichen Spezialistentums nicht mehr zu lösen sind.

In: Staat und Wirtschaft im nationalen und übernationalen Recht. Schriftenreihe der Hochschule Speyer, Bd. 22, Berlin 1964, S. 15–42 (31 ff). Selbst für das Strafrecht, das gemeinhin als wenig veränderlich gilt (siehe etwa EMILE DURKHEIM, *De la division du travial social*. 2. Aufl. Paris 1902, S. 44), konnte GEORGE W. KIRCHWEY, *The Prisons Place in the Penal System*. The Annals of the American Academy of Political and Social Science 157 (1931), S. 13–22 (15), feststellen: «Von 100 000 Personen, die in einem der letzten Jahre in Chicago verhaftet wurden, hatten mehr als die Hälfte gegen Vorschriften verstoßen, die 25 Jahre vorher noch nicht existierten. Von den gegenwärtigen Insassen der Gefängnisse der Bundesverwaltung sitzen 76 % wegen Vergehen ein, die 15 Jahre zuvor noch keine Vergehen waren.» In diesem Falle muß man allerdings damit rechnen, daß die Zahlen durch die damalige Prohibitionsgesetzgebung verzerrt sind.

9 Zum Zusammenhang von fortschreitender Differenzierung und Rollenspezifikation mit Zeitknappheit, Steigerung des erforderlichen Tempos und der zeitlichen Präzisierungen vgl. NORBERT ELIAS, Über den Prozeß der Zivilisation. Soziogenetische und psychogenetische Untersuchungen. 2 Bde., Basel 1939, Bd. II, S. 337 f; WILBERT E. MOORE, *Man, Time, and Society*. New York 1963, insbes. S. 16 ff; NIKLAS LUHMANN, Die Knappheit der Zeit und die Vordringlichkeit des Befristeten. Die Verwaltung 1 (1968), S. 3–30; neu gedruckt in: DERS., Politische Planung Opladen 1971.

10 Daß dieses Erfordernis des Nachweises alten Rechts Neuerungen nicht gänzlich ausschloß, ist bekannt und viel erörtert worden (siehe statt anderer ROLF SPRANDEL, Über das Problem des neuen Rechts im früheren Mittelalter. Zeitschrift der Savigny-Stiftung für Rechtsgeschichte, Kan. Abt. 79 [1962], S. 117–137), aber es hat die Möglichkeiten der Innovation natürlich in engen Grenzen gehalten. Man war auf Erinnerungslücken, Fiktionen oder Fälschungen angewiesen, und das setzt ein gering entwickeltes Dokumentationswesen voraus.

Diese Erweiterung dessen, was rechtlich möglich ist, findet ihre Entsprechung in der *Sozialdimension*. Ein so mannigfach potenziertes Recht muß zugleich Recht für sehr viel mehr und viel verschiedenartigere Personen sein, also auch in sozialer Hinsicht stärker generalisiert sein. Es muß vom Wissen und Fühlen des einzelnen praktisch unabhängig sein und trotzdem akzeptiert werden. Nur durch Minimierung der Anteilnahme einzelner können so rascher, sichtbarer Wechsel und so unübersehbare Verbreitung des Rechts institutionalisiert werden.

Eine solche Ausdehnung des Horizonts möglichen Rechts bleibt unverständlich (und deshalb weithin unbeachtet), wenn man die Funktion des Rechts lediglich in der Erhaltung vorgegebener Interaktionsmuster und in der Konfliktsregelung, also in der Bewahrung des Bestehenden sieht. Diese Auffassung geht schlicht vom vorhandenen, jeweils gerade geltenden Recht aus und erkennt nicht, daß die Qualität des Rechts aus der Konfrontierung mit anderen Möglichkeiten gewonnen wird und mit ihr sich ändert. Schon an den ersten, archaischen Schritten zur Ausdifferenzierung rein normativer Erwartungen haben wir ablesen können, daß damit die Stabilisierung von problematischen, nichtselbstverständlichen Erwartungen erreicht wird — wenn auch zunächst nur im Hinblick auf die ‹andere Möglichkeit› enttäuschenden Verhaltens. Diese Konsolidierung des Unwahrscheinlichen wird im Laufe der Rechtsentwicklung fortgesetzt und erreicht mit der Positivierung des Rechts globale, kaum noch begrenzte Ausmaße. Vom Recht her sind der gesellschaftlichen Entwicklung keine Schranken mehr gesetzt, da die jeweils benötigten Strukturen (sofern man sie nur hinreichend sicher ausmachen kann) auch juridifiziert werden können. Vielmehr dient das Recht jetzt als Instrument gesellschaftlicher Entwicklung, als Mechanismus der Konturierung und Verteilung von Chancen und der Lösung dysfunktionaler Folgeprobleme, die sich bei rascher Zunahme funktionaler Systemdifferenzierungen unvermeidbar herausstellen. Von der Funktion her gesehen vollendet also die Positivierung des Rechts nur das, was in der Trennung von kognitiven und normativen Erwartungen schon angelegt war: den Aufbau zunehmend riskanter, evolutionär unwahrscheinlicher Erwartungsstrukturen nach Maßgabe der gesellschaftlichen Entwicklung.

Von der Struktur her gesehen bedeutet Positivierung des Rechts dagegen einen radikalen inneren Umbau. Bei so weitreichenden strukturellen Veränderungen muß die Kongruenz des Rechts auf neue Weise gesucht und ausbalanciert werden. Sie kann nicht mehr in einem Glauben an eine wahre Weltordnung mit invarianten naturhaft-moralischen Grundlagen des Rechts verankert werden, sondern muß sich auf das Sozialsystem beziehen, das die Reduktion der Komplexität des Rechts leistet. Das Phänomen ist neu, und daher ist kaum abzusehen, ob und in welcher Lösung es sich am Ende stabilisiert. Immerhin zeichnen sich einige wesentliche Funktionsbedingungen dieser Neuordnung bereits so deutlich ab, daß wir sie feststellen und die folgenden Analysen daran anschließen können.

Vor allem läßt sich vermuten, daß die Generalisierung des Rechts insgesamt auf ein höheres Niveau der *Indifferenz* angehoben werden muß. Zeitlich heißt das: Indifferenz gegen vorher geltendes und nachher geltendes gegenteiliges Recht. Sachlich heißt das: Indifferenz gegen inkompatiblen Sinn in jeweils anderen Rechtsgebieten, also Herabsetzung des Anspruchsniveaus in bezug auf Konsistenz.[11] Sozial heißt das: Indifferenz gegen die symbolischen Implikationen abweichenden Meinens oder Verhaltens – wenn man so will: Toleranz. Es läßt sich rasch überblicken, daß solche Indifferenzen sich wechselseitig bestärken und entlasten und in ihrem Zusammenspiel auf eine moralische Trivialisierung des Rechts hinauslaufen.[12]

Komplementär dazu entstehen Formen der Selektivitätsverstärkung im rechtlichen Entscheidungsprozeß, die es ermöglichen, mit weniger Indifferenzen auszukommen. Die wichtigste unter ihnen können wir im Begriff der *Reflexivität der Normierung*[13] fassen. Unter Reflexivität[14] soll verstanden werden, daß ein Prozeß zunächst auf sich selbst bzw. auf einen Prozeß gleicher Art angewandt wird und erst dann endgültig zum Zuge kommt. Reflexive Mechanismen sind eine sehr allgemeine, im Ansatz sehr weit zurückreichende Form der Sinnverarbeitung. Ihre Bedeutung hatten wir oben (Bd. I, S. 32 ff) am Fall des Erwartens von Erwartungen bereits erörtert. Sie nimmt im Laufe der Gesellschaftsentwicklung auf vielfältig ineinander verschränkte Weise zu. Wichtige Beispiele sind: Das Sprechen über Worte, das Definieren von Begriffen, schließlich das Sprechen über Sprachen; der Eintausch von Tauschmöglichkeiten in der Form des Geldes und, daran anschließend, die Finanzierung des Geldbedarfs; das Produzieren der Produktionsmittel; die Anwendung von Macht auf Machthaber; das Lernen des Lernens und das Lehren des Lehrens in der Form der Pädagogik; das Vertrauen in das Vertrauen anderer; das Forschen über Forschung (Methodologie); das Mitdarstellen von Darstellungen (zum Beispiel das

---

11 Ob darin ein Verzicht auf dogmatische Systematisierung beschlossen sein muß, die ja Implikationen überträgt und damit Indifferenz aufhebt, ist noch nicht abzusehen. Die Entwicklung des öffentlichen Rechts, des Hauptgebietes positiver Rechtsetzung, weist deutlich in diese Richtung. Aber ebensogut, und funktional äquivalent zu solcher Entdogmatisierung, könnten sich neue Formen der begrifflichen Kontrolle dogmatischer Implikationen entwickeln, die mit höheren Indifferenzen vereinbar sind.

12 Dazu nochmals unten S. 255.

13 Wir beschränken die Analyse der einfacheren Darstellung halber auf die Zeitdimension, auf Normierung. Dabei muß mitbeachtet werden, daß auch die übrigen Dimensionen der Generalisierung von Verhaltenserwartungen reflexive Formen entwickeln – daß die Institutionalisierung sich zunächst auf institutionalisierende Verfahren und dann erst auf sachliche Rechtsthematiken erstreckt (s. oben Bd. I, S. 79 f) und daß die sinnhafte Thematik des Rechts durch sinnkonstituierende und -ausdeutende Begriffe überbaut wird. Insofern sind auch rechtlich geregelte Verfahren und juristische Dogmatiken Aspekte des Gesamtbildes, das wir hier nur ausschnitthaft behandeln, um das Prinzip der Entwicklung zu verdeutlichen.

14 Vgl. dazu allgemein NIKLAS LUHMANN, Reflexive Mechanismen. Soziale Welt 17 (1966), S. 1–23; zur Anwendung auf positives Recht ferner DERS., Positives Recht und Ideologie. Archiv für Rechts- und Sozialphilosophie 53 (1967), S. 531 bis 571. Beides neu gedruckt in: DERS., Soziologische Aufklärung. Köln–Opladen 1970.

Mitdarstellen der Herstellungsweise in modernen Kunstwerken); das Entscheiden über Entscheidung oder Nichtentscheidung in der Bürokratie; das (genießende oder leidende) Fühlen des eigenen oder fremden Gefühls; das Bewerten von Werten in der Form der Ideologie und der hier interessierende Fall: das Normieren der Normsetzung.

Der Vorteil eines solchen reflexiven Arrangements liegt in der Steigerung der Selektionsleistung, die der Prozeß erbringt. Er wird dadurch befähigt, mehr Möglichkeiten zu berücksichtigen, sich mit Sachverhalten von höherer Komplexität auseinanderzusetzen. Im Falle der Normierung wird durch Reflexivität die Selektionsleistung, die in jeder Norm liegt, bewußt gemacht, verfügbar gemacht und selbst normiert. Es gibt nun Normen, die die Normierung normieren – also etwa ein Verfahren und gewisse Rahmenbedingungen der Rechtsetzung.[15] Solche Normierung der Normierung kann, muß aber nicht die Form einer Hierarchie annehmen. (Verfahrensrecht wird zum Beispiel nicht notwendig als höherrangiges Recht begriffen.) In jedem Falle weitet sie den Bereich möglicher Normierungen aus; sie ermöglicht es, Sicherheit und Erwartbarkeit mit größerer Freiheit der Normierung und Normänderung zu vereinbaren, also ein Normgefüge in hohem Maße zu mobilisieren und doch unter Kontrolle zu halten. Eine ‹Verfassung› legt sich in manchen ihrer Bestimmungen nicht von vornherein auf bestimmtes Recht fest, sondern regelt nur die Selektionsweise von variablem Recht.

Rechtstheoretisch gesehen sind diese Angaben noch höchst unausgereift und unklar.[16] Sie führen jedoch auf das zentrale Problem, um das eine allgemeine Rechtstheorie gebaut und durch das sie mit der Rechtssoziologie verbunden werden müßte: auf die Frage, worin präzise die (in reflexiven Prozessen dann durchzuhaltende) Identität der rechtlichen Normierung besteht,[17] welche Sinngehalte – mit anderen Worten – unabdingbar sind, damit es sich um *rechtliche* Normierung *rechtlicher* Normierung – und nicht etwa um Forschen, Lehren, Reden oder Moralisieren über Recht handelt. Einen Vorbegriff der Schwierigkeiten und der benötigten Klärungen hat die

---

15 LON L. FULLER, *The Morality of Law*. New Haven–London 1964, vertritt den ähnlichen Gedanken einer «*procedural version of natural law*» (S. 96) – allerdings in der Verkleidung als Moral. Er erläutert: «*The term ‹procedural› is broadly appropriate as indicating that we are concerned, not with the substantive aims of legal rules, but with the ways in which a system of rules for governing human conduct must be constructed and administered if it is to be efficacious and at the same time remains what it purports to be*» (S. 97).

16 Vgl. hierzu die Kontroverse zwischen CARL FRIEDRICH OPHÜLS, Ist der Rechtspositivismus logisch möglich? Neue Juristische Wochenschrift 21 (1968), S. 1745–1752, und NORBERT HOERSTER, Zur logischen Möglichkeit des Rechtspositivismus. Archiv für Rechts- und Sozialphilosophie 56 (1970), S. 43–59. Weitere Bemerkungen dazu im Schlußteil.

17 Ein interessanter Beleg *per analogiam* ist die Identitätsdiskussion der transzendentalen Erkenntnistheorie, die ebenfalls durch Reflexivwerden der Prozesse (hier: des erkennenden Vorstellens) ausgelöst wurde. In ihr geht es um die Frage, wie ein Subjekt, das sich selbst als Objekt vorstellt, trotzdem mit sich identisch bleiben könne dadurch, daß es sein Vorstellen auf jene Vorstellung bezieht.

Diskussion der Frage geliefert, ob positives Recht in seiner normativen Gültigkeit moralischen – oder doch einigen minimalen moralischen – Normen unterworfen sei, die dann Naturrecht heißen; oder ob, ungeachtet der Sollgeltung aller moralischen Vornormierung des positiven Rechts, dessen Verbindlichkeit eigenständig und von Übereinstimmung bzw. Nichtübereinstimmung mit der Moral unabhängig sei.[18] Mit den klassischen Konzeptualisierungen des Verhältnisses von Moral und Recht [19] scheint das Problem nicht zu lösen zu sein. Ginge man von der Kongruenzfunktion des Rechts aus, ließe diese Diskussion sich gleichsam unterlaufen und immanentrechtlich wiederholen mit einem komplizierteren, zeitliche, soziale und sachliche Generalisierung analytisch trennenden Ansatz, der vielleicht bessere Ergebnisse verspricht.

Ungeachtet dieser Möglichkeiten, die wir im Rahmen einer Rechtssoziologie offenlassen müssen, ist das Reflexivwerden positiven Rechts strukturell analog gebaut zu anderen Fällen von reflexiven Mechanismen, hat mit ihnen gemeinsam das Potential für höhere Komplexität und die höhere Riskiertheit der Struktur und unterscheidet sich von ihnen nur durch die Art des Prozesses, dessen Leistung sie steigert. Man kann deshalb aus einer allgemeinen Theorie reflexiver Mechanismen gewisse Schlüsse ziehen auf die Probleme der Positivierung des Rechts.

Gemeinsames Merkmal sind namentlich jene eigentümlichen Gefährdungen, die sich aus der Einarbeitung von Komplexität und Kontingenz in Systemstrukturen ergeben. Sie sind stets vorhanden, sind bei den einzelnen Mechanismen jedoch in sehr unterschiedlichem Ausmaß bewußt geworden: das Risiko beim Denken des Denkens schon früh, das Risiko von Schulen mit pädagogisch gelenkter Erziehung dagegen fast überhaupt nicht, das Risiko der Spezialisierung auf das Lieben der Liebe gelegentlich,[20] das Risiko der Geldwirtschaft in beträchtlichem Maße seit der Einführung von offensichtlich an sich wertlosem Papiergeld. Vor allem sind jedoch die Ausbreitung des Ideologieverdachts (mit der Möglichkeit des Bewertens auch höchster Werte) und die Positivierung des Rechts von einem scharf zugespitzten Problembewußtsein begleitet worden. Noch heute fällt es den Juristen schwer, die reine Positivität des Rechts, und den Ideologen schwer, die Umwertbarkeit auch ihrer Werte zuzugestehen. Immer wieder werden größte Anstrengungen unternommen, um den vermeintlichen Konsequenzen reiner Beliebigkeit zu entgehen durch Berufung auf einen Restbestand

---

18 Besonders klärend hierzu die Diskussion zwischen H. L. A. Hart, *Positivism and the Separation of Law and Morals.* Harvard Law Review 71 (1958), S. 593–629; und Lon L. Fuller, *Positivism and Fidelity to Law. A Reply to Professor Hart.* Ebda., S. 630–672. Vgl. ferner Samuel L. Shuman, *Legal Positivism. Its Scope and Limitations.* Detroit 1963. Die ganze Diskussion leidet darunter, daß die Positivität des Rechts nach wie vor aus dem Gegensatz zu Naturrecht und Moral, und damit unzulänglich, bestimmt wird.

19 Dazu nochmals unten S. 222 f.

20 z. B. in literarischen Behandlungen der romantischen Liebe.

an invarianten Grundlagen, auf wenigstens einige absolute Werte oder auf ein ethisch-naturrechtliches Minimum an Normen.

Wenn man jedoch davon ausgehen muß, daß reflexive Mechanismen unentbehrlich sind, um das gewonnene Niveau gesellschaftlicher Komplexität zu halten, werden solche Rückgriffe auf vorreflexive Ordnungsvorstellungen fragwürdig. Die Sicherheit, die sie verheißen, wird zunehmend illusionär. Wie sollen Sinngehalte von geringerer Komplexität solche mit höherer Komplexität regulieren, wie sollen Vorstellungen von sehr unbestimmter Komplexität solche von bestimmterer Komplexität kontrollieren können? Es mag sein, daß sich auch in unserer Gesellschaft gewisse Prinzipien der Moral herausabstrahieren und als invariant und unantastbar institutionalisieren lassen. Aber so festgestellte Grundsätze enthalten dann keine ausreichenden Ordnungsgarantien mehr.[21] Sie sind nicht instruktiv genug, um den Prozeß laufender struktureller Variation wirklich steuern zu können. Sie schließen zu wenig aus, enthalten keine ausreichenden Hinweise auf jeweils brauchbare Lösungen. Sie werden gerade durch die ihnen zugeschriebene Invarianz überdehnt und praktisch unwichtig. Damit wird fraglich, ob Maß und Sicherheit der Bewegung weiterhin im Unbeweglichen zu suchen sind.

Achtet man statt dessen auf die allgemeinen Voraussetzungen der Stabilisierung reflexiver Mechanismen in sozialen Systemen, kommt viel mehr in den Blick als nur absolute Werte oder naturartig geltende Normen. Die Problematik der Positivierung des Rechts wird dann nicht mehr moralisch, sondern soziologisch behandelt; nicht mehr unter dem Gesichtspunkt möglichen Mißbrauchs hoher Freiheiten gesehen, sondern unter dem Gesichtspunkt struktureller Kompatibilität hoher Freiheiten. Reflexive Mechanismen sind nicht in beliebige Systeme einführbar, sondern stellen hohe Anforderungen an die Systemstruktur, vor allem an die im System schon zugelassene Komplexität, an den Bestand an Anpassungs- und Substitutionsmöglichkeiten in allen Systemteilen, an das Vorhandensein anderer reflexiver Mechanismen. Hier liegt auch der Grund dafür, daß positives Recht nur als Spätleistung der Evolution möglich ist.

Die Frage nach den Bedingungen und Folgeproblemen der Positivierung des Rechts mit Hilfe reflexiver Mechanismen gibt uns den Leitfaden für die folgenden Untersuchungen. Wir werden zunächst (2) herausarbeiten, daß und wie positives Recht aus anderen gesellschaftlichen Erwartungsstrukturen ausdifferenziert und funktional spezifiziert wird. Damit nimmt es (3) die Form eines Konditionalprogramms an. Weiter setzt Positivierung (4) eine Differenzierung von Verfahren für programmierendes und programmiertes Entscheiden voraus. Die damit verbundenen Probleme struktureller Variation (5) sind zunächst faßbar als solche der politischen Entscheidungsvorbereitung, darüber hinaus aber (6) auch als allgemeine gesellschaftliche Risiken und Folgeprobleme der Positivität. Mit ihnen werden

---

21 Damit bestätigen sich die Zweifel an der Fruchtbarkeit der moralischen Fragestellung, die bereits Durkheim angemeldet hatte. Vgl. oben Bd. I, S. 11.

(7) die Legitimität, (8) die Durchsetzung und (9) die Kontrolle des Rechts zu Problemen, die im politischen System unter erschwerten Bedingungen durch Arbeit und Organisation zu lösen sind.

2. Ausdifferenzierung und funktionale Spezifikation des Rechts

Die Vorteile der Reflexivität sind nur dadurch erreichbar, daß Prozesse auf sich selbst oder auf Prozesse gleicher Art angewandt werden. Sie bestehen darin, daß man Liebe liebt (nicht darin, daß man sie denkend vergegenständlicht,[22] erforscht oder kauft oder lernt); darin, daß man Forschungsmöglichkeiten erforscht (nicht darin, daß man sie bewertet oder bezahlt oder erzwingt); oder darin, daß man Normierungen normiert (nicht darin, daß man sie lehrt oder genießt oder glaubt). Für die Einrichtung reflexiver Mechanismen ist daher eine gewisse Abschirmung gegen Interferenz durch andersartige Prozesse erforderlich. Solch ein Bei-sich-Bleiben reflexiver Prozesse kann in der sozialen Wirklichkeit nur durch Ausdifferenzierung und Spezifikation entsprechender Teilsysteme der Gesellschaft gewährleistet werden. Insofern hängt Reflexivität mit funktionaler Differenzierung zusammen, wird durch sie erforderlich und zugleich ermöglicht.

Diese allgemeine Regel, die für die Geldwirtschaft, das Wissenschaftssystem, die auf Liebe gegründete Familie, das politische System mit institutionalisiertem Machtwechsel, das Erziehungssystem, die Entscheidungsbürokratie usw. zutrifft, gilt auch für den Fall des positiven Rechts.[23] Normierung der Normsetzung erfordert ein Auseinanderziehen des Prozesses der Fixierung normativer Erwartungen derart, daß Normen gesetzt werden, die (nur oder auch) Normsetzung normieren und erst mittels dieser ihr Endziel erreichen. Eine solche Kettenstruktur ist besonders störanfällig und daher auf eine gewisse Isolierung des Mechanismus angewiesen. Wenn

---

22 Dies ist im übrigen ein Beispiel, an dem der Zusammenhang von Reflexivität und Ausdifferenzierung besonders prägnant greifbar wird: Die theologischen und moralischen Probleme der *denkenden* Besinnung auf Liebe, die die Diskussionen dieses Themas in der frühen Neuzeit, etwa bei Bossuet und Fénelon, bestimmten, ließen sich lösen durch die romantische Vorstellung eines *Liebens* der Liebe (Jean Paul), die einhergeht mit der Ausdifferenzierung aus der theologisch sanktionierten Moral und der Zuweisung der Liebe an ein funktional-spezifisches Teilsystem der Gesellschaft: die bürgerliche Familie.

23 Allgemeinere, auf hochkultiviertes Recht zurückgreifende Überlegungen zur Ausdifferenzierung von ‹legal systems› gibt es im Umkreis von Parsons. Siehe Talcott Parsons, *Societies. Evolutionary and Comparative Perspectives*. Englewood Cliffs/N. J. 1966, passim; ders., *The System of Modern Societies*. Englewood Cliffs/N. J. 1971, passim; Leon H. Mayhew, *Law. The Legal System*. International Encyclopedia of the Social Sciences Bd. 9, 1968, S. 59–66; vgl. ferner James R. Klonoski/Robert I. Mendelsohn, *The Allocation of Justice. A Political Approach*. Journal of Public Law 14 (1965), S. 323–342; Lawrence M. Friedman, *Legal Culture and Social Development*. Law and Society Review 4 (1969), S. 29–44.

zum Beispiel Art. 1 des Grundgesetzes formuliert: «Die Würde des Menschen ist unantastbar», muß sichergestellt sein, daß dieser Satz bei allen rechtlichen Entscheidungsprozessen als Norm behandelt wird – und nicht etwa als bloßes Bekenntnis und auch nicht als hypothetisch wahre Feststellung, deren Falsifizierung zu versuchen ist. Damit wird zugleich gewährleistet, daß die vorgreifende Festlegung des Modus der Enttäuschungsabwicklung erhalten bleibt, daß zum Beispiel unmittelbares adaptives Lernen auf Rechtsbrüche hin ausgeschlossen bleibt. Der Prozeß hat, mit anderen Worten, in der normativen Perspektive zu bleiben und darf nicht in die der Wahrheit oder des Glaubens abgleiten, und das heißt auch, daß die Auslegung jenes Satzes mit der Auslegung anderer Rechtssätze abgestimmt werden muß, er also nicht zu wörtlich zu nehmen ist.

Wie wird diese Ausdifferenzierung und funktionale Verselbständigung des positiven Rechts erreicht und über lange Entscheidungsketten hinweg durchgehalten?

Im Prinzip lautet die Antwort: durch Einrichtung von Verfahren in einem ausdifferenzierten Rechtssystem. Wie oben S. 141 ff und S. 172 ff bereits dargelegt, sind Verfahren Sozialsysteme besonderer Art, die, typmäßig institutionalisiert, aber jeweils einmalig ablaufend, für die Selektion kollektiv bindender Entscheidungen veranstaltet werden. Solche Verfahren dienen als Träger der Ausdifferenzierung des Rechts – zunächst auf der Ebene der Rechtsanwendung, indem sie diese von mancherlei Rollenrücksichten befreien und als Ersatz dafür spezifisch rechtliche Normen als Entscheidungsprogramme formulieren, nach denen sich die Entscheidung zu richten hat; dann zunehmend auch Verfahren der Rechtsetzung, in denen diese Funktion der Normherstellung nicht mehr nur latent und nebenbei, sondern bewußt praktiziert wird. Wie beim Übergang zum hochkultivierten Recht ist auch beim Übergang zum positivierten Recht die Entwicklung entsprechender Verfahren die ermöglichende Vorleistung. Nur wenn und soweit Verfahren als fest institutionalisierte Verhaltensmuster permanent zur Verfügung stehen, kann das hohe Risiko einer Ausdifferenzierung und Freigabe des Rechts zur Entscheidung getragen, kann das Recht auf sich selbst gestellt werden. Wie bereits betont, heißt das nicht, daß das Recht ohne Anregung von außen aus sich selbst entstehe; wohl aber, daß nur Recht sein kann, was den Filter eines Verfahrens durchlaufen hat und daran zu erkennen ist. Und so heißt auch Ausdifferenzierung des Rechts nicht, daß das Recht mit anderen sozialen Strukturen, Regulationen und Kommunikationsmedien nichts mehr zu tun habe und wie abgeschnitten in der Luft hänge; vielmehr nur, daß das Recht jetzt konsequenter als zuvor auf seine spezifische Funktion kongruenter Generalisierung normativer Verhaltenserwartungen zugeschnitten wird und aus anderen Funktionskreisen nur noch diejenigen Bindungen und Anregungen akzeptiert, die für diese besondere Funktion wesentlich sind.

Neben der Institutionalisierung rechtsförmiger Verfahren für alle Aspekte des rechtlichen Entscheidungsprozesses (und auch als Vorbedingung für diese) scheint dazu weiter eine Umstrukturierung des Verhältnisses von Recht und physischer Gewalt erforderlich gewesen zu sein. Wir hatten (Bd. I, S. 106 ff) gesehen, daß in archaischen Zeiten physische Gewalt ein unentbehrliches Mittel nicht nur der Durchsetzung, sondern auch der Darstellung des Rechts gewesen war. Davon hatten sich die Hochkulturen gelöst und eine in vielen Rechtsordnungen auffällig weitgehende Trennung eingerichtet: Die Entscheidung über physische Gewalt, nicht aber die Verfügung über das Recht konnte politisch zentralisiert werden. Daraus ergab sich ein Anlaß zur Trennung von Gerichtsherr und Rechtskennern: Jener veranstaltete das Verfahren, setzte den Richter ein, garantierte das Erscheinen der Parteien, den Gerichtsfrieden und die Durchsetzung des Urteils; diese formten das Recht. Gerade in den alteuropäischen Gesellschaften, die sowohl die politische Herrschaft als auch ihr Recht am stärksten aus der religiösen Bindung lösen und technisch verselbständigen, tritt diese Trennung markant hervor. Inhaltlich konnte das Recht dann durch den respondierenden, Klagformeln entwerfenden Juristen oder durch den aus Traditionen inspirierten Recht-Sprecher bestimmt werden – im römischen wie im germanischen Recht ohne direkte politische Rücksichten und ohne Einbau jener Schranken, die sich aus der eigenen Verantwortung für die physische Erzwingung ergeben hätten.

Mit der weitergehenden Ausdifferenzierung und funktionalen Verselbständigung des Rechts ändert sich dies. Die Kongruenz normativer Verhaltenserwartungen kann jetzt weniger denn je in der Anlehnung an andere undisponible, zum Beispiel religiöse, moralische, kognitiv-wahre Weltstrukturen begründet werden; als Struktur des Sozialsystems Gesellschaft hängt sie allein von der Realisierung in diesem System und damit von der *Möglichkeit der Durchsetzung* ab. Je stärker der Normierungsprozeß organisatorisch auseinandergezogen, je indirekter, je reflexiver er wird, desto sicherer muß durchgehend vorausgesetzt werden können, daß alles Recht sich, sofern es gilt, durchsetzen läßt; und dafür darf es auf Situationen und gesellschaftliche Kräfteverhältnisse, politischen Konsens oder Prestige des Berechtigten, individuelle Motivstrukturen und überhaupt auf all die Faktoren, deren Verteilung nicht vorausgesehen werden kann, nicht ankommen. Das Recht hängt nun wesentlicher als je zuvor von der abstrakten Bereitstellung physischer Gewalt ab. Die Frage der Durchsetzbarkeit darf, mit anderen Worten, in den rechtsanwendenden Entscheidungsprozessen kein Problem der Voraussicht werden, keinen Bedarf für die Beschaffung konkreter Informationen auslösen, sondern muß als jedenfalls lösbar unterstellt werden können. Wir werden allerdings noch sehen, daß damit die *besondere* Selektivität des *Erzwingungsapparates* nicht ausgeschlossen werden kann. Normen, für die eine Möglichkeit der Erzwingung nicht ins Auge gefaßt werden kann und die auch nicht als Prämissen für erzwingbare Verhaltensvorschriften dienen, verlieren ihre Rechtsqualität.[24] Damit ist nicht

---

24 In der Rechtstheorie wird das Merkmal der Erzwingbarkeit als *allgemeines* und für *jeden* Rechtssatz *unmittelbar* geltendes Kriterium des Rechts heute durchweg abgelehnt. Siehe z. B. die Erörterung bei HERMANN KANTOROWICZ, Der Begriff

gesagt, daß Zwang zum einzigen *Motiv* der Rechtsbefolgung wird, sondern ganz im Gegenteil: daß die zeitliche, soziale und sachliche Generalisierung von Verhaltenserwartungen so gesteigert wird, daß deren Kongruenz nicht mehr durch bestimmte normale Motivlagen gesichert werden kann, sondern nur noch durch hohe Indifferenz gegen jede Art individueller Motivationsstruktur – eben durch die Möglichkeit, unwiderstehlichen Zwang auszulösen. Diese Möglichkeit wird zum inhärenten Merkmal positiven Rechts. Als Möglichkeit wird sie nicht allein schon durch das bloße Faktum hoher Abweichungsquoten, Dunkelziffern, Toleranzen und Prozeßkosten beeinträchtigt. Sie verträgt dagegen kein Recht, das prinzipiell nicht erzwingbar ist, und sie ist allergisch gegen symbolisch-demonstrativen Gebrauch physischer Gewalt *gegen* das positive Recht.

In dem Maße, als das Recht in rechtsförmigen Entscheidungsprozessen selbst erzeugt wird (weil nur so sehr hohe Komplexität effektiv verwaltet werden kann), drängt diese Grenze der physischen Erzwingbarkeit sich dem Recht selbst auf.[25] Sie wird bei der Herstellung von neuem Recht mit bedacht. Nur dank Durchsetzbarkeit mit Hilfe physischer Gewalt kann der Rechtsentscheidungsprozeß in verschiedene Phasen oder Etappen auseinandergezogen werden; kann bei der Entscheidung des Gesetzgebers bereits hinreichende Gewißheit darüber geschaffen werden, daß die Entscheidungen der Verwaltung oder des Richters durchsetzbar sein werden. Nichtzwingbare Rechtspflichten mit traditionellem Status – etwa die Pflicht zur Fortsetzung der ehelichen Lebensgemeinschaft – werden beibehalten, nehmen aber einen prekären Charakter an, soweit sie nicht durch Schadensersatzpflichten oder durch andere indirekte Konsequenzen (zum Beispiel der Schuldverteilung bei der Ehescheidung) doch unter erzwingbares Recht gebracht werden können. Rechtliche Neuschöpfungen beachten typisch diese Grenze des Erzwingbaren, und damit scheiden viele denkbare, rechtspolitisch vielleicht wünschenswerte Normen – etwa ein Verbot an Vermieter, Mieter deshalb abzuweisen, weil sie Kinder haben – aus dem Bereich des rechtlich Möglichen aus. Soweit nichterzwingbares Verhalten mit Hilfe von Recht motiviert werden soll, was namentlich im Wirtschaftsrecht häufig der Fall ist, wird es nicht direkt juridifiziert, sondern auf dem Umwege über erzwingbare Ansprüche oder Belastungen in seinem Kalkulationsrahmen verändert und so beeinflußt.

Erzwingbarkeit hängt sehr wesentlich davon ab, daß das Recht die unter 3 erörterte Form der konditionalen Programmierung annimmt. Zweckorientiertem Recht fehlt sehr oft die Präzision einer erzwingbaren Norm, weil im Hinblick auf den Zweck Alternativen zu der geforderten Handlung

---

des Rechts. Göttingen o. J., S. 72 f; oder bei H. L. A. Hart, *The Concept of Law*. Oxford 1961, und dazu kritisch Jack P. Gibbs, *Definitions of Law and Empirical Questions*. Law and Society Review 3 (1968), S. 429–446.

25 Vgl. dazu Roscoe Pound, *The Limits of Effective Legal Action*. International Journal of Ethics 27 (1917), S. 150–167, und ders., *Social Control Through Law*. New Haven 1942, Neudruck o. O. (Hamden/Conn.) 1968, S. 54 ff, insbes. zu den Erzwingungsproblemen bei einer Moralisierung des Rechts.

auftauchen und legitimiert werden können. So leidet die Durchführung der gegen Rassentrennung gerichteten amerikanischen Gesetzgebung notorisch darunter, daß es bei festgestellten Verstößen genügt – Kooperation des Erzwingungsstabes vorausgesetzt! –, im Hinblick auf den Zweck des Gesetzes ein Arrangement über künftiges Verhalten zu treffen oder auch nur Besserung zu geloben.[26] Gerade die Funktion des Zwecks, Alternativen zu mobilisieren, läßt die legislative Fixierung eines bestimmten Verhaltens fragwürdig erscheinen – eine der größten Schwierigkeiten, denen sich eine stärker sozialwissenschaftliche Orientierung der rechtlichen Entscheidungsprozesse gegenübersieht.

Grenzen der Erzwingbarkeit liegen nicht nur in Sinn und Form der Norm selbst, sondern, spürbarer noch, in der Mitwirkungsbereitschaft der Betroffenen. Darauf werden wir unter 8 zurückkommen. Erzwingbarkeit besagt mithin nicht, daß alles Recht, wie geschrieben, faktisch verwirklicht wird; vielmehr nur, daß die Rechtsgeltung mit einer wenn auch indirekten Vorsorge für den Erzwingungsfall gekoppelt und damit von anderen motivmäßigen Voraussetzungen abgelöst wird. Alle Rechtsplanung muß daher auch eine Erzwingungsplanung enthalten – gerade dann, wenn die Einzelentscheidung von der besonderen Vorsorge für ihre Erzwingbarkeit entlastet werden soll. Auch darin liegt eine Schranke vernünftiger Rechtsetzung.

Und trotzdem, obwohl weite Bereiche möglicher Normen auf Rechtsqualität verzichten müssen, ist zugleich durch Ausdifferenzierung, funktionale Spezifikation und Positivierung auch der Bereich möglichen Rechts beträchtlich gewachsen. Zugespitzt formuliert, löst diese Umdisposition durch eine *Einschränkung* des möglichen Rechts zugleich eine immense *Erweiterung* des möglichen Rechts aus.[27] Nie zuvor hatten so viele Normen Rechtscharakter wie unter den angegebenen Bedingungen. Die Auflösung dieses paradoxen Befundes liegt in dem schon mehrfach erwähnten Umstand, daß funktionale Differenzierung und Spezifikation die Komplexität der Gesellschaft erhöhen, so daß insgesamt viel mehr Möglichkeiten des

---

26 Vgl. z. B. ROBERT E. GOOSTREE, *The Iowa Civil Rights Statute. A Problem of Enforcement.* Iowa Law Review 37 (1952), S. 242–248 (244 f), und ausführlicher LEON H. MAYHEW, *Law and Equal Opportunity. A Study of the Massachusetts Commission Against Discrimination.* Cambridge/Mass. 1968. Ein anderes Beispiel formal illegaler Umdeutung von Konditionalprogrammen in Zweckprogramme hat FREDERICK K. BEUTEL, *Some Potentialities of Experimental Jurisprudence as a New Branch of Social Science.* Lincoln/Nebr. 1957, S. 256 ff, untersucht: die Praxis amerikanischer Strafverfolgungsbehörden, statt einer Bestrafung der Ausstellung ungedeckter Schecks die geschuldete Summe unter Strafandrohung beizutreiben.

27 Das gleiche läßt sich übrigens, und damit gewinnt das Phänomen typischen Charakter, im Bereich der kognitiven Erwartungen feststellen. Auch hier hat die neuzeitliche Präzisierung der Wahrheitsbedingungen auf zwingend intersubjektive Gewißheit gegenüber der Tradition zu einer erheblichen Einschränkung der Wahrheitsmöglichkeiten, zugleich aber zu einer immensen Zunahme wahrer und möglicherweise wahrer Informationen geführt.

Erlebens und Handelns und damit auch viel mehr Möglichkeiten der Normierung vorstellbar werden und zur Auswahl stehen.

Der Schritt zur funktionalen Spezifikation (und zu einem entsprechenden ‹Funktionsverlust›) des Rechts ist in einigen Hinsichten nahezu unbemerkt erfolgt, hat in anderen weites Aufsehen erregt, ist in keinem Falle aber unter Führung eines hinreichenden theoretischen Verständnisses vollzogen worden, da die Funktion des Rechts selbst ungeklärt war. Dies soll an einigen Beispielen erläutert werden:

Zu den auffälligsten, viel diskutierten neuzeitlichen Verengungen des Rechtsgedankens gehört die ‹Trennung von Recht und Moral›, die sich nach einer langen, bis ins frühe Rom zurückreichenden Vorgeschichte der Säkularisierung des Rechts im 18. Jahrhundert durchgesetzt hat [28], und zwar an Hand der Unterscheidung von äußeren und inneren Bestimmungsgründen des Handelns.[29] Damit wird das Recht davon entlastet, zugleich jene Bedingungen zu formulieren, unter denen ein Mensch geachtet werden bzw. sich selbst achten kann. Vor allem kann es nicht mehr Sache des Rechts sein, die Moralität der Lebensführung herzustellen und somit die Bedingungen wechselseitiger Achtbarkeit zu garantieren.[29a] Das Kongruenzerfordernis trennt sich bis zu einem gewissen Grade von einem andersartigen, mehr

---

28 Eine bemerkenswerte Ausprägung hatte diese Trennung von Recht und Moral bereits im klassischen China erfahren, ohne daß von da aus Einflüsse auf die europäische Entwicklung ausgegangen wären. Die chinesische Form der Trennung von Recht und Moral ist nur aus ihrer Geschichte adäquat zu begreifen. Bereits im Übergang aus spätarchaischen Gesellschaften zur politisch geeinten Hochkultur hatten sich in China zwei verschiedene Mechanismen mit entsprechenden Traditionen ausgebildet: die auf Zentralisierung der Strafgewalt gegründete politische Gesetzgebung und die auf Generalisierung und Ethisierung archaischer Riten gegründete, im wesentlichen antilegalistische konfuzianische Moral (Li). Vgl. JOSEPH NEEDHAM, *Science and Civilization in China*. Bd. II, Cambridge/Engl. 1956, S. 518 ff; CH'Ü T'UNG-TSU, *Law and Society in Traditional China*. Paris–Den Haag 1961, S. 226 ff. Die Gesetzgebung wurde nur rechtspolitisch an der Moral orientiert, während im Konfliktsfall das Recht, schon wegen der harten Strafandrohungen, der Moral vorging. Diese Lösung erinnert formal an die des neuzeitlichen Europa, hatte aber eine sehr viel geringere Kluft zwischen Recht und Moral zu überbrücken, da die Moral nicht etwa auf dem Prinzip der inneren Selbstbestimmung des Subjekts beruhte, sondern in einer geschlossenen literarischen Tradition rechtsähnlich kodifiziert worden war.

29 Siehe z. B. KANTS Metaphysik der Sitten, ihre Gliederung und deren Begründung. Daneben findet sich, namentlich im englischen Utilitarismus, die Unterscheidung des Rechts, das ist, von dem Recht, das (moralisch) sein sollte. Beide Konzepte leiden an eigentümlichen Schwierigkeiten der näheren Erläuterung und erfassen jedenfalls nicht das, was *soziologisch* zur Differenz von Recht und Moral zu sagen wäre. Für einen Überblick über die anschließende Diskussion siehe HANS NEF, Recht und Moral in der deutschen Rechtsphilosophie seit Kant. St. Gallen 1937.

29a Ein immer wieder neu diskutiertes Thema. Vgl. als aufeinander bezogene Beiträge PATRICK DEVLIN, *The Enforcement of Morals*. London 1965; H. L. A. HART, *Law, Liberty and Morality*. London 1963; BASIL MITCHELL, *Law, Morality, and Religion in a Secular Society*. London 1970.

personalen Medium menschlicher Beziehungen: der wechselseitigen Hochachtung.[30] Die besondere Achtung vor einem bestimmten Menschen, und das schließt den Fall der Selbstachtung ein, kann nicht mehr allein auf der Grundlage kongruent generalisierter Verhaltenserwartungen erreicht werden. Menschliche Zielsetzungen und Aspirationen orientieren sich in ausgeweiteten, vor allem in wirtschaftlichen Formationen des Möglichen, in denen die jeweilige Gesetzmäßigkeit der Verteilung von Rechten und Pflichten nur noch eine äußere Schranke, nicht mehr das Maß des achtbaren Erfolges selbst abgibt. Andererseits nehmen rechtliche Problemlösungen Formen an, die nicht mehr auf Bedingungen wechselseitiger Achtung beruhen. Ein gutes Beispiel dafür ist die zunehmende Tendenz, Schadensabwicklungen als ein Problem der Risikoverteilung zu sehen. Jene Verschmelzung von Rechtlichkeit und menschlichem Anspruchsniveau, wie sie sich besonders ausgeprägt im ethischen Rechtsdenken der griechischen Philosophie findet, muß aufgegeben werden.[31] Das Kriterium des Rechts kann daher nicht mehr die Form eines ethischen Zweckes der Gerechtigkeit als etwas (nur!) individuell Erstrebenswertes annehmen. Die Trennung von Recht und Moral wird zur Bedingung von Freiheit.

Sie wird außerdem zur Bedingung der Spezifizierbarkeit des Rechts selbst. Soweit nämlich das Recht im Einklang steht mit der Moral, wird die Rechtsbefolgung und Rechtsdurchsetzung moralisiert, entsteht also im Prozeß der Rechtsetzung zugleich neue Moral. Befolgung oder Nichtbefolgung, Erwischtwerden, Behandeltwerden, Bestraftwerden – das sind dann Prozesse, in denen achtbare persönliche Identität aufgebaut oder zerstört wird. Soweit dies geschieht, bekommen spezifische, auf bestimmte Verhaltensweisen abzielende rechtliche Regelungen höchst diffuse und oft irreparable Folgen.[31a] Die Folgen stehen nicht selten außer Verhältnis zu den gesetzgeberischen Zielen und können dazu beitragen, den, der sich abweichend verhält, in seiner Identität auf Abweichung festzulegen, also Abweichung zu

---

30 Daß diese Trennung auch im faktischen Erleben nachvollzogen, aber nicht zu wechselseitiger Irrelevanz gesteigert wird, zeigen neuere empirische Untersuchungen: NIGEL WALKER/MICHAEL ARGYLE, *Does the Law Affect the Moral Judgments?* British Journal of Criminology 1964, S. 570–581; LEONARD BERKOWITZ/NIGEL WALKER, *Laws and Moral Judgments.* Sociometry 30 (1967), S. 410–422; TROY DUSTER, *The Legislation of Morality. Law, Drugs, and Moral Judgment.* New York 1970. Theoretisch behandelt auch JEAN PIAGET, *Les relations entre la morale et le droit.* In: DERS., *Etudes sociologiques.* Genf 1965, S. 172–202, das Problem unter diesem Gesichtspunkt.

31 Das heißt natürlich nicht, daß es für die verfahrensmäßig geordnete Arbeit an rechtlichen Entscheidungen keine Zweckvorstellungen und keine Anspruchsniveaus mehr gäbe. Mit dieser Einschränkung können wir den Argumenten Rechnung tragen, die LON L. FULLER, *The Morality of Law.* New Haven–London 1964, gegen die verbreitete, im Text formulierte Auffassung der Trennung von Recht und Moral vorgetragen hat.

31a Diesen Moralisierungseffekt mitsamt seiner Tendenz zur Verstärkung des abweichenden Verhaltens hat DUSTER a. a. O. am Beispiel der amerikanischen Rauschmittelgesetzgebung eingehend untersucht.

verstärken. Unter diesen Umständen ist es sehr die Frage, ob und wieweit neu gesetztes Recht sich noch sinnvoll auf Moral als Befolgungsmotiv und Durchsetzungshilfe stützen sollte.

Mit einer stärkeren Trennung von Recht und Moral löst das Recht sich ab von der Funktion eines Gewissensregulativs im Sinne einer Sicherung der sich selbst normierenden Identität einer individuellen Persönlichkeit.[32] Die individuell normierte Personalität kann in einer funktional differenzierten Sozialordnung nicht mehr nach den gleichen Regeln und in den gleichen Grenzen gewährleistet werden wie der nicht selbstverständliche zwischenmenschliche Achtungserweis, und beides nicht in voller Übereinstimmung mit dem Kongruenzmechanismus Recht. Das Gewissen muß jetzt nicht mehr als Stätte der Verkündung höheren Rechts, sondern muß gegen das Recht geschützt werden.

Weitaus bedeutsamer und folgenreicher waren Wandlungen, die den älteren kognitiv-normativen (also in bezug auf Enttäuschungsabwicklung undifferenzierten) Wahrheitsbegriff sprengten und ihn im Sinne der neuzeitlichen Wissenschaft präzisierten.[33] Das Recht konnte nun, auch in seinen Grundlagen, den neuartigen methodischen Anforderungen an zwingende Gewißheit der intersubjektiven Übertragbarkeit von Vorstellungen nicht mehr genügen. Außerdem war das Recht nicht in der Lage, die hohen Risiken des neuen Wahrheitsbegriffs – namentlich den nur hypothetischen Charakter und die jederzeitige Falsifizierbarkeit durch dezentralisierte(!) Forschung – in seine Struktur zu übernehmen. Beides zusammen erzwang eine radikale Trennung von wissenschaftlicher Wahrheit und Recht und die Einstellung beider auf je besondere Risiken. Die treibenden Motive haben hier eher im Wissenschaftsbereich und in dessen Spezifikation auf kognitive Funktionen gelegen, und erst an deren Auswirkungen zerbrach der traditionelle Wahrheitsbezug des Rechts – weniger also ein Abstoßen von Funktionen durch das Recht wie im Falle der Moral als vielmehr ein Entzug von Funktionen durch eine in einem anderen System sich vollziehende Ausdifferenzierung. Die Entwicklung folgte hier nicht genuin juristischen Bedürfnissen und wurde deshalb im Rechtsdenken weniger rasch und weniger alarmierend empfunden als im Verhältnis zur Moral (was sich unter anderem im Fortschleppen des Naturrechtsgedankens und des Wahrheitsbezugs im Gerichtsprozeß ablesen läßt).

Eine dritte Funktionendifferenzierung hat noch kaum Aufmerksamkeit, geschweige denn sorgfältige Forschung auf sich gezogen: die Trennung des Rechts von sozialisierenden, erziehenden, erbaulichen Funktionen. Die erziehende Funktion des Rechts stand namentlich der griechischen Rechts-

---

32 Hierzu näher NIKLAS LUHMANN, Die Gewissensfreiheit und das Gewissen. Archiv des öffentlichen Rechts 90 (1965), S. 257–286.
33 Für einige Erläuterungen siehe NIKLAS LUHMANN, Selbststeuerung der Wissenschaft. Jahrbuch für Sozialwissenschaft 19 (1968), S. 147–170. Neu gedruckt in: DERS., Soziologische Aufklärung. Aufsätze zur Theorie sozialer Systeme. Köln–Opladen 1970.

philosophie vor Augen;³⁴ von jeher aber wurde sie in der Symbolisierung des Rechts latent mitgepflegt.³⁵ Bei aller Absonderung des technischen Rechtsdenkens und bei allen Zugangsschwierigkeiten für Nichtjuristen hatten ältere Rechtskulturen doch der ermahnenden, überzeugenden, erziehenden Wirkung des Wortes bei der Formulierung des Rechts große Bedeutung beigemessen. Man kann dies an den Rechtssprichwörtern ablesen, die aus Anlaß der Beteiligung von Laien an der Rechtspflege entstehen,³⁶ und an alten Texten der gesetzesartig benutzten Rechtsliteratur, die Vorschrift und Ermahnung, Argument, Folgenhinweis und Begründung ineinanderweben;³⁷ ferner an den Parömien des juristischen Schulbetriebs, an Wendungen, die durch die Formulierung die Begründung ersetzen, an der epigrammhaft geschliffenen Sprache der römischen Juristen, ja selbst noch des ‹Code Civil›.³⁸ Die heutige Gesetzessprache verfolgt andere Ziele. Sie vermittelt weder Gedächtnis- noch Überzeugungshilfen und eignet sich überhaupt nicht zum Hören oder Lesen, sondern nur zum Nachschlagen bei der Suche nach spezifischen Problemlösungen. Jener im Wort konkretisierten Überzeugungsmittel scheint das positive Recht nicht mehr zu bedürfen.³⁹ Auch die Erfordernisse automatischer Datenverarbeitung in Rechtsangelegenheiten weisen in diese Richtung. Im übrigen lehrt das gänzliche Fehlen des Rechts im Schulbetrieb, daß unsere Pädagogen sich vom Recht keine

---

34 Siehe z. B. PLATON, *Nomoi* 857 E ff. Vgl. zu solchen Bemühungen in der Sowjetunion HAROLD J. BERMAN, *Justice in the USSR*. 2. Aufl., New York 1963, S. 277 ff.

35 Vgl. z. B. FRANZ BEYERLE, Sinnbild und Bildgewalt im älteren deutschen Recht. Zeitschrift der Savigny-Stiftung für Rechtsgeschichte. Germ. Abt. 58 (1938), S. 788–807.

36 Eine eindrucksvolle Sammlung findet man bei ARTHUR DAGUIN, *Axiomes, Aphorismes et Brocards Français de Droit*. Paris 1926.

37 Siehe als ein Beispiel das an den politischen Herrscher gerichtete Verbot, sich am Vermögen der zu bestrafenden Sünder eigensüchtig zu bereichern, in den Gesetzen des Manu IX, 243 und 246: «*A virtuous king must not take for himself the property of a man guilty of moral sin; but if he takes it out of greed, he is tainted by that guilt (of the offender) ... In that (country) where the king avoids taking property of (mortal) sinners, men are born in (due) time (and are) longlived*» (aus GEORG BÜHLER, *The Laws of Manu*. Oxford 1886). Das eigentliche, geregelte Problem, die Funktion der Bestimmung für die Sicherung einer objektiven und sachlichen Rechtspflege, wird bei einer funktional so diffus angelegten Norm weder Sinnbestandteil noch, als ‹ratio legis›, Auslegungsrichtlinie.

38 In diesem Falle übrigens schon merklich auf Kosten der juristischen Stringenz und Verwendbarkeit, wie MAX WEBER, a. a. O., S. 263 f, notiert hat. Seitdem haben namentlich sozialistische Staaten diese Erfahrung wiederholt, daß eine volkstümliche Rechtssprache rechtstechnisch problematisch ist.

39 Amerikaner hatten trotz ihrer abscheulichen Gesetzessprache bis vor kurzem noch recht optimistische Vorstellungen über Erziehung als Hilfsprozeß der Gesetzesdurchführung. Vgl. FRANK E. HORACK, *Cases and Materials on Legislation*. 2. Aufl. Chicago 1954, S. 129 ff. ARTHUR E. BONFIELD, *The Role of Legislation in Eliminating Racial Discrimination*. Race 7 (1965), S. 107–122. Ernüchternd wirken empirische Untersuchungen, vor allem LEON H. MAYHEW, *Law and Equal Opportunity: A Study of the Massachusetts Commission Against Discrimination*. Cambridge/Mass. 1968.

Bildungseffizienz versprechen, mithin einen allenfalls selektiven Humanismus vertreten. Selbst vom spezialisierten Rechtsunterricht an den Universitäten ist die Gesetzgebungspraxis weit entfernt, keinerlei Rücksicht nehmend auf die Lehrbarkeit des neu geschaffenen und immer wieder geänderten Rechts.

Diese Hinweise genügen, um erkennbar werden zu lassen, wie Ausdifferenzierung, funktionale Spezifikation und Positivierung des Rechts zusammenhängen – ja letztlich nur verschiedene Aspekte ein und desselben Geschehens darstellen. Das Abstreifen nahestehender Funktionen, die früher im Recht miterfüllt wurden, nicht aber zwingend mit ihm verbunden sein müssen, verschafft dem Recht Beweglichkeit in den durch die Möglichkeit physischen Zwanges gezogenen Grenzen. Die Wahrheit, die Grundlagen menschlicher Achtung, die Selbstidentifikation der Persönlichkeit und ihre anerzogenen Gewohnheiten und Formen der Erlebnisverarbeitung kann man nicht oder nur sehr schwer durch Entscheidung ändern; sie haben jedenfalls andere Änderungsrhythmen und andere Änderungsbedingungen, als das moderne Recht sie braucht. Verquickung mit derartigen Funktionen macht das Recht daher immobil. Stärkere Differenzierung ermöglicht dagegen, daß das Recht höhere Variabilität annimmt, ja schließlich zu einer prinzipiell variablen Struktur umgebaut wird. Damit sind Interdependenzen und Rücksichtnahmen im Verhältnis der einzelnen Funktionskreise zueinander nicht ausgeschlossen, aber sie müssen eigens hineinprogrammiert, also entschieden werden, da man zunächst einmal von unabhängiger Variabilität auszugehen hat. Jene Dissoziierung von getrennt erfüllbaren Funktionen ist demnach ein unentbehrliches Requisit der vollen Positivierung des Rechts, diese also erst möglich, wenn die abgetrennten Funktionen ohne Bezug auf das Recht und bei wechselndem Recht erfüllt werden können; wenn, mit anderen Worten, auch dafür leistungsstarke und anpassungsfähige Teilsysteme der Gesellschaft zur Verfügung stehen.

Als Folge dieser Entwicklung wird positives Recht so ausdifferenziert, daß es nicht mehr mit der Gesamtheit kongruent generalisierter normativer Erwartungen schlicht identisch ist. Das Recht ändert seinen Charakter. Unsere Definition des Rechtsbegriffs kann nicht mehr ontologisch, sondern nur noch funktional gemeint werden. So erklärt sich das weitverbreitete Unbehagen am positiven Recht, das Aufkommen der Frage nach der Rechtfertigung des Rechts. Gerade der *funktionale* Bezug auf kongruente Generalisierung erzwingt unter komplexen, rasch veränderlichen Strukturbedingungen des Gesellschaftssystems diese Nichtidentität: Das Recht kann nicht mehr einfach das *sein*, was es *leisten* soll. Daran zerbricht das Naturrecht. Und ‹Gerechtigkeit› steht als ein ethisches Prinzip jetzt außerhalb des Rechts.

3. Konditionale Programmierung

Mit steigender Komplexität, mit den gesellschaftlichen Umständen und mit der Ebene, auf der Kongruenz des Erwartens gesucht und gesichert wird, ändert sich auch die Form des Rechts. Durch Einrichtung von Verfahren für die Ausarbeitung kollektiv bindender Entscheidungen wird das Recht, so sahen wir, zum Entscheidungsprogramm. Mit dem Begriff des *Programms* soll gesagt sein, daß Systemprobleme durch Angabe einengender Bedingungen ihrer Lösung («*constraints*») definiert und auf Grund dieser Definition dann durch Entscheidung lösbar sind; ferner daß jene Problemdefinition selbst in Verfahren durch Entscheidung erfolgt und durch Entscheidungen getestet wird.[40] Die Umstrukturierung des Rechts auf die Form von Entscheidungsprogrammen ist mithin als ein Moment seiner Positivierung zu sehen. Sie beginnt schon früh mit Ansätzen zur Formulierung der Bedingungen, unter denen Entscheidungen rechtlich richtig sind. Damit ist keineswegs gesagt, daß man sich nur noch im Verfahren und nicht mehr außerhalb von Verfahren am Recht orientiert, wohl aber, daß diese Orientierung jetzt mit in Betracht zu ziehen hat, unter welchen Bedingungen Richter Entscheidungen als Lösung juristischer Probleme für richtig halten, und daß man erst auf diesem Umwege die Vorteile kongruenten (gegenüber elementar normativen) Erwartens gewinnen kann.

Mit dem Bedürfnis nach Festlegung der Bedingungen richtigen Entscheidens verbindet sich sehr früh schon eine Tendenz zur *Konditionalisierung* der Rechtsnormen, die, wenn nicht in der Formulierung der Rechtssätze, so doch in deren entscheidungsmäßiger Verwendung zum Ausdruck kommt. Die Grundform lautet: *wenn* bestimmte Bedingungen erfüllt sind (wenn ein im voraus definierter Tatbestand vorliegt), ist eine bestimmte Entscheidung zu treffen. In dieser besonderen Formung ist das Recht nicht mehr einfach berechtigte Verhaltenserwartung und auch nicht mehr ethische Vorgabe eines guten Zieles, durch dessen Aktualisierung das Handeln sein Wesen und der Handelnde seine Tugend verwirklicht. Es bringt vielmehr Tatbestand und Rechtsfolge in einen erwartbaren Wenn/Dann-Zusammenhang, dessen Vollzug Prüfung und Selektion, also eine Entscheidungstätigkeit voraussetzt.

Die Tendenz, Recht in dieser Form zu denken, ist weit älter als das positive Recht. Bereits die ältesten Gesetze, die überliefert sind, bedienen

---

40 Dieser Programmbegriff ist allgemeiner als der des Computerprogramms. Er hat sich als Bindeglied zwischen Systemtheorie und Entscheidungstheorie (als Theorie problemlösenden Verhaltens) bewährt. Vor allem die Psychologie kennt bereits Ausarbeitungen auf dieser Grundlage. Siehe z. B. WALTER R. REITMAN, *Heuristic Decision Procedures, Open Constraints, and the Structure of Ill-defined Problems*. In: MAYNARD W. SHELLY/GLENN L. BRYAN (Hrsg.), *Human Judgments and Optimality*. New York–London–Sydney 1964, S. 282–315; und DERS., *Cognition and Thought. An Information-Processing Approach*. New York–London–Sydney 1965; WERNER KIRSCH, Entscheidungsprozesse. 3 Bde., Wiesbaden 1970/71, insbes. Bd. II.

sich des konditionalen Aussagetypus.[41] Der römische Formularprozeß folgt ganz deutlich diesem Schema: Der Richter wird instruiert, unter welchen Bedingungen eine Klage Erfolg haben kann. Immer aber gingen in die Begründung solcher Konditionalprogramme zugleich ethische und utilitarische Zweckmomente ein, und namentlich das Naturrecht der alteuropäischen Tradition war als Recht guter Handlungszwecke gedacht und nicht als konditionalisiertes Entscheidungsprogramm. Selbst heute findet man nur sporadisch und gleichsam beiläufig Hinweise darauf, daß Rechtsnormen ihrer allgemeinen Form nach Konditionalprogramme seien,[42] und auch dann zumeist ohne vollen Einblick in die Tragweite und die strukturellen Implikationen dieses Prinzips.[43] Immer noch denkt und argumentiert der Jurist gern teleologisch, ohne dabei die Rationalitätsproblematik oder gar die logische Problematik zu überblicken, in die er sich dabei verwickelt.[44] Ty-

---

41 Vgl. dazu WILLIAM SEAGLE, Weltgeschichte des Rechts. Eine Einführung in die Probleme und Erscheinungsformen des Rechts. München–Berlin 1951, S. 165 f.

42 Siehe allerdings THEODOR GEIGER, Vorstudien zu einer Soziologie des Rechts. Neudruck Neuwied 1964, S. 49, der darin die allgemeine Grundform des Rechts schlechthin sieht; ferner z. B. JEROME FRANK, Courts on Trial. Myth and Reality in American Justice. Princeton 1949, S. 14, für eine ‹realistische› Anerkennung dieser Tatsache. Für mehr rechtstheoretische und logische Erörterungen siehe ALF ROSS, On Law and Justice. London 1968, S. 170; KARL LARENZ, Methodenlehre der Rechtswissenschaft. Berlin–Göttingen–Heidelberg 1960, S. 160, 195 ff; KARL ENGISCH, Logische Studien zur Gesetzesanwendung. 3. Aufl., Heidelberg 1963, S. 17 ff; RUPERT SCHREIBER, Die Geltung von Rechtsnormen. Berlin–Heidelberg–New York 1966, S. 9 ff. Kritisch dazu unter Hinweis auf die fortbestehende Bedeutung von Zweckorientierung und teleologischer Argumentation LOUIS H. MAYO/ERNEST M. JONES, Legal-Policy Decision Process. Alternative Thinking and the Predictive Function. The George Washington Law Review 33 (1964), S. 318 bis 456 (insbes. 381 ff), und JOSEF ESSER, Vorverständnis und Methodenwahl in der Rechtsfindung. Frankfurt 1970, S. 141 ff. Umgekehrt weist WALTER SCHMIDT, Die Programmierung von Verwaltungsentscheidungen. Archiv des öffentlichen Rechts 96 (1971), S. 321–354 (331 ff) darauf hin, daß auch Zweckprogramme konditionale Momente enthalten. Als Forderung einer rechtssoziologischen Analyse von Konditionalprogrammen bemerkenswert PAOLO FARNETI, Problemi di analisi sociologica del diritto. Sociologia 1961, S. 33–87. Zu Möglichkeiten einer system- und entscheidungstheoretischen Behandlung vgl. auch NIKLAS LUHMANN, Lob der Routine. Verwaltungsarchiv 55 (1964), S. 1–33, neu gedruckt in DERS., Politische Planung. Opladen 1971; und DERS., Recht und Automation in der öffentlichen Verwaltung. Eine verwaltungswissenschaftliche Untersuchung. Berlin 1966, S. 35 ff.

43 MAX WEBER hat umgekehrt diese Tragweite gesehen, ihr aber keine exakte begriffliche Fassung gegeben, sondern den Gegensatz von Konditionalprogrammen und Zweckorientierung als Gegensatz von ‹formaler› und ‹materialer› Rechtsgestaltung nur sehr unzulänglich formuliert.

44 Auch dies ist zum Teil ein Problem der Fachgrenzen, denn die Probleme der Rationalisierung des Zweck/Mittel-Schemas werden in den Wirtschaftswissenschaften, nicht in der Rechtswissenschaft bearbeitet. Ein ernsthaftes Problembewußtsein und eine breite Diskussion des Verhältnisses von Rechtssatz und Zweck scheint es gegenwärtig in der Sowjetunion zu geben. Vgl. die Hinweise bei HUBERT RODINGEN, Die gegenwärtige rechts- und sozialphilosophische Diskussion in der Sowjetunion. Archiv für Rechts- und Sozialphilosophie 56 (1970), S. 209–244 (217 ff).

pisch ist, daß die Vorteile der konditionalen Programmierung in der Richtung einer *logischen* Durcharbeitung und Kontrolle des Rechts gesucht werden; logische Konsistenz aber ist etwas ganz anderes als konditionale Programmierung und im Recht weder erforderlich noch erreichbar.

In Wahrheit verhilft erst eine organisatorische und entscheidungstechnische Analyse zu der Einsicht, welche Vorteile sich mit konditionaler Programmierung verbinden, und erst auf Grund dieser Einsicht zeichnet sich ab, daß und warum positives Recht sich schärfer und ausschließlicher als frühere Rechtsordnungen auf Konditionalprogramme umstellt.[45] Letztlich liegt der Grund darin, daß nur auf diese Weise sehr hohe Komplexität in kongruent erwartbare Entscheidungen umgesetzt werden kann.

Dieser Bezug von Konditionierung auf Komplexität wird nur begreifbar, wenn man das *Verhältnis von konditionaler Programmierung und Unsicherheit* richtig sieht. Vom Standpunkt dessen gesehen, der in einem System aktuell-gegenwärtig erlebt und handelt, ist und bleibt es stets unsicher, ob ein bestimmtes faktisches Verhalten vorkommen wird, und ebenso ist und bleibt es unsicher, ob eine bestimmte Sanktion eintreffen wird. Diese Unsicherheiten werden durch Normierung und konditionale Programmierung nicht etwa aufgehoben, wohl aber tragbar gemacht dadurch, daß sie in die Form von ‹kontingenter Unsicherheit› gebracht werden – das heißt dadurch, daß die Kontingenz des Verhaltens und die Kontingenz der Sanktion in eine selektive Wenn/Dann-Beziehung gesetzt werden.[46] Die Beziehung besteht, genaugenommen, nicht zwischen Verhalten und Sanktion als faktischen Vorkommnissen (so daß sie ohne deren Vorkommen nicht bestünde), sondern zwischen der *Kontingenz* des Verhaltens und der *Kontingenz* der Sanktion. Sie bringt die Selektion des Verhaltens und die Selektivität des Sanktionierens in einen Zusammenhang und erfüllt damit die Funktion einer Struktur. Diese Funktion liegt nicht in der Beseitigung von Unsicherheit in bezug auf faktische Verläufe (etwa durch motivationsmäßige Determination des Verhaltens), sondern in der Steigerung tragbarer Unsicherheit.[47] Konditional programmierte Systeme können mit höherer Kontingenz und daher auch mit höherer Komplexität von

---

45 Dazu und zur entsprechenden Ausbootung des Zweckes als Rechtfertigungsmittel auch NIKLAS LUHMANN, Zweckbegriff und Systemrationalität. Tübingen 1968, insbes. S. 58 ff.

46 Die logischen und modaltheoretischen Probleme, die diese Aussage impliziert, sind bei weitem noch nicht gelöst. Als einen umstrittenen Versuch, die viel diskutierte Problematik der irrealen Konditionalsätze *(counterfactual conditionals)* in eine allgemeine Theorie des Entwurfs von Möglichkeiten einzubringen, siehe NELSON GOODMAN, *Fact, Fiction, and Forecast.* London 1955, und zur anschließenden Diskussion PAUL TELLER, *Goodman's Theory of Projection.* The British Journal for the Philosophy of Science 20 (1969), S. 219–238, mit weiteren Hinweisen.

47 Diese wesentliche Einsicht ist von WENDELL R. GARNER, *Uncertainty and Structure as Psychological Concepts.* New York–London 1962, für den Bereich kategorial gesteuerter Erlebnisverarbeitung erarbeitet worden. Daran schließen die obigen Ausführungen insbesondere mit der Übernahme des Begriffs der ‹kontingenten Unsicherheit› an.

Sachverhalten zusammen bestehen. Auf diesem ersten, grundlegenden Vorteil bauen alle weiteren auf.

Ein zweiter Vorteil, den das Konditionalprogramm mit der Zweck/Mittel-Orientierung teilt, ist vor allem für die Absetzung gegenüber archaischem (oder auch: gegenüber alltäglich-unmittelbarem) Rechtserleben wesentlich. Er besteht in der *Eröffnung von Variationsmöglichkeiten*. Sie sind darin angelegt, daß die einfache Verhaltenserwartung, der konkret vorgestellte Geschehensablauf, durch eine binäre, zweipolige Struktur ersetzt wird. Das ermöglicht es, entweder die eine oder die andere Seite, entweder das Wenn oder das Dann auszuwechseln und dabei die Gegenseite mit all dem, was ihr Sinn vermittelt, als Richtpunkt der Änderung festzuhalten. Auf diese Weise kann man die Bindung des Handelns an Situationen und Folgen lockern. Man kann entweder das erprobte, erlaubte (oder auch das verbotene) Handeln festhalten und die entsprechende Erwartungsnorm auf einen anderen Fall anwenden – zum Beispiel auch für analoge Situationen eine Klage gewähren. Oder man kann die als Auslöser definierte Situation festhalten, aber das programmäßig ausgelöste Entscheiden oder Handeln modifizieren, also der gleichen Situation andere Wirkungen geben. Dadurch eignet das Konditionalprogramm sich als Scharnier zwischen mehreren, unabhängig voneinander sich ändernden Systemen: Man kann die Straftatbestände sich ändernden gesellschaftlichen Bedürfnissen, die Strafmaßnahmen sich ändernden psychologischen Erkenntnissen und Einwirkungsmöglichkeiten anpassen, ohne daß die eine Änderung notwendig an die andere gebunden wäre.

Neben der Ermöglichung gelenkter Variation verdient die *Technisierbarkeit* der Konditionalprogramme Hervorhebung. Damit ist hier nicht das reine Herstellen von Wirkungen gemeint, das immer schon im Recht lag, sondern in Anlehnung an einen auf HUSSERL zurückgehenden Sprachgebrauch die Entlastung der Erlebnisverarbeitung vom aktuellen Mitvollzug sinnhafter Verweisungen – im reinsten Falle: der logische oder mathematische Kalkül.[48] Konditionalprogramme sind im Grenzfalle Algorithmen und dann automatisierbar. Aber auch wenn dieser Grad technischer Vervollkommnung der Entlastung nicht erreichbar ist, erlaubt das Konditionalprogramm eine wesentliche Vereinfachung des Entscheidungsganges: Der Entscheidende braucht lediglich sein Programm zu kennen (gegebenenfalls zu interpretieren) und zu prüfen, ob die darin vorgezeichneten Informationen gegeben sind oder nicht. Er braucht mithin nur einen engen Ausschnitt seiner Situation und ihrer für das Programm relevanten Vergangenheit

---

48 Vgl. EDMUND HUSSERL, Die Krisis der europäischen Wissenschaften und die transzendentale Phänomenologie. Husserliana, Bd. VI, Den Haag 1954. Bemerkenswert ist, daß HANS BLUMENBERG, Lebenswelt und Technisierung unter den Aspekten der Phänomenologie. Turin 1963, bei der Erläuterung dieses Technik-Begriffs (S. 20 ff) zu einem Beispiel greift, das dem Fall eines Konditionalprogrammes besonders nahekommt: der Reduktion menschlichen Handelns auf reine Auslöserfunktionen für komplex vermittelte Wirkungen.

zu beachten und kann sich im übrigen Indifferenz leisten, worin ihn die Ausdifferenzierung besonderer Verfahrenssysteme für die Programmdurchführung stützt. Damit lassen sich wichtige Zeitgewinne erzielen, lassen sich Themen für rasch erreichbaren Konsens herausschneiden und alles in allem mit konstanter Bewußtseinskapazität mehr Informationen bearbeiten. Das Technische am neuzeitlichen Recht liegt somit nicht in der Vermittlung von Wirkungen durch dingliche Apparaturen, ja überhaupt nicht in der treffsicheren Realisierung bestimmter Zwecke, sondern in der hohen Selektivität der Bewußtseinsleistungen, die ebenso wie, aber in anderer Weise als Maschinen eine Neuorganisation von Möglichkeiten zugänglich macht.

Ein Sonderfall dieser Entlastung verdient besondere Beachtung: *die Entlastung von Aufmerksamkeit und Verantwortlichkeit für Folgen der Entscheidung*. Ungern zugegeben, gehört es gleichwohl zwingend zum Stil der juristischen Entscheidungsarbeit unter konditionalen Programmen, daß mit dem Wenn auch das Dann gesetzt ist und in seinen Konsequenzen hingenommen, aber nicht kalkuliert und bewertet wird.[49] Der Selbstmord des Strafgefangenen geht nicht auf Konto des Richters, der ihn nach dem Gesetz verurteilen mußte, und der Konkursrichter hat nicht zu prüfen und abzuwägen, ob die Kinder des Schuldners ihr Studium aufgeben müssen oder seine Frau sich scheiden lassen wird. Tragender Grund der Entscheidung ist nicht ein Wertverhältnis unter den Folgen, sondern die Geltung der Norm, und diese kann allenfalls in dem Deutungsspielraum, den sie bietet, so ausgelegt werden, daß die *generell* bei ihrer Anwendung zu erwartenden Folgen vernünftig und tragbar erscheinen.[50] Damit ist der Richter ent-

---

[49] Diese Grenzen richterlichen Entscheidens haben namentlich skandinavische Rechtssoziologen herausgearbeitet und der wissenschaftlichen Forschung bzw. den planerischen Entscheidungsprozessen gegenübergestellt. Vgl. VILHELM AUBERT/SHELDON L. MESSINGER, The Criminal and the Sick. Inquiry 1 (1958), S. 137–160; VILHELM AUBERT, Legal Justice and Mental Health. Psychiatry 21 (1958), S. 101 bis 113, beides neu gedruckt in: VILHELM AUBERT, The Hidden Society. Totowa/N. J. 1965; DERS., The Structure of Legal Thinking. In: Legal Essays. Festskrift til Frede Castberg. Kopenhagen 1963, S. 41–63; TORSTEIN ECKHOFF, Justice and Social Utility. In: Legal Essays, a. a. O., S. 74–93; TORSTEIN ECKHOFF/KNUT DAHL JACOBSON, Rationality and Responsibility in Administrative and Judicial Decision-Making. Kopenhagen 1960.

[50] Mit diesem Gedanken eines ‹two-level procedure of justification›, einem Utilitätskalkül nur auf der generellen Ebene der Norm, nicht aber an den Folgen im Einzelfall, wehrt auch RICHARD A. WASSERSTROM, The Judicial Decision. Toward a Theory of Legal Justification. Stanford/Cal.–London 1961, Tendenzen zur rein utilitarischen Rechtfertigung der richterlichen Fallentscheidung ab. Der Gedanke geht zurück auf die im Spätutilitarismus ausgearbeitete Unterscheidung von *act-utilitarianism* und *rule-utilitarianism*. Siehe dazu RICHARD B. BRANDT, Ethical Theory. The Problem of Normative and Critical Ethics. Englewood Cliffs/N. J. 1959, S. 380 ff mit weiteren Literaturhinweisen; MARCUS G. SINGER, Generalization in Ethics. London 1963, S. 203 ff (mit Rückgriff bis auf J. ST. MILL); und JOHN RAWLS, Two Concepts of Rules. The Philosophical Review 64 (1955). Neu gedruckt in und zitiert nach NORMAN S. CARE/CHARLES LANDESMAN (Hrsg.), Readings in the Theory of Action. Bloomington/Ind.–London 1968, S. 306–340.

lastet von einer Prüfung aller wertrelevanten Folgen seiner Entscheidung, von Zukunftserforschung unter Wahrscheinlichkeitsgesichtspunkten, von der Eignungsprüfung seiner Mittel und ihrer Alternativen und der Wertabwägung ihrer Nebenfolgen, kurz: von Entscheidungsüberlegungen, deren Komplexität, Schwierigkeit und Vereinfachungsbedürftigkeit uns die moderne wirtschaftswissenschaftliche Entscheidungstheorie vor Augen führt. Nur unter dieser Bedingung einer Befreiung von konkreter Wirkungsverantwortung sind im übrigen Grundsätze wie der der richterlichen Unabhängigkeit und der Gleichheit vor dem Gesetz sinnvoll [51] – und sie sind nur dort haltbar, wo Recht und Richter nicht zu stark in ein System zweckbezogener Zukunftsplanung einbezogen werden.[52]

Dieser Aspekt der Konditionalisierung scheint auch persönlichkeitsprägend zu wirken bzw. entsprechend disponierte Persönlichkeiten anzuziehen. Durch daran ausgerichtete Selektions- und Sozialisierungsmechanismen, die WOLFGANG KAUPEN [53] untersucht hat, kann die strukturierende Wirkung des Programmtyps verstärkt und ein Konflikt zwischen programmatischen und personalen Strukturen des Entscheidungsprozesses vermieden werden – auf Kosten eines erhöhten Risikos, das mit allen Vereinseitigungen verbunden ist. Schließlich hat konditionale Programmierung beträchtliche Vorteile im Hinblick auf den *Aufwand an Kommunikation*, der zur *Koordinierung des Entscheidens* notwendig ist. Das gilt besonders für die Entlastung des vertikalen Kommunikationsweges: der hierarchischen Aufsicht. Zweckprogramme erfordern eine ziemlich entscheidungsnahe, laufende Überwachung und Kontrolle, da der Zweck allein das Mittel nicht rechtfertigt, die situationsabhängige Mittelwahl vielmehr immer wieder unerfreuliche Konsequenzen haben kann.[54] Eine rationale Lösung des Delega-

---

51 Zum ersteren TORSTEIN ECKHOFF, *Impartiality, Separation of Powers, and Judicial Independence*. Scandinavian Studies in Law 9 (1965), S. 11–48, zum letzteren ADALBERT PODLECH, Gehalt und Funktionen des allgemeinen verfassungsrechtlichen Gleichheitssatzes. Berlin 1971, insbes. S. 106, 117.

52 Daß diese Auffassung in bezug auf die *unmittelbaren* Prozeßziele nicht unbestritten ist, zeigt der Versuch von HERBERT L. PACKER, *Two Models of the Criminal Process*. University of Pennsylvania Law Review 113 (1964), S. 1–68, sowie DEMS., *The Limits of the Criminal Sanction*. Stanford/Cal. 1969, zwei Auffassungen des Strafprozesses zu unterscheiden je nachdem, ob konditional orientierte Rechtlichkeit oder effektive Verbrechensbekämpfung im Vordergrund steht. PACKER setzt dem faktischen Trend zum zweckmäßigen ‹crime control model› die Forderung nach stärkerer Berücksichtigung des ‹due process model› entgegen, das das Verfahren durch einprogrammierte Bedingungen der Rechtlichkeit im Interesse anerkannter Werte bremst.

53 Die Hüter von Recht und Ordnung. Die soziale Herkunft, Erziehung und Ausbildung der deutschen Juristen – Eine soziologische Analyse. Neuwied–Berlin 1969. Siehe zum Beispiel die Feststellung einer überwiegenden Herkunft aus Familien, «in denen der normativen Verhaltenskontrolle gegenüber zielgerichtetem, instrumentellem Verhalten eine erhöhte Bedeutung beigemessen wird» (S. 216), die allerdings weiterer Untersuchung und vor allem eines Vergleichs mit anderen Berufen bedürfte.

54 Dazu näher NIKLAS LUHMANN, Zweckbegriff und Systemrationalität, a. a. O., insbes. S. 177 ff.

tionsproblems scheint hier Quantifikation der Folgenbewertung, praktisch also Geldrechnung, vorauszusetzen und erfordert ausgeklügelte mathematische Techniken.[55] An deren Stelle findet man bei Primat der Zweckprogrammierung typisch entweder eine vielstufige Hierarchie mit wenigen, eng zu beaufsichtigenden Untergebenen oder (und) eine danebengesetzte Kontrollhierarchie, etwa in der Form einer politischen Einheitspartei. Konditionalprogramme eröffnen bessere Chancen der Delegation. Sie sind stärker als Zweckprogramme gegen Folgen immunisiert und brauchen daher nicht laufend nachgesteuert zu werden. Sie können als typische Entscheidungsentwürfe generell aufgestellt und als solche mitgeteilt werden ohne genaue Kenntnis von Zahl und Details der Anwendungssituationen. Soweit erforderlich, werden die Details als Bedingungen in das Programm aufgenommen. Auch dabei können sich unerwartete Folgen ergeben, auch hier muß also eine Rückmeldung von Störungen und Krisen organisiert werden. Im ganzen kann die Aufsicht jedoch weniger dicht geführt werden.[56] Die Auslösung der Fallentscheidung und typisch auch die Auslösung der Kontrolle der Fallentscheidung werden dem übertragen, der die entsprechenden Informationen und Interessen besitzt, die das Programm als Auslösebedingung formuliert hat. Das Programm gibt damit den Interessenten eine Art Autorität, nämlich abgeleitete nichthierarchische Autorität über die Instanzen, die die Entscheidungen anfertigen.[57] Auf diese Weise kann trotz immenser Zunahme der Kommunikationslast eine hierarchische Steuerung und Kontrolle des Entscheidungssystems beibehalten werden – aber nur in der Form der Aufstellung und Änderung der Entscheidungsprogramme.

Eine solche Entlastung des ‹Dienstweges› macht es überhaupt erst sinnvoll und möglich, die *Unabhängigkeit der Gerichte* und den *Parteibetrieb des Verfahrens* als grundlegende Prinzipien der Rechtspflege zu normieren.[58] Nur weil der Form des Entscheidungsprogrammes nach ohnehin eine Aufsicht im Einzelfall entbehrlich und eine Initiative von Außenstehenden vorsehbar ist, können solche Organisations- und Verfahrensnormen zum tragenden Gesetz der Institution Rechtspflege werden; andernfalls brächen sie unter der Belastung durch gegenläufig strukturierte Bedürfnisse zusammen. In ähnlicher Weise hatten wir oben bereits festgehalten, daß die Unabhängigkeit der Gerichte und das Prinzip der Gleichheit vor dem Gesetz durch die Entlastung von Folgenverantwortung bedingt sind. Diese Überlegungen zeigen, daß und wie die Formentypik des Rechts mit institutionellen Grundsätzen und organisatorischen Gesichtspunkten verzahnt ist.

---

55 Ein für die neuere Diskussion typisches Beispiel ist YUJI IJIRI, *Management Goals and Accounting for Control*. Amsterdam 1965.

56 Vgl. auch NIKLAS LUHMANN, Lob der Routine, a. a. O., S. 22 ff; und DERS., Funktionen und Folgen formaler Organisation. Berlin 1964, S. 97 ff.

57 Auf die Frage, ob damit auch die Durchführung des Programms gewährleistet werden kann, werden wir unten S. 270 ff zurückkommen.

58 Vgl. auch hierzu ECKHOFF, a. a. O. (1965).

Wegen dieses Zusammenhanges sind Programmform und Prinzipien der Rechtspflege nicht beliebig gegeneinander variabel. Jene Prinzipien haben ihren realen Grund nicht als notwendige Mittel zum Zweck der Gerechtigkeit noch als Ausformungen allgemeingültiger moralischer Prinzipien; sie gelten in einem strukturellen Kontext der Entscheidungsfindung, der sie ermöglicht, sie erfordert und ihre Moralisierung als Gebote der Gerechtigkeit trägt.

Alles in allem bietet die Form des Konditionalprogramms die Kapazitätserweiterungen, die bei einer Umstrukturierung des Rechts auf Positivität und entsprechender Steigerung der Komplexität des Rechts unentbehrlich werden: prinzipiell angelegte Möglichkeit rationaler Variation, Entlastung von übermäßigen Anforderungen an Aufmerksamkeit, an Folgenverantwortung und an koordinierende Kommunikation. Der funktionalen Spezifizierung und Positivierung des Rechts entspricht eine Verringerung des Anspruchsniveaus in diesen Hinsichten. Solche Verzichte sind indes keineswegs unbedenklich – am deutlichsten zu sehen am Verzicht auf Folgenverantwortung. Sie lassen Probleme offen und geben daher Anlaß, die Frage nach ergänzenden, kompensierenden Einrichtungen zu stellen. Die Lösung findet sich im Prinzip der Positivität des Rechts selbst, nämlich in der Möglichkeit, auch über die Entscheidungsprogramme noch zu entscheiden.[59] Das gestattet es, programmierendes und programmiertes Entscheiden zu differenzieren und die entsprechenden Entscheidungsprozesse unter verschiedenartige, ja sogar gegenläufige Anforderungen und Abnahmebedingungen zu stellen. Auf diese Weise ist es außerdem möglich, die Einseitigkeit der Optik von Konditionalprogrammen auf höheren Entscheidungsebenen durch das gegenläufige Prinzip zu korrigieren – nämlich dadurch, daß man über Erlaß und über Änderung von Konditionalprogrammen politisch unter Zweckgesichtspunkten entscheidet.

4. DIFFERENZIERUNG DER ENTSCHEIDUNGSVERFAHREN

Die Unterscheidung und die institutionelle Trennung von Verfahren der Gesetzgebung und der richterlichen Streitentscheidung gehören zu den selbstverständlichen Einrichtungen moderner Gesellschaften mit positivem Recht. Die Interpretation dieser Differenzierung ist jedoch alles andere als gesichert, und ihr Zusammenhang mit der Positivierung des Rechts muß erst noch erarbeitet werden.

Die übliche Deutung hält sich zunächst an die Unterscheidung von *allgemeinem* Gesetz und *konkreter* Regelung des Einzelfalles, der seinen Charakter als ‹Fall› durch einen Streit um Recht bekommt. Die erste Auf-

---

59 Von ganz anderen Ausgangspunkten her sieht auch WASSERSTROM, a. a. O., S. 169, daß für die von ihm empfohlene zweistufige Rationalisierung der Rechtsentscheidung (siehe oben Anm. 50) die Änderbarkeit der Rechtsregeln Voraussetzung ist.

gabe der Entscheidung über allgemeine Gesetze falle dem Gesetzgeber zu, die Entscheidung konkreter Rechtsstreitigkeiten dagegen dem Richter. Dabei wird Identität des Rechts unterstellt. Es handele sich in beiden Verfahrensarten um dasselbe Recht. Vom Gesetzgeber werde es hergestellt, vom Richter angewandt. Das läßt ein genaueres Verständnis und mancherlei Kontroversen offen. Streitig kann vor allem noch werden, in welchem Teil des Entscheidungsprozesses eigentlich die Garantie für Rationalität liegt und wo man den Kern des Rechts am nächsten kommt: bei der Formulierung allgemeiner Regeln oder bei der Fallentscheidung.[60] Bei näherer Betrachtung und bei Versuchen, diese Frage zu beantworten, tauchen jedoch Zweifel auf, die sich auf die Fragestellung selbst beziehen.

Bei einer genaueren Analyse des richterlichen Entscheidungsprozesses wird nämlich offensichtlich, daß auch der Richter allgemeine Regeln für seine Entscheidung formuliert: Wenn sie ihm nicht vorgezeichnet werden, ‹findet› er sie. Die Allgemeinheit liegt in der Normativität des Erwartens: in der Zeitspannen (und damit Fälle) übergreifenden Generalisierung. Jeder normative Aspekt einer Rechtsentscheidung muß deshalb Generalisierung prätendieren und impliziert, daß andere gleiche Fälle gleich entschieden werden. Die richterliche Entscheidung kann daher nicht zutreffend als ‹Gesetz für den Einzelfall›[61] begriffen werden. Wenn man aber zugeben muß, daß die Generalisierung schon im normativen Erwarten selbst steckt, kann die Differenzierung allenfalls in der Art der Behandlung des Allgemeinen gesucht werden, nicht aber im Gegensatz von Allgemeinem und Nichtallgemeinem.

Sucht man von hier aus die klassische Auffassung über den Unterschied von Gesetzgebung und Rechtsprechung zu rekonstruieren, so kommt man zu Vorstellungen, die dem neueren Denken über Richterrecht vertraut sind. Dann liegt die Annahme nahe, daß Gesetzgebung nichts weiter sei als eine Ausdifferenzierung und technische Zentralisierung eines Teils der richterlichen Entscheidungsleistung, eine Art Pauschalentscheidung über einige Entscheidungsprämissen, die sich besonders zu summarischer Behandlung und rechtssatzmäßiger Formulierung eignen. Diese Auffassung kann die Vorstellung der Einheit des Rechtserlebens und der Normperspektive im gesetzgeberischen und im richterlichen Verfahren wahren, nimmt deren Trennung als Erscheinung von sekundärem Rang und bleibt insofern ein Zeugnis klassisch-juristischen Denkens.[62] Sie gibt jedoch keinen zureichen-

---

60 Für eine typische Erörterung mit Abwägung der Vor- und Nachteile beider Entscheidungsarten siehe GEORGE W. PATON, *A Text-Book of Jurisprudence.* 2. Aufl. Oxford 1951, S. 182 ff.

61 als *quasi quaedam particularis lex in aliquo particulari facto*, wie THOMAS VON AQUINO, *Summa Theologiae* II, II. qu. 61 art. 1, das richterliche Urteil deutete.

62 Als Beispiele für diese Auffassung siehe etwa LÉON HUSSON, *Les transformations de la responsabilité. Étude sur la pensée juridique.* Paris 1947, insbes. S. 12 ff; JOSEF ESSER, Grundsatz und Norm in der richterlichen Fortbildung des Privatrechts. Tübingen 1956.

den Begriff der Vorteile, die mit der Trennung beider Entscheidungsprozesse gewonnen werden können.

Eine wesentliche Differenz wird dabei nämlich unterschätzt: daß der Richter sich selbst an seine Entscheidungen und die darin artikulierten Entscheidungsprämissen bindet, der Gesetzgeber dagegen nicht.[63] Ob diese Bindung Rechtsform annimmt oder sich aus dem Rollenverständnis des Richters ergibt, ist dabei von sekundärer Bedeutung ebenso wie die Frage, ob die Selbstbindung des Richters durch die Rechtsordnung auf andere Richter erstreckt wird oder nicht.[64] Ausschlaggebend ist, daß nur der Richter in Wiederholungssituationen kommt, nämlich nach identisch gehaltenen Prämissen mehrfach gleich entscheiden muß. Der Richter untersteht dem Gleichheitsprinzip in anderer Weise als der Gesetzgeber; er muß nicht nur gleiche Verhältnisse gleich behandeln, sondern gleiche Fälle gleich entscheiden. Mit jeder Entscheidung zurrt er sich daher für künftige Fälle fest, und er kann nur dadurch neues Recht schaffen, daß er neue Fälle als andersartige Fälle erkennt und behandelt.[65] Er formuliert Entscheidungsprämissen in der Perspektive dessen, der sie auslegt und anwendet, nicht in der Perspektive dessen, der einmalig über sie disponiert. Er mag sich dazu allgemein brauchbare Begriffe schaffen. Jede Proklamation allgemein verbindlicher Rechtssätze durch den Richter ist jedoch, da sie zu nicht oder nur schwer zurücknehmbaren Festlegungen führt, gefährlich, und dies besonders in der sich rasch ändernden modernen Gesellschaft. Die weise Zurückhaltung gerade höchster Gerichte, etwa des Conseil d'État, in geringerem Maße auch des früheren Reichsgerichts, bei der Formulierung allgemeiner Entscheidungsmaximen hatte hier ihren Grund. Der Richter kann es der Rechtswissenschaft überlassen, die Grundsätze seiner Rechtsprechung zu entdecken, festzustellen und zu systematisieren, und ist an deren Autorität nicht gebunden. Er fühlt sich dann lediglich den Präjudizien seiner Praxis verpflichtet und hat dabei die Freiheit, die Ähnlichkeit eines neuen Falles mit dem alten in Zweifel zu ziehen. Die höchsten Gerichte der Bundesrepublik haben diese Zurückhaltung praktisch aufgegeben, redigieren und verkünden ‹Grundsatzentscheidungen› mit ‹Leitsätzen›, also der Sache nach

---

63 Hinweise auf diese Differenz finden sich in der britischen Jurisprudenz. Siehe z. B. CARLETON KEMP ALLEN, *Law in the Making.* 6. Aufl., Oxford 1958, S. 409 f. In der neueren Literatur wird diese Selbstbindung des Richters zunehmend bestritten. Siehe z. B. JOSEF ESSER, Richterrecht, Gerichtsgebrauch und Gewohnheitsrecht. Festschrift Fritz von Hippel, Tübingen 1967, S. 95–130. Für ‹*judicial legislation*› ist jedoch der Richter weder organisatorisch noch informationstechnisch adäquat ausgerüstet.

64 Einen lehrreichen Überblick über die historische Entwicklung der richterlichen Bindung an Präzedenzien gibt ALLEN, a. a. O., S. 157 ff.

65 Hier liegt übrigens einer der wichtigsten Einsatzpunkte soziologischer Analyse im richterlichen Entscheidungsprozeß. Die Soziologie könnte dem Richter helfen, neue Fälle in ihrer Abhängigkeit von veränderten gesellschaftlichen Lagen zu erkennen und ihre Andersartigkeit zu begründen. Vgl. dazu auch PAOLO FARNETI, *Problemi di analisi sociologica del diritto.* Sociologia 1961, S. 33–87 (74).

Gesetze, und stehen unter entsprechendem Änderungsdruck. Im Zusammenhang damit lassen sie sich auf schlagkräftige Kontroversen mit wissenschaftlichen Autoritäten ein, anstatt das Risiko der Generalisierung möglichst weit auf die Wissenschaft abzuwälzen. Diese Leitsatzfreudigkeit ist auf längere Sicht nur deshalb erträglich, weil ein Gesetzgeber bereitsteht, der sich über solche Leitsätze hinwegsetzen bzw. die Vorwände dafür liefern kann, daß der Richter selbst sich über ältere Grundsätze seiner Rechtsprechung hinwegsetzt. Das Gleichheitsprinzip erfordert politische oder hierarchische Instanzen der Erlösung von übermäßiger Selbstbindung – oder konstant bleibende gesellschaftliche Verhältnisse.

Der richterliche Entscheidungsprozeß kennt mithin keine institutionalisierten Formen der Rechtsänderung, sondern allenfalls apokryphe Techniken des Lernens, Adaptierens und Modifizierens, die mit der formalen Identität von Normen zu vereinbaren sind.[66] Zu diesen apokryphen Formen gehört es auch, wenn Verfahren, die zur Lösung von Entscheidungskonflikten zwischen mehreren Gerichten oder mehreren Gerichtssenaten gedacht sind, zum Revoltieren gegen eine herrschende Praxis benutzt werden. Im übrigen ist richterliche Innovation selbst gegen das Gesetz möglich – aber doch vergleichsweise selten und daran gebunden, daß eine Zeitlang mit falschen Argumenten gearbeitet wird, bis die Neuerung eingeführt ist und als altes Recht dargestellt werden kann. Der Richter setzt damit unter veränderten Bedingungen jene Einstellung zum Recht fort, die früher die allgemeingültige war, jetzt aber nur noch neben einer anderen in Betracht kommt.

Diese Beschränkung des Richters hängt eng damit zusammen, daß er Situationen mit schon eingetretenen Enttäuschungen behandelt; daß er es mit Enttäuschungsabwicklungen zu tun hat, für die ein fester Entscheidungsrahmen und das Durchhalten der Entscheidungsnormen wesentlich sind. Er könnte in so spannungsreichen Situationen das Recht nicht als sein Belieben und als durchzuhaltende Norm zugleich vertreten. In Enttäuschungssituationen kann man schlecht lernen.

Diese von der Funktion her bestimmten Grenzen der richterlichen Mobilisierung von Normen machen verständlich, weshalb bei zunehmender Mobilisierung des Rechts dafür ein anderes Verfahren geschaffen werden muß. Noch schärfer profiliert dieses Erfordernis sich durch eine weitere Überlegung, mit der wir auf unsere Ausführungen über elementare Prozesse der Rechtsbildung zurückgreifen müssen. Wir hatten gesehen, daß die Normativität des Erwartens die Entschlossenheit zum Ausdruck bringt,

---

[66] Im einzelnen würde es sich lohnen zu prüfen, wieweit diese Techniken in ihrer *heutigen* Gestalt voraussetzen, daß der Gesetzgeber (und nicht der Richter) das Recht gemacht hat, so daß Datierung des Gesetzgebungsaktes und die Unterstellung eines abstrakten ‹Willens› des Gesetzgebers dem Richter einen relativ hohen Auslegungsspielraum, gleichsam ein abgeleitetes Recht zur Modifikation des Rechts gewährt, das in dieser Form nur praktiziert werden kann, wenn und soweit es Gesetzgebung gibt.

aus Enttäuschungen nicht zu lernen. Darauf beruhte die alte Vorstellung der Invarianz des Rechts. Eine Änderung dieser lernunwilligen Einstellung ist auf sinnvolle Weise nur im Wege des Lernens durchführbar. Rechtsänderung heißt mithin: zu lernen, nicht zu lernen. Es liegt auf der Hand, daß eine so anspruchsvolle Forderung es schwer hat, sich durchzusetzen und Institution zu werden.

Die Positivierung des Rechts erfordert jedoch genau dies. Das Recht kann nur dann als variabel institutionalisiert werden, wenn die Variation des Rechts Lernprozessen unterworfen wird. Dabei wird die Tatsache, daß das geltende Recht zu Enttäuschungen führt – sei es dadurch, daß es laufend verletzt wird; sei es dadurch, daß es gegenläufige normative Erwartungen enttäuscht –, zum wichtigsten Lernanlaß. Enttäuschungen müssen also laufend in den rechtlichen Entscheidungsprozeß zurückgemeldet, dort als Information in kognitiver Einstellung aufgenommen und daraufhin geprüft werden, ob sie eine Änderung des Rechts zu begründen vermögen. Andererseits darf durch solche Lernprozesse im Recht die Lernunwilligkeit des Rechts nicht untergraben werden. Die Lernmöglichkeiten dürfen den Durchhaltewillen nicht stören. Daß alles sich ändern kann, darf nicht dahin führen, daß man nichts mehr ernst nimmt. In ein und derselben Rechtsordnung müssen, darauf läuft die Positivierung des Rechts hinaus, Möglichkeiten des Lernens und des Nichtlernens, kognitive und normative Einstellungen in bezug auf dieselben Normen nebeneinander institutionalisiert werden.

Das ist nur in sehr komplexen, hinreichend differenzierten Gesellschaften möglich und setzt vor allem eine Differenzierung von Verfahren für Lernen und für Enttäuschungsabwicklung voraus. Durch institutionelle Trennung von Verfahren wird es möglich, in dem einen zum Problem zu machen, was in dem anderen Struktur ist. Die Entlastungsfunktion von Strukturen erfordert zwar, daß die Struktur in den Situationen, die sie strukturiert, nicht zum Problem gemacht und selbst variiert wird; das schließt aber nicht aus, daß dies in anderen Situationen, zu anderen Zeitpunkten, in anderen Rollen oder Systemen geschieht, sofern nur für hinreichende Differenzierung und für ausreichende Kommunikation zwischen den einzelnen Entscheidungsbereichen gesorgt ist.

Auch diese Differenzierungsleistung wird durch das Auseinanderziehen von Gesetzgebung und Rechtsprechung erbracht. Die Darstellung des geltenden Rechts, das Durchhalten und Sanktionieren ausgewählter normativer Erwartungen, der Ausdruck der Entschlossenheit, vom Rechtsbrecher nicht zu lernen, werden im Bereich der Rechtsprechung gepflegt. Der Richter hat, wenn rechtlich normierte Erwartungen verletzt werden, bei diesen Erwartungen zu bleiben und nicht etwa sie den Tatsachen anzupassen. Dem Gesetzgeber dagegen erscheinen Normen und Fakten in anderem Licht und in anderem Zusammenhang. Er kann die reale Wirkung der Normen, die Quote ihrer Nichtbefolgung und die Kosten ihrer Durchsetzung, ihre Dysfunktionen, die Verhaltenskonflikte, in die sie führen, und die Ersatzhandlungen, die sie auslösen, kognitiv und ohne Entrüstung zur Kenntnis nehmen. Er kann sich für das heimliche Recht der Rebellen und Verbrecher, für die durch Vorschriften beeinträchtigten Interessen öffnen. Er darf, ja er muß Bereitschaft zeigen, Erwartungen zu korrigieren. Er ist der Adressat für Änderungswünsche, die Instanz für institutionalisiertes Lernen im Recht. Er hat die Möglichkeit der Selbstkorrektur, und von ihm wird erwartet, daß er sie benutzt und daß er auch noch das Unterlassen der Korrektur, die Ablehnung des Lernens verantwortet.

Um für lernendes Variieren oder Nichtvariieren des Rechts und damit für die Positivierung von Recht einen adäquaten, funktionsspezifisch ausgewählten Rahmen zu schaffen, muß diese Aufgabe von der der Rechtsanwendung in Enttäuschungssituationen getrennt und nach eigenen Bedingungen organisiert werden. Gesetzgebungsverfahren müssen im Interesse größerer Verhandlungsfähigkeit von unmittelbarem Enttäuschungsdruck und dem Zwang zur Darstellung schon verletzter Normen entlastet werden; sie müssen andererseits Rechtsnormen selbst als noch nicht entschieden behandeln können, müssen also auf die sehr viel größere Komplexität einer Wahl unter *möglichen* Rechtsnormen eingestellt werden. Damit ist nicht das verlangt, was radikale Aufklärer forderten: das ganze Recht wegzudenken und von Grund auf aus der Vernunft neu zu konstruieren. In die Bedingungen der Möglichkeit anderen Rechts geht vielmehr das vorhandene Recht mit ein, da es stets nur in einzelnen, wenn auch weittragenden Hinsichten, nicht jedoch als Ganzes geändert werden kann.[67] Immerhin können auch die Grenzen dessen, was jeweils problematisiert bzw. vorausgesetzt werden soll, noch gewählt, also mit der Leistungsfähigkeit von Verfahren abgestimmt werden. In der Perspektive dessen, der so entscheiden muß, gewinnt das Recht eine neue Art von Objektivität – nicht die einer Entscheidungsnorm, die allen Anfechtungen zum Trotz durchzuhalten ist, sondern die einer Erwartungsstruktur, die um bestimmter Wirkungen willen zu schaffen und bei Bedarf zu verändern ist.

Ein weiterer Differenzierungsvorteil, der nahezu unbeachtet geblieben ist, betrifft das Verhältnis des Rechts zur physischen Gewalt. Wir hatten oben (Bd. I, Kap. II, 7) gesehen, daß physische Gewalt in dem Recht, das sie konstituiert hat, vorausgesetzt bleibt, auch wenn sie nicht sichtbar erscheint. Die Differenzierung der rechtlichen Entscheidungsprozesse in Rechtsetzung und Rechtsanwendung ermöglicht es, auch in dieser Hinsicht Spezialisierungseffekte zu erzielen.

Die hohe *Abstraktheit* physischer Gewalt läßt sich nicht unvermittelt

---

67 Deshalb scheint, sosehr das zunächst erstaunen mag, für radikale und rasche Gesamtumstellungen des Rechts auf neue ideologische Ausrichtungen weniger die Gesetzgebung als vielmehr die Rechtsprechung das wirksamste Instrument zu sein, die durch gewisse Leitgesetze, personalpolitische Maßnahmen und schließlich nackten Terror bestimmt wird, jeden Fall auf Übereinstimmung mit den neuen Richtlinien zu überprüfen. Vgl. hierzu die materialreiche Untersuchung von BERND RÜTHERS, Die unbegrenzte Auslegung. Zum Wandel der Privatrechtsordnung im Nationalsozialismus. Tübingen 1968. Selbst dann aber bleibt eine große Menge alten, ideologisch neutralen Rechts erhalten.

mit hoher *Beliebigkeit* der Rechtsetzung verbinden. Politik und politisch bestimmte Gesetzgebung haben für direkten Zugriff auf physische Gewalt zu hohe und zu unbestimmte Komplexität. Politiker können daher die Verantwortung für physische Gewalt nicht tragen; sie wären in Gefahr, entweder zuviel oder zuwenig Gebrauch davon zu machen. Das Risiko der Abstraktheit von jedenfalls überlegener physischer Gewalt kann nur in Prozessen getragen werden, die unter fixierten Programmen arbeiten. Es wird der Legislative entzogen [68] und auf die Justiz konzentriert. Dem entspricht das ‹rechtsstaatliche› Postulat, den Zugang zur physischen Gewalt schlechthin durch Prozesse der Rechtsprechung zu filtern, das heißt *alle* privaten oder staatlichen Akte, die Gewalt in Anspruch nehmen, justizförmiger Kontrolle zu unterwerfen. Diese Lösung ersetzt die Vorstellung einer rechtlich immanent gebundenen ‹potestas›, die infolge der Positivierung des Rechts illusionär geworden war.

All dies zusammengenommen läßt auf eine sehr viel weitergehende funktionale Differenzierung des Rechtsentscheidungsprozesses schließen, als sie der herkömmlichen Lehre von der Gewaltenteilung vorschwebte. In erster Linie liegt der Trennung von Rechtsprechung und Gesetzgebung eine erhebliche Differenz in zu bewältigender Komplexität zugrunde. In der organisationswissenschaftlichen Literatur unterscheidet man im Hinblick darauf programmierende und programmierte Entscheidungen und fordert für beide jeweils unterschiedliche organisatorische Rahmenbedingungen.[69] Je nachdem, wieviel andere Möglichkeiten relevant sein können und aussortiert werden müssen, bevor es zu einer Entscheidung kommt, entwickeln sich ein unterschiedliches Problembewußtsein und unterschiedliche Umweltempfindlichkeiten. Bei hochkomplexen Entscheidungslagen ist der Informationsbedarf wesentlich höher und die Notwendigkeit, mit unzureichender Information zu entscheiden, entsprechend größer. Die Kommunikationsweisen der entscheidenden Verfahrenssysteme zeigen demgemäß auffällige Unterschiede: Aus der überhohen Komplexität des Gesetzgebungsverfahrens ergibt sich ein erhöhter Bedarf für Vertrauen, also eine stärkere Personalisierung des Informationsprozesses, stärkere Abhängigkeit von Einfällen und Zufällen, vom Zeitpunkt des Eingangs von Informationen

---

68 Daher kommt es, daß Parlamente die rechtsbildende Gewalt nicht zu repräsentieren vermögen – wie WALTER BENJAMIN, Zur Kritik der Gewalt. In: DERS., Angelus Novus. Frankfurt 1966, S. 42–66 (53 f), richtig beobachtet, aber als «jammervolles Schauspiel» falsch bewertet hat.

69 Besonders pointiert hat HERBERT A. SIMON, *Recent Advances in Organization Theory*. In: *Research Frontiers in Politics and Government*. Washington 1955, S. 23–44, diesen Unterschied herausgearbeitet, ihn später jedoch zur Annahme eines Kontinuums von mehr oder weniger programmierten Entscheidungen abgeschwächt – vgl. DERS., *The New Science of Management*. New York 1960, S. 5 ff (dt. Übers. in: DERS., Perspektiven der Automation für Entscheider. Quickborn 1966). Zur Anwendung auf Fragen des Verwaltungsrechts siehe auch WALTER SCHMIDT, Die Programmierung von Verwaltungsentscheidungen. Archiv des öffentlichen Rechts 96 (1971), S. 321–354.

und von vorformulierten Entscheidungsbeiträgen der Umwelt und eine breite Absicherung in formal illegalen Selbstbindungen und Vereinbarungen.[70] Verantwortung, das heißt übernommenes Risiko, und Verantwortlichkeit, das heißt normierte Rechenschaftspflicht, klaffen hier stärker auseinander. Die Kriterien der Rationalität müssen entsprechend unbestimmter sein. Typisch handelt der Gesetzgeber selbst nicht mehr unter Konditionalprogrammen (es sei denn in der nur negativen Form eines verfassungsmäßigen Ausschlusses von Möglichkeiten), sondern unter Zweckprogrammen,[71] die mehr oder weniger unbestimmt vorgegeben sein können bis hin zur Aufgabe, das Gemeinwohl zu fördern. Hier bietet sich bei aller Unbestimmtheit der Erfolgskriterien eine gewisse Möglichkeit, die oben erörterte Entlastung des Richters von Folgenverantwortung zu kompensieren. Der Gesetzgeber kann und muß, da er die Möglichkeit der Selbstkorrektur hat, für die Folgen seiner Gesetze einstehen. Es bildet sich eine neuartige ‹politische› Verantwortlichkeit, die nicht vom Verschulden, sondern vom Mißerfolg abhängt und durch Auswechseln leitender Persönlichkeiten vollzogen wird. Ihre Institutionalisierung und routinemäßige Praktikabilität hängen unter anderem davon ab, daß der Austausch nicht allzuviel persönliches Schicksal einschließt – nicht Entscheidungen über Leben und Tod, nicht den Ruin der wirtschaftlichen Existenz bedeutet und zumeist nicht einmal das erfolgreiche Weiteragieren auf der politischen Bühne in Frage stellt, sondern dafür eigene Rollen der ‹Opposition› offenhält.

Mit all dem sind Implikationen und Konsequenzen eines erreichten Standes an Systemdifferenzierung formuliert – nicht aber Prognosen über die Zukunft. Schwerpunktverschiebungen zwischen den beiden Verfahrenstypen, ja Entwicklungen zur Entdifferenzierung bleiben durchaus möglich. Es gibt gegenwärtig, vor allem in den sozialistischen Ländern, aber auch in den Vereinigten Staaten,[72] durchaus Anhaltspunkte für eine Entwicklung,

---

70 Empirisches Material hierzu findet sich in neueren amerikanischen Untersuchungen des Verhaltens in gesetzgebenden Körperschaften. Vgl. u. a. JOHN C. WAHLKE/HEINZ EULAU (Hrsg.), *Legislative Behavior*. Glencoe/Ill. 1959; JOHN C. WAHLKE/HEINZ EULAU/WILLIAM BUCHANAN/LEROY C. FERGUSON, *The Legislative System. Explorations in Legislative Behavior*. New York–London 1962; AARON WILDAVSKY, *The Politics of the Budgetary Process*. Boston–Toronto 1964; JAMES D. BARBER, *The Lawmakers. Recruitment and Adaptation to Legislative Life*. New Haven–London 1965.

71 Vgl. WERNER KRAWIETZ, Das positive Recht und seine Funktion. Kategoriale und methodologische Überlegungen zu einer funktionalen Rechtstheorie. Berlin 1967. Eine Trennung von Rechtsprechung und Gesetzgebung nach Maßgabe von Konditionalprogramm und Zweckprogramm wird mehr implizit als explizit vertreten. Vgl. für ausdrückliche Formulierungen PAOLO FARNETI, *Problemi di analisi sociologica del diritto*. Sociologia 1961, S. 33–87; HORST EHMKE, Prinzipien der Verfassungsinterpretation. Veröffentlichungen der Vereinigung der Deutschen Staatsrechtslehrer 20 (1963), S. 53–102 (70).

72 Bereits ROSCOE POUND, *The Administrative Application of Legal Standards*. Reports of the Forty-Second Meeting of the American Bar Association, Baltimore 1919, S. 445–465, hatte den Richter als eine Art *social engineer* sehr in die Nähe der Verwaltung gerückt.

die den Richter zum Sozio-Therapeuten umstilisiert und ihn dabei stärker von konditionalen Programmen entbindet. Besonders in der Strafrechtspflege, in der Jugendgerichtsbarkeit, in der Behandlung von Familienstreitigkeiten bietet eine solche Lösung sich an. Die weiterreichenden Konsequenzen einer solchen Entwicklung sind indes selten mitgewollt: Sie dürften in einem beträchtlichen Verlust an Rechtssicherheit (und damit auch an Rechtsorientierung des Verhaltens im täglichen Leben) liegen, zum anderen in einem verstärkten politischen Druck auf die Justiz, deren politische Neutralisierung in dem Maße an Berechtigung verliert, als sie Gestaltungsaufgaben übernimmt.

Eine Prognose der faktischen Entwicklung kann auf der gegenwärtigen Wissensbasis nicht verantwortet werden. Zum soziologischen Verständnis der Positivität des Rechts gehört jedoch die Einsicht, daß Problemlösungen nicht beliebig kombiniert werden können und Verschiebungen im Bereich der Systemdifferenzierung daher Konsequenzen haben werden. Vor allem sollten die besonderen Umstände des programmierenden Entscheidens unter der Bedingung sehr hoher Komplexität erkannt und sachgemäß gewürdigt werden. Die Rationalität programmierenden Entscheidens läßt sich nicht nach den Kriterien der Rationalität programmierten Entscheidens beurteilen; das hieße die Funktion dieser Differenzierung verkennen. Gesetzgebung ist nicht Rechtsanwendung und daher auch nicht an deren Maß zu messen. Das geltende Recht selbst bietet, da es ja gerade zu problematisieren und zu ändern ist, für ein Urteil über das Gesetzgebungsverfahren keine ausreichende Grundlage und für das Entscheiden im Gesetzgebungsverfahren keine ausreichende Struktur. Dessen Rahmenbedingungen und damit die Bedingungen der Möglichkeit positiven Rechts müssen in systemstrukturellen Erfordernissen gesucht werden, die noch kaum erfragt, geschweige denn erforscht sind. Ihnen müssen wir daher einen weiteren Abschnitt widmen.

5. Strukturelle Variation

Positivität heißt strukturelle Variabilität des Rechts. Auf ihrer Grundlage wird es möglich, auch Strukturfragen noch rational, nämlich durch abgewogene Entscheidung, zu lösen. Bedingungen und Grenzen solcher Variation bedürfen der Untersuchung. Bei allem Interesse für ‹sozialen Wandel› sind jedoch die besonderen Probleme struktureller Variation (im Unterschied zu bloßen Prozessen in strukturierten Systemen) in der allgemeinen Soziologie nicht hinreichend vorgeklärt.[73] Die vorherrschende Betrachtungsweise fragt nach spezifischen Ursachen und Wirkungen von Strukturänderungen und scheitert damit, vorerst jedenfalls, an der Komplexität der untersuchten Systeme. Wir müssen statt dessen zunächst nach den System-

---

73 Näheres in Kapitel V, unten S. 294 ff.

bedingungen von Strukturänderungen fragen und offenlassen, wie sie in Einzelfällen verursacht werden bzw. weiterwirken. Genauer formuliert: Unter welchen Bedingungen kann ein soziales System sich Strukturänderungen leisten, häufige Strukturänderungen leisten, wichtige Strukturänderungen leisten, ohne seinen Fortbestand auf einem bestimmten Entwicklungsniveau zu gefährden? Unter welchen Bedingungen kann ein soziales System die Selektivität seiner Struktur intern aktualisieren und als Instrument der Anpassung an eine sich verändernde Umwelt unter Kontrolle bringen?

Eine solche Entstabilisierung von Strukturen läßt sich als *Herabsetzen der Änderungsschwelle des sozialen Systems* begreifen, und damit gewinnt man einen vorteilhaften Zugang zu unserem Problem. Jedes Sozialsystem reagiert letztlich auf Krisen von bedrohlichem Ausmaß mit Strukturänderungen – im Grenzfalle durch Auflösung. Die Erhöhung der strukturellen Variabilität ermöglicht ein Vorverlegen und Verkleinern der Krisenschwelle und damit einen Gewinn an Zeit und an Chancen der Reaktion. Schon erste Anzeichen, schon geringe Kräfteverschiebungen genügen dann als Anstoß für eine Strukturänderung. Das System wird umweltempfindlicher. Damit wird um der Vermeidung großer Krisen willen auf deren Vorteil, die hohe Evidenz der Änderungsnotwendigkeit, verzichtet.[74] Die Reduktion der Umweltkomplexität wird nicht der Krise selbst überlassen. Statt dessen sieht das System sich mit einer Überfülle von möglichen Änderungsanlässen konfrontiert, zwischen denen es nun wählen muß. Es muß, mit anderen Worten, höhere Umweltkomplexität für relevant ansehen und mit verbesserten Selektionstechniken bewältigen können, will es sich Krisen ersparen. Diese Überlegung läßt einen Zusammenhang von struktureller Variabilität und Komplexität in den System/Umwelt-Beziehungen vermuten. Hohe strukturelle Variabilität eines Systems scheint vor allem davon abzuhängen, daß die System/Umwelt-Beziehungen auf einem hinreichend hohen Niveau der Komplexität artikuliert werden können. Das aber erfordert Verstärkung der Selektionsleistungen des Systems und entsprechende strukturelle Vorkehrungen.

Bei der Übertragung dieses allgemeinen Modells auf den Fall der Positivierung des Rechts bemerkt man, daß die rechtswissenschaftliche Interpretation der Gesetzgebung in der Tat diesen Weg von krisenhafter zu routinemäßiger Rechtsänderung, vom *ius eminens* für Ausnahmelagen zur

---

[74] In umgekehrter Blickrichtung ist Organisationssoziologen aufgefallen, daß Änderungsnotwendigkeiten bis zur Krise angestaut werden, weil nur so Bedarf und Richtung des Wandels zur Überzeugung gebracht werden können. Vgl. z. B. Cyril Sofer, *The Organization From Within. A Comparative Study of Social Institutions Based on a Sociotherapeutic Approach.* Chicago 1962, S. 150 ff; Michel Crozier, *Le phénomène bureaucratique.* Paris 1963, S. 34, 259 f, 291 ff, 360 f u. ö.; William J. Gore, *Administrative Decision-Making. A Heuristic Approach.* New York–London–Sydney 1964; und namentlich Charles F. Hermann, *Some Consequences of Crisis Which Limit the Viability of Organizations.* Administrative Science Quarterly 8 (1963), S. 61–82.

normalen Staatsfunktion beschritten hat. Es fällt auch nicht schwer, die im vorigen Abschnitt erörterte Verfahrensdifferenzierung als Technik der Selektivitätssteigerung zu begreifen; durch diese interne funktionale Differenzierung erhöht sich das Potential für Informationsverarbeitung, insbesondere die Möglichkeit, im Gesetzgebungsverfahren Änderungsanlässe abzuwägen, die für den Richter undiskutierbar wären. Darüber hinaus gibt das Modell der Bedingungen struktureller Variation Anlaß, einige weitere Gesichtspunkte in die Betrachtung einzubeziehen.

Vor allem fällt auf, daß hohe und doch entscheidbare Komplexität nicht auf gesamtgesellschaftlicher Ebene regulierbar wird, sondern im Verhältnis eines gesellschaftlichen Teilsystems, nämlich des politischen Systems, zu seiner gesellschaftsinternen Umwelt. Auch darin unterscheiden sich, der Konzeption nach, Naturrecht und positives Recht – jenes der Gesellschaft qua Natur von ihrer Umwelt auferlegt, dieses in einem Teilsystem der Gesellschaft im Blick auf dessen Umwelt, nämlich die Gesellschaft selbst, ausgewählt und in Geltung gesetzt. Die Umwelt des Gesamtsystems Gesellschaft, die natürlichen und psychischen Systeme und gegebenenfalls andere Gesellschaften, gibt offenbar kaum Hinweise für Strukturänderung. Die Orientierung an ihr ergäbe daher ein statisches Recht. Positives Recht entsteht, wenn ein Teilsystem der Gesellschaft die Entscheidung über das Recht usurpiert und dann das Gesellschaftssystem im ganzen als seine Umwelt und als Quelle für Informationen, Pressionen, Normierungsanregungen, kurz: als übermäßig komplexen Selektionsbereich behandeln kann. Die hohe Komplexität des Gesellschaftssystems selbst kann auf diese Weise in gesellschaftsinternen System/Umwelt-Auseinandersetzungen bearbeitet werden. Die Gesellschaft kann sich nur durch Innendifferenzierung, durch interne Wiederholung von System/Umwelt-Differenzierungen, selbst dynamisieren.

Nicht zufällig also entsteht die Vorstellung einer ‹Trennung› von Staat und Gesellschaft zu der Zeit, die das Recht positiviert. Positives Recht ist unvermeidbar politisch ausgewähltes, ‹staatliches› Recht. Sein Geschick ist mit dem des politischen Systems in der Gesellschaft verknüpft,[75] weil nur auf diese Weise hohe, durch gesellschaftsinterne Selektionsprozesse kontrollierte Variabilität des Rechts erreicht werden kann. Damit ist nicht etwa dem freien Belieben rein politischer Rechtsetzung grünes Licht gegeben und vor allem nicht behauptet, daß das politische System gleichsam umweltlos rein aus sich heraus über das Recht entscheiden könne; vielmehr ist nur die

---

75 Die genau entgegengesetzte These, im Laufe der sozialen Evolution werde das Recht vom politischen System zunehmend unabhängig, findet sich bei TALCOTT PARSONS – zum Beispiel in: *Societies. Evolutionary and Comparative Perspectives*. Englewood Cliffs 1966, S. 27 u. ö. Sie hängt mit PARSONS' strikter Trennung von kulturellem und sozialem System sowie mit einem andersartigen, auf Realisierung kulturell vorgegebener kollektiver Ziele begrenzten Begriff des politischen Systems zusammen – und dokumentiert nochmals, daß die ‹klassische Rechtssoziologie› nicht in der Lage ist, die Positivität des Rechts angemessen zu begreifen.

Richtung gewiesen, in der strukturelle Bedingungen und Schranken der Rechtsselektion gesucht werden müssen.

Wichtige Konsequenzen ergeben sich namentlich für das politische System selbst. Unter dem Druck hoher gesellschaftlicher Komplexität und institutionalisierter Bereitschaft zur Strukturänderung muß die hierarchische Steuerungsweise dieses Systems, deren wesentliche Vorteile wir oben (Bd. I, S. 169 f) kennengelernt haben, ersetzt bzw. auf den zweiten Platz gewiesen werden.[76] Es gibt keine politischen Systeme, die als hierarchische Einheit konstruiert sind *und* das Recht als positiv disponibel behandeln. Der hierarchische Ordnungstypus bleibt als evolutionäre Errungenschaft erhalten, und zwar in den bürokratisierten Teilsystemen des politischen Systems: in der Verwaltung und in den durchorganisierten politischen Parteien. Die Integration des politischen Systems aber wird nicht mehr durch die einheitliche Spitze einer Hierarchie, sondern auf andere, sehr viel kompliziertere Weise geleistet. An die Stelle der hierarchischen Einheit tritt eine Struktur, die Politik und Verwaltung funktional differenziert und die Integration des gesamten, beide Teile umfassenden politischen Systems durch Kommunikationsprozesse zwischen ihnen leisten muß.

Diese funktionale Differenzierung von Politik und Verwaltung darf nicht mit dem Funktionsschema der klassischen Gewaltenteilungslehre verwechselt werden,[77] und sie deckt sich auch nicht mit der oben behandelten Trennung von Gesetzgebung und Rechtsprechung, die als Differenzierung des Verwaltungssystems selbst (im alten Sinne von ‹government›) begriffen werden muß. Die eigentliche Politik spielt sich im Vorfeld derjenigen Prozesse ab, die zu kollektiv bindenden Entscheidungen führen. Die klassische Trennung von Legislative, Exekutive und Justiz betrifft die interne Differenzierung der Verwaltung und dient der Staffelung und Filterung des politischen Einflusses auf die Verwaltung. Politischer Einfluß auf die Legislative ist legitim, auf die Exekutive teils legitim, teils im Namen des Rechts abwehrbar, auf die Justiz auf jeden Fall illegitim. Man kann dieses Gewaltenteilungsschema also als Schema abgestufter politischer Neutralisierung der Verwaltung des kollektiv bindenden Entscheidungsprozesses begreifen und diesem als Ganzem die eigentlich politischen, heute praktisch parteipolitischen Prozesse der Informationsverarbeitung gegenüberstellen. Die volle politische Neutralisierung der Justiz erweist sich dann als der Eckstein des Gesamtaufbaus, als das Rückgrat der Verwaltung gegenüber der Politik und damit als eine der Bedingungen einer solchen funktionalen Differenzierung.

---

76 Vgl. hierzu und zum Folgenden auch NIKLAS LUHMANN, Politische Planung. Jahrbuch für Sozialwissenschaft 17 (1966), S. 271–296, neu gedruckt in: DERS., Politische Planung. Opladen 1971.

77 obwohl auch diese bewußt antihierarchisch konzipiert und dazu bestimmt war, den monohierarchischen Aufbau des politischen Systems zu sprengen. Zum Unterschied siehe namentlich FRANK J. GOODNOW, *Politics and Administration. A Study in Government.* New York–London 1900.

Die Freigabe des Rechts zu politischer Neusetzung und Änderung bringt weiter mit sich, daß das Recht selbst keinen Standpunkt mehr bietet, von dem aus Forderungen nach Änderung abgelehnt werden können. Man kann die Änderung eines Gesetzes nicht allein deshalb abschlagen, weil es ein Gesetz ist. Dadurch kommt es im Vergleich zu älteren Rechtsordnungen zu einer Umkehrung der Beweis- und Begründungslast. Es entsteht eine Art natürliches Grundrecht des unbegrenzten Wünschens und Forderns – und der, der ablehnt, muß die Gründe dafür beschaffen. Die Argumentationslast wird auf die Politik überwälzt, die mit mehr oder weniger drastischen Methoden des Sortierens, Verschiebens und Verkürzens, der Bevorzugung der lauten vor den leisen, der materiellen vor den immateriellen, der einfachen vor den komplizierten, der konformen vor den abweichenden Forderungen darauf reagieren kann.[78]

Die erste Vorsortierung des rechtlich Möglichen ist demnach im engeren Bereich der eigentlich politischen Arbeit zu leisten. Diese politischen Prozesse haben die Funktion, unter der Bedingung überaus hoher Komplexität Entscheidungsprämissen zu erarbeiten. Dafür können sich sehr unterschiedliche Parteisysteme (nach den Haupttypen: Einparteisysteme und Mehrparteiensysteme) eignen. Die Entscheidungsprämissen können gesetzt werden in der Form von Programmen, aber auch in der Form von Organisationsentscheidungen und von Personalentscheidungen (namentlich: durch Besetzung der Spitzenstellen des Verwaltungssystems mit Persönlichkeiten, deren bekannte politische Präferenzen als Entscheidungsprämissen fungieren). Die hohe Komplexität der politischen Situationen erwächst daraus, daß sowohl diese Prämissen als auch die Bedingungen ihrer politischen Unterstützung durch das Publikum als veränderlich gesehen werden müssen, also eine zweiseitig veränderbare, damit höchst unstabile Beziehung besteht, in der trotzdem durch Einsatz von Organisation und Arbeit die laufende Abstimmung des jeweils politisch Möglichen geleistet werden muß. Das ist der Funktions- und Arbeitsaspekt dessen, was man unter dem Gesichtspunkt eines politischen Ideals ‹Demokratie› nennt. Durch Positivierung des Rechts wird ‹Demokratie› aus einer Herrschaftsform unter anderen zur Norm des politischen Systems.

Einzelheiten gehören in die politische Soziologie. In einigen Grundzügen ist ein funktionales Verständis jener im engeren Sinne politischen Prozesse jedoch auch für die Rechtssoziologie wesentlich, und zwar deshalb, weil hier das rechtlich Mögliche vorstrukturiert wird unter Bedingungen und Kriterien, die hohe Komplexität reduzieren und insofern funktional an die Stelle des Naturrechts treten, die aber gerade um dieser Funktion willen disparat zum Recht selbst konstruiert sind, nicht in das positive Recht eingehen können und somit auch in der Auslegungsperspektive des Juristen nicht mehr erscheinen. (Und daher hat dieser mehr Angst vor dem Vakuum der Beliebigkeit des positiven Rechts, als soziologisch gerechtfertigt

---

78 Vgl. hierzu DAVID EASTON, *A Systems Analysis of Political Life*. New York–London–Sydney 1965, S. 128 ff.

ist.) Zu diesen Bedingungen, die es ermöglichen, statisch vom Naturrecht abhängiges Recht durch variables positives Recht zu ersetzen, gehören vor allem:

(1) eine Kanalisierung aller auf Rechtsgeltung abzielenden Normprojektionen auf den politischen Weg,
(2) eine Zentralisierung und Regulierung politischer Konflikte und
(3) eine opportunistische Behandlung höchster Werte.

Die Kanalisierung der Neusetzung und Änderung des positiven Rechts auf den politischen Weg hat den Sinn, den parteipolitischen Mechanismus in seine Funktion zu bringen, ihn Institution werden zu lassen und ihn nicht, wie in manchen Entwicklungsländern,[79] als fassadenhafte Einrichtung ohne Einfluß leerlaufen zu lassen. Das Absorbieren der gröbsten Erwartungskonflikte auf diesem Wege kann nur bei laufender Bewährung, bei laufender Inanspruchnahme des Mechanismus gelingen. Solcher Kanalisierung dient zunächst die organisatorische Zentralisierung der Gesetzgebung. Die Politik verliert infolgedessen an Boden, wenn und soweit die Auffassung sich ausbreitet, daß gewisse rechtsdogmatisch schwierige Materien, zum Beispiel der ‹Allgemeine Teil› des Verwaltungsrechts,[80] sich für Gesetzgebung nicht eignen, sondern dem Richter oder gar der Wissenschaft überlassen bleiben müssen. Diese Auffassung ist in vielen Fällen nicht unberechtigt. Die spezifisch politische Rationalität des Machterwerbs und der Konfliktlösung vermag der Feinheit, Durchdachtheit und dem Implikationenreichtum rechtsdogmatischer Denkfiguren kaum gerecht zu werden. Die Rechtsdogmatik selbst ist, zumindest in ihrer heutigen Gestalt, noch nicht auf die Positivität des Rechts eingestellt und daher kaum in der Lage, im Bereich ihrer Selektivität die politisch entscheidbaren Fragen herauszufinden und zu formulieren.[81] Auf lange Sicht werden daher Konflikte und Verständigungsschwierigkeiten zwischen Politikern und Juristen zu den Kosten einer solchen funktionalen Differenzierung von Politik und Verwaltung gehören. Aus beiden Gründen – wegen der Eigenart von Politik und wegen der kategorialen Struktur des Rechts – entwickeln sich politische Planungen heute weitgehend außerhalb der Legislative (soweit nicht deren Budgetfunktion in Anspruch genommen werden muß) und damit außerhalb des Rechts.[82] Immerhin könnte das Recht planungstechnisch besser genutzt wer-

---

79 Für ein charakteristisches Beispiel siehe FRED W. RIGGS, *Thailand. The Modernization of a Bureaucratic Polity.* Honolulu 1966.
80 Siehe dazu die Diskussion auf dem 43. Deutschen Juristentag. Verhandlungen Bd. II, Teil D.
81 Vgl. dazu an Hand eines Sonderproblems NIKLAS LUHMANN, Öffentlichrechtliche Entschädigung rechtspolitisch betrachtet. Berlin 1965, insbes. S. 201. Vgl. ferner Kap. V, 2, unten S. 325 ff.
82 Ein bekannter Text über politische Planung, YEHEZKEL DROR, *Public Policymaking Reexamined.* San Francisco 1968, nimmt zum Beispiel auf das Recht kaum noch Bezug und beurteilt die Eignung der Legislative in diesem Zusammenhang wegen der politischen Struktur ihrer Meinungsbildung äußerst skeptisch (S. 278 ff). Auch in Deutschland mehren sich gerade in den letzten Jahren Zweifel an der Möglichkeit, Planung in die Form von Gesetzen zu bringen. Hierzu auch NIKLAS

den als bisher, wenn sich seine Reagibilität und Flexibilität sowie seine Eignung zur Kontrolle höherer Interdependenzen steigern ließen. Positives Recht ist schon durch seinen Programmtypus, das Konditionalprogramm, auf Zentralisierbarkeit der Entscheidung über Entscheidungsprämissen angelegt. Die unbestreitbaren Möglichkeiten, im richterlichen Entscheidungsprozeß trotzdem auf eine Veränderung gesellschaftlicher Fakten oder Bewertungen zu reagieren, könnten eine mehr kompensierende Bedeutung annehmen – nämlich sich dort finden, wo Änderungsbegehren (oder auch: Änderungsverweigerungen) nach den Bedingungen der Politik nicht politisierbar sind.

Fast wichtiger noch sind die *Bedingungen und Formen der Regulierbarkeit politischer Konflikte*. Die ältere Auffassung, dazu sei Konsens über Wertgrundlagen erforderlich, steht dem Naturrecht noch nahe. Sie gibt eine der möglichen Lösungen an. Daneben gibt es andere, vor allem solche des ‹Pluralismus›. Sie beruhen im Prinzip auf der Möglichkeit von Frontenverschiebungen – sei es zwischen den gesellschaftlichen Gruppierungen, sei es zwischen ihnen und der Politik. Gesellschaftliche Konflikte, zum Beispiel solche zwischen religiösen Vereinigungen, sozialen Schichten, Wirtschaftszweigen, Regionen, Stadtbewohnern und Landbewohnern, Altersgruppen usw., dürfen nicht als solche immer schon politische Konflikte sein und sich mit den Mitteln der Politik verstärken; vor allem dann nicht, wenn sich schon durchgehende Fronten in der Gesellschaft zu bilden drohen, der religiöse Gegensatz schon durch einen Schichtengegensatz oder einen regionalen Gegensatz verstärkt wird.[83] Das ist im Hinblick auf die politische Verfügung über Gewaltmittel gefährlich, die den Konflikt nochmals steigern und zum offenen Kampf führen kann, und erst recht bedenklich, wenn das politische System auch die Verfügung über das Recht selbst beansprucht. Positivierung des Rechts, nämlich Herabsetzen der Änderungsschwelle für Rechtsstrukturen, setzt eine gewisse gesellschaftliche Neutralisierung des politischen Konfliktmechanismus voraus. Die politischen Fronten dürfen nicht zugleich durchgehende gesellschaftliche Gegensätze widerspiegeln, müssen aber selbst als Konflikt organisiert und dadurch in der Lage sein, wechselnde gesellschaftliche Interessengegensätze in die Politik zu rezipieren und dort am Falle programmatischer Entscheidungen auszutragen.

Schließlich muß eine Politik, die Rechtsetzung durch Vorselektion vorbereiten will, *in bezug auf Werte opportunistisch verfahren können*. Wir

---

LUHMANN, Systemtheoretische Beiträge zur Rechtstheorie. Jahrbuch für Rechtssoziologie und Rechtstheorie, im Druck.

83 Diese Lage wird mit einem Begriff, der aus der niederländischen Soziologie stammt, ‹Versäulung› genannt. Vgl. z. B. JACOB PIETER KRUIJT/WALTER GODDIJN, Versäulung und Entsäulung als soziale Prozesse. In: JOACHIM MATTHES (Hrsg.), Soziologie und Gesellschaft in den Niederlanden. Neuwied 1965, S. 115–149. Zum gleichen Problem siehe auch SEYMOUR M. LIPSET, Soziologie der Demokratie. Neuwied–Berlin 1962, S. 18 f, 81 ff, und zu einer bestimmten Lösungsmöglichkeit GERHARD LEHMBRUCH, Proporzdemokratie. Politisches System und politische Kultur in der Schweiz und in Österreich. Tübingen 1967.

hatten an früherer Stelle (Bd. I, S. 91 ff) schon gesehen, daß in zunehmend komplexen Gesellschaften Programme und Werte stärker auseinandergezogen und gegeneinander variabel gesetzt werden müssen. Die direkte Bewertung kompakter Entscheidungsprogramme immobilisiert diese und immobilisiert die Werte auch. Dann scheint es so, als ob Werte das Handeln begründen können. In dem Maße aber, als Programme im Wege der Entscheidung hergestellt werden, wird deutlich, daß dabei laufend Werte zurückgesetzt werden müssen, die man durchaus achten und in anderen Entscheidungszusammenhängen auch fördern möchte. Das zwingt letztlich zur Trennung dieser beiden Ebenen der Identifikation von Erwartungszusammenhängen und zum Verzicht auf eine programmähnliche Ordnung von ‹Wertsystemen› oder ‹Werthierarchien›. Die Werte können zwar als Gesichtspunkte des Schätzens abstrahiert, nicht aber im Sinne eines festen Rangverhältnisses auf Dauer gestellt werden. Man muß einmal die Kultur der Hygiene und dann wieder die Hygiene der Kultur vorziehen können – je nach Erfüllungsstand und Betroffenheit der Werte, je nach Situation und zu erwartenden Nebenfolgen und je nach politischer Opportunität. Zugleich erleichtert die Variabilität der Programme, also die Positivierung des Rechts, die opportunistische Behandlung von Werten: An die Stelle von Entscheidungen über Primate treten Entscheidungen über momentane Prioritäten. Den zurückgesetzten Werten wird ihr gutes Recht nicht bestritten, sie können warten und wachsen, bis die angestauten Bedürfnisse sie vordringlich machen.

Als Teilsystem des politischen Systems müssen die im engeren Sinne politischen Prozesse demnach Strukturen und Arbeitsbedingungen aufweisen, die ihnen einen opportunistischen Umgang mit Werten ermöglichen.[84] Das kann in Einparteisystemen mit Hilfe einer «dialektischen» Ideologie geschehen, die ein Umwerten von Werten ermöglicht; in Mehrparteiensystemen durch Zielformalisierung, nämlich dadurch, daß Wahlsieg im politischen Konkurrenzkampf zum obersten Ziel wird, dem alle anderen Werte als Mittel untergeordnet werden.[85] Die Einzelbedingungen, Kautelen und Kompensationen, unter denen das geschehen kann, sind recht verschieden. In beiden Fällen aber benötigt das politische System um der Rechtsetzung willen einen amoralischen Führungsstil – allerdings weniger im Sinne der «Staatsräson» zur Erhaltung und Vermehrung von Beständen, als vielmehr zur Reduktion überhoher Komplexität. In beiden Fällen kann es wegen dieser hohen Komplexität und der durch sie bedingten Steuerungsweise keine Verantwortlichkeit für Gründe des Handelns geben, sondern nur Verantwortlichkeit für Folgen. Und das heißt: Es müssen auf die eine

---

84 Dazu und zum folgenden näher NIKLAS LUHMANN, Positives Recht und Ideologie. Archiv für Rechts- und Sozialphilosophie 53 (1967), S. 531–571. Neu gedruckt in: DERS., Soziologische Aufklärung. Köln–Opladen 1970; DERS., Opportunismus und Programmatik in der öffentlichen Verwaltung. In: DERS., Politische Planung. Opladen 1971, S. 165–180.

85 Dieser inzwischen bekannte Gedanke zuerst bei JOSEF A. SCHUMPETER, Kapitalismus, Sozialismus und Demokratie. Bern 1946, S. 427 ff.

oder andere Weise die Möglichkeit des Wechsels in der Macht und eine lernfähige Politik institutionalisiert werden. Institutionell vorgesehener Machtwechsel erhöht die Entscheidungsrisiken des Machthabers. Das hat jedoch nur dann und nur in dem Maße Sinn, als Informations- und Kommunikationsmöglichkeiten verbessert, also Lernmöglichkeiten geschaffen werden.

Solche Operationsbedingungen können gesellschaftlich nicht universell gesetzt, nicht als Moral schlechthin verkündet werden. Sie sind auf engere Systemgrenzen angewiesen, sie aktualisieren sich in einem ausdifferenzierten Teilsystem der Parteipolitik. Als Folge entsteht das Problem, wieweit die Politik schließlich nur noch politische Probleme löst – zum Beispiel als Beweis politischer Aktivität und Fürsorge ein Gesetz über Dienstmädchen erläßt, das nicht praktikabel ist und vielleicht nicht einmal mehr einen Gegenstand hat.[86] Im Zusammenhang mit unseren allgemeinen Überlegungen zur Ermöglichung struktureller Variation wird ferner verständlich, daß die Politik dazu tendieren kann, eigene Krisen zu erzeugen, um Strukturänderungen zu ermöglichen. Bei unpopulären Rechtsänderungen, etwa zugunsten von Interessenten, läßt sich ein politisches Operieren mit Pseudokrisen nicht selten beobachten. Die relative Autonomie der politischen Prozesse und ihre Orientierung an selbstgeschaffenen Problemen müßten deshalb durch steigende und verdichtete Kommunikationsleistungen ausbalanciert werden, was darin seine Grenze findet, daß angesichts der hohen Komplexität politischer Situationen nicht genügend Vorverständigungen vorausgesetzt werden können und im übrigen alle immer etwas anderes zu tun haben.

Die Entstabilisierung von Strukturen, das Herabsetzen ihrer Änderungsschwelle, muß mithin in einem angemessenen Verhältnis stehen zu der Selektionskapazität des Systems. Zu ihr gehören einerseits eine hinreichend abstrakte und lernfähige, variantenreiche und problembezogene Begrifflichkeit, die ein evolutionäres Interesse – und nicht einfach den konkreten *status quo* – artikuliert, und ferner hinreichend Macht, das heißt die Fähigkeit, Entscheidungsleistungen zu übertragen. Die aufgezogenen Schleusen müssen ein Kanalsystem befluten. Fehlt es an einem solchen Netzwerk, kommt es zu einer Überflutung mit Anträgen, Petitionen, Entwürfen, Gegenvorstellungen und Pressionen, denen kein adäquates Sortierungsvermögen gegenübersteht. Das politische System wird in die Defensive, in eine nur noch bremsende, abwehrende, reagierende Rolle gedrängt, kommt unter Zeitdruck und verliert die Kontrolle über die Problemstellung. Die flatterhaften Versuche dieser Tage, zu einer gesetzlichen Reform der Hochschulen zu kommen, illustrieren eine solche Lage, die sich auf einen Zustand hinentwickeln kann, in dem nichts mehr möglich ist, weil alles möglich ist.

All diese Überlegungen stellen wir hier unter dem Gesichtspunkt von Folgeproblemen hoher struktureller Variabilität zusammen. Sie belegen,

---

[86] Dies Beispiel nach VILHELM AUBERT, Einige soziale Funktionen der Gesetzgebung. In: HIRSCH/REHBINDER, a. a. O., S. 284–309.

daß die Positivierung des Rechts Probleme stellt, die nicht mehr allein durch exegetischen Rückgriff auf den Sinn höherer Normen oder durch Beschuldigung von Handelnden gelöst werden können. Sie zeigen, daß die Systembedingungen, unter denen Recht hergestelllt werden muß, andere sind als die, unter denen es angewandt wird. Diese Diskrepanz bezieht sich nicht nur auf situationsmäßige Verhaltensumstände in arbeitsteilig zusammenwirkenden ‹Staatsorganen›, wie die klassische Lehre von der Gewaltenteilung es sah, sondern darüber hinaus auch auf den Grad der zu bewältigenden Komplexität, auf die Kriterien der Rationalität und die Möglichkeiten ihrer Kontrolle, auf die Relevanz von Informationen und die Eignung von Arbeitsweisen und auf die Verteilung von normativen und kognitiven Bestandteilen des Erwartens. Das schließt nicht aus, daß man bei der Herstellung und bei der Anwendung von Recht denselben Sinngehalt ins Auge faßt, zeigt vielmehr gerade die Funktion der Identität von normativem Sinn, zwischen verschiedenen Horizonten der Selektivität zu vermitteln und den Übergang des Prozesses der Rechtsentscheidung aus einem weiteren in einen engeren Horizont zu vermitteln. In der Organisationstheorie hat man den Prozeßaspekt einer solchen Vermittlung auch ‹Absorption von Unsicherheit› genannt, die darin besteht, daß aus einem Bereich von Informationen Schlüsse gezogen und dann die Schlüsse, nicht aber die Informationen selbst mitgeteilt werden.[87] Das führt zurück auf die bereits formulierte Einsicht, daß strukturelle Variabilität Verstärkung der Selektivität in sozialen Systemen erfordert.

6. Risiken und Folgeprobleme der Positivität

Folgeprobleme hoher Komplexität und variabler Programmierung stellen sich nicht nur in den politischen Verhaltensbereichen ein, die der Rechtsetzung vorgelagert sind und der Vorsortierung des möglichen Rechts dienen. Die Positivierung des Rechts führt, wie bereits mehrfach betont, bei aller Kontinuität einzelner Normen, Institutionen und Denkfiguren zu einer Gesamtumstellung des Rechts auf höhere Komplexität. Sie ändert damit nicht nur die Entscheidungsprämissen und -probleme im politischen System und in seinen rechtlich geregelten Verfahren; sie ändert die normative Struktur des Sozialsystems der Gesellschaft selbst. Bei aller Abhängigkeit von politischer Entscheidung bleibt das Recht gesamtgesellschaftliche Struktur. In allen Teilsystemen der Gesellschaft, ja in jeder einzelnen Handlung findet sich ein direkter oder indirekter Bezug auf kongruent generalisierte Verhaltenserwartungen. Ein politisches System, das diese gesellschaftliche Relevanz des Rechts in seiner Entscheidungspraxis nicht beachtete, würde einfach kein Recht erzeugen.

---

87 So James G. March/Herbert A. Simon, *Organizations*. New York–London 1958, S. 164 f.

Zieht man die Stellung des Rechts im umfassenden Gesellschaftssystem in den Blick, dann sieht man die Rechtsnormen nicht mehr nur als Entscheidungsprogramme für bestimmte Rollen, sondern in ihrem ursprünglichen Sinn als Erwartungsstruktur aller Teilnehmer an gesellschaftlicher Interaktion. Und dann zeigen sich sehr viel weittragendere Bedingungen und Folgeprobleme der Umstellung des Rechts auf Positivität. Einige der wichtigsten seien hier in der gebotenen Kürze vorgeführt:

An wohl erste Stelle gehört die *immense Steigerung der Risiken*, die mit der Positivierung des Rechts, aber auch mit zahlreichen Rechtsinstitutionen (zum Beispiel Vertragsfreiheit, Gewährung der juristischen Persönlichkeit an Wirtschaftsorganisationen, Gewerbekonzessionen) verbunden sind. Diese Risiken sind bereits in der frühen Neuzeit an der spektakulären Ausbildung ‹souveräner› und ‹absoluter› politischer Herrschaft bewußt geworden. Sie wurden infolgedessen auf die politische Gewalt und ihre Verfügung über das Recht bezogen und als Gefahr des Mißbrauchs oder der Willkür beschrieben – eine Problemfassung, die Naturrecht noch voraussetzt (ob sie es eingesteht oder nicht) und ihre Realisierung durch eine gut institutionalisierte juristische Entscheidungspraxis erreicht. Diagnose und Abhilfen werden im Begriff des *Rechtsstaates* zusammengefaßt,[88] der sich im 19. Jahrhundert als politisches und als juristisches Prinzip durchsetzt. Rechtsstaat ist die Vorstellung, daß das politische System der Gesellschaft seinem Wesen als ‹Staat› entsprechend durch eine Rechtsverfassung bestimmt, das heißt im Kern Recht sei. Damit wird der Sieg des Rechts über die politische Macht postuliert – und das Problem ‹gelöst› durch einfache Umkehrung des an sich bestehenden Verhältnisses von Politik und Recht.[89]

Unter dieser gedanklichen Anleitung entwickelt der Rechtsstaat sich zum Rechtsschutzstaat. Gewisse dogmatische Umdispositionen gehen voraus: Es werden angeborene (nicht erst gesellschaftlich-politisch konstituierte) subjektive Rechte[90], namentlich Freiheitsrechte, als Schranken staatlicher Rechtspraxis vorausgesetzt, und die nur gesetzlich begründeten subjektiven Rechte werden durch einen auf GROTIUS zurückgehenden juristischen Kunstgriff[91] in ihrem Geldwert der politisch-administrativen, schließlich sogar

---

88 Vgl. zu dieser Lokalisierung des Rechtsstaatsgedankens näher NIKLAS LUHMANN, Gesellschaftliche und politische Bedingungen des Rechtsstaates. In: Studien über Recht und Verwaltung. Köln–Berlin–Bonn–München 1967, S. 81–102, neu gedruckt in: DERS., Politische Planung. Opladen 1971.

89 Mit FRITZ SCHARPF, Die politischen Kosten des Rechtsstaats. Tübingen 1970, muß man auf die Erschwerung der politischen Ausbalancierung des Entscheidungsprozesses hinweisen, die als Folge eines überzogenen Rechtsstaatsprinzips eintreten kann.

90 Auch die Denkfigur des einseitig-abstrakten subjektiven Rechts gehört in diesen Zusammenhang und bezieht sich auf Erfordernisse einer stark differenzierten Gesellschaft. Dazu nochmals unten S. 328.

91 nämlich durch Abtrennung der Frage des Entstehungsgrundes eines Rechts von der Frage des Enteignungsschutzes. Siehe HUGO GROTIUS, *De iure belli ac pacis libri tres*. II, 14 § VIII, Ausgabe Amsterdam 1720, S. 416.

der legislativen Verfügung entzogen und unter Enteignungsschutz gestellt. Dazu kommen organisatorische und verfahrensmäßige Vorkehrungen, die in der politischen Unabhängigkeit der Justiz gipfeln. All dies liegt in sehr verschiedenen Ausformungen vor, je nachdem, ob die Befürchtungen mehr auf die monarchische Exekutive (Deutschland im 19. Jahrhundert), auf parteipolitische Machenschaften (Deutschland im 20. Jahrhundert) oder auf den Amtsmißbrauch des bürokratischen, Justiz einschließenden (!) *government* (USA) gerichtet sind.

Mit all dem werden jedoch die Risiken und Folgeprobleme der Positivierung des Rechts nicht voll erfaßt: weder gedanklich noch institutionell. Wie für evolutionäre Überleitungen typisch, wird noch unter alten Kategorien, unter gewohnten Denkvoraussetzungen gedacht und gesucht – hier unter naturrechtlichen Prämissen, von denen aus Begriffe wie Mißbrauch oder Schutz gegen Akte souveräner Gewalt erst ihren Sinn gewinnen. Die Risiken der neuen positiven Rechtsstruktur lassen sich jedoch nicht allein im Recht selbst abfangen. Schon allgemein vermögen ja kongruent generalisierte Erwartungen keine ausreichende Sicherheit der Lebensführung zu vermitteln. Mit der neueren Entwicklung von Gesellschaft und Recht nehmen diese Unsicherheiten zu und verändern ihre Form. Gefährdungen durch andere Menschen werden in der Form des Rechts nicht mehr nur abgewehrt, sondern auch zugelassen. Die Gefahren kommen nun in hohem Maße gerade aus dem Recht selbst. Die Frontstellung gegen die Gefahr kann daher nicht mehr auf dem Boden des Rechts gegen das Unrecht bezogen werden, sie verläuft im Recht selbst als Regulierung und Verteilung von Risiken: Gesetze können geändert werden, aber nur im Rahmen der Verfassung oder unter besonderen Erschwerungen; Verträge können gekündigt werden, aber nur aus besonderen Gründen; subjektive Rechte können enteignet werden, aber nur im öffentlichen Interesse und gegen Entschädigung; voraussehbar und typisch schadengeneigtes Handeln wird erlaubt, aber für die damit entfallende Verschuldenshaftung wird eine Gefährdungshaftung geschaffen.[92] Die Bedeutung solcher Regulierungen nimmt vergleichsweise zu. Es kommt zwar noch vor, daß ein Einbrecher mir mein Silber stiehlt, aber was bedeutet das im Vergleich zum Konkurs meiner Bank, zur Entlassung aus meinem Arbeitsverhältnis, zur Änderung des Bebauungsplanes meiner Gemeinde, zur Bestreikung meiner Fabriken oder gar zur Bestreikung wichtiger Staatsdienste usw. Angesichts solcher rechtlich erlaubter Bedrohungen muß das Sicherheitsproblem umdefiniert und umempfunden werden. Es geht jetzt nicht mehr nur um Sicherheit gegen rechtswidriges Handeln, um Rechtsschutz, sondern um Sicherheit gegen rechtmäßiges Handeln und damit um komplizierte gegenläufige Vorkehrungen im Recht selbst, die laufende rechtspolitische Überwachung und

---

92 Zu dieser nicht allgemein anerkannten Begründung der Gefährdungshaftung NIKLAS LUHMANN, Öffentlich-rechtliche Entschädigung rechtspolitisch betrachtet. Berlin 1965, S. 139 f.

Anpassung erfordern. Und deshalb kann das heutige Recht nicht mehr jene moralische Erwartungssicherheit gewähren, die einfach daraus folgt, daß man sich im Recht weiß.

Ein zweites Problem hat die gleiche Wurzel: Das Recht ist in Ansätzen schon in der Ära vorneuzeitlicher Hochkulturen, definitiv aber in der Neuzeit so komplex geworden, daß der einzelne es *nicht mehr kennen kann.* Selbst juristischer Sachverstand muß sich auf enge Ausschnitte konzentrieren, die entweder im Sinne eines normalen Gebrauchswissens oder in der Richtung auf fachliche Spezialisierung abgezogen werden: Der Richter konsultiert seinen ‹PALANDT›, der Patentanwalt seinen Steuerberater. Das Unvermögen voller Rechtskenntnis ist natürlich eine alte Erscheinung,[93] wird aber selbst in den Rechtsfragen, deren Lösung das Tägliche laufend impliziert, von der Ausnahme zur Regel. Davon abgesehen ist es für den einzelnen nicht einmal mehr *rational,* sich Rechtskenntnisse gleichsam auf Vorrat anzueignen und sie auf dem laufenden zu halten – es sei denn, er sei in Berufsrollen häufig mit bestimmten Rechtsfällen konfrontiert. Der Aufwand stünde in keinem Verhältnis zum Ertrag. Unwissen in Rechtsfragen wird nicht nur unvermeidlich, sondern auch ratsam. Man kann dabei voraussetzen, daß alles Recht aufgeschrieben und irgendwie bei Bedarf feststellbar ist, und muß einer Art urbaner Versiertheit vertrauen, die einem sagt, in welchen Situationen es ausnahmsweise doch nötig ist, sich vor dem Handeln über rechtliche Möglichkeiten zu unterrichten.[94]

Während die zuvor behandelten Risiken weitgehend in das Recht selbst hineingearbeitet worden sind oder doch zumindest als Problem gesehen und gemildert werden, ist die notwendige und rationale Unkenntnis des Rechts ein Tatbestand, von dem das Recht selbst kaum Notiz nimmt. Die alte Regel, daß Unkenntnis des Rechts nicht entschuldigt, gilt immer noch unangefochten. Ein Verzicht darauf hätte in der Tat unausdenkbare Folgen. So wird das Problem voll und ganz auf den einzelnen überwälzt, der mit einem pauschal erteilten Vertrauen in Unbekanntes und einigen nach seinen besonderen Lebensumständen wichtigen Informationen auszukommen hat. Es ist klar, daß diese Lösung nur tragbar ist, wenn das Recht zugleich von alten Funktionen der Angstregulierung und der Verbindung mit Fragen des Gewissens und der moralischen Achtung entlastet wird – ein Thema, das wir oben (S. 222 ff) unter dem Gesichtspunkt der funktionalen Spezifizierung des Rechts bereits berührt hatten.

Wie typisch, wenn der Mensch sich hoher und unerkennbar fluktuieren-

---

93 Siehe z. B. die Feststellungen von POSPISIL, a. a. O., S. 252 f., für die Kapauku Papuas.

94 Die Neigung und die Möglichkeit dazu dürfte in der Gesellschaft sehr unterschiedlich verteilt sein und mit anderen Variablen korrelieren. Eine Untersuchung dieser Frage findet sich bei LEON MAYHEW/ALBERT J. REISS, JR., *The Social Organization of Legal Contacts.* American Sociological Review 34 (1969), S. 309–318. Einen aktuellen Überblick über empirische Forschungen zur Verbreitung von Rechtswissen gibt ADAM PODGORECKI, *Loi et morale en théorie et pratique.* Revue de l'Institut de sociologie 1970, S. 277–293, insbes. 278 f.

der Komplexität gegenübersieht, stellen sich Strategien der Abwehr, der Fragmentierung, der Pauschalierung und der Neutralisierung ein. An die Stelle der religiösen Deutung der Welt treten dabei in alternativenreichen Gesellschaften Strategien der *Trivialisierung*.[95] Positives Recht wird in dem Maße seiner Ausbreitung und Änderbarkeit triviales Recht. Eine Form, die dazu benutzt wird, Ansprüche auf Prämien für die Vernichtung von Äpfeln eines bestimmten Erntejahres festzulegen, kann nicht zugleich Heiliges ausdrücken. Etwas sichtbar Hergestelltes hat, sofern es nicht als Kunstwerk überzeugt, seinen Grund nicht in sich selbst, sondern im Prozeß der Herstellung.[96] Das heißt natürlich nicht, daß jeder in Rechtsform gebrachte Sinn seinem Inhalte nach trivial wird, was man für Mordverbot, Ehe oder Eigentum gewiß nicht behaupten kann; wohl aber, daß die Rechtlichkeit solchen Sinnes trivial wird und dessen Stellenwert unter anderen Bedeutungsgehalten sich aus anderen funktionalen Beziehungen ergibt.

Trivialität heißt: hohe Indifferenz gegen Unterschiede. Für alle einzelnen haben fast alle Vorschriften keine Bedeutung, mit der sie sich identifizieren könnten. Der einzelne kann daher das Recht selbst nicht als eigene Angelegenheit empfinden, sondern sich selbst nur noch in seinen (mehr oder weniger durch das Recht gedeckten) Normprojektionen, Ansprüchen und Interessen wiederfinden. Das ermöglicht ein nahezu unbemerktes Auswechseln der Normen nach Maßgabe des Interesses jeweiliger Minoritäten,[97] ohne daß wesentliche Sinngehalte aus den Köpfen und Herzen gerissen zu werden brauchen. Die Grenzen der Möglichkeit, Recht zu ändern, finden sich gesellschaftlich in der Intimsphäre, an der alle gleichermaßen interessiert sind, und politisch im Gleichgewicht der großen Organisationen, die wesentliche Sektoren der Gesellschaft repräsentieren, aber nicht mehr in der Rechtlichkeit des Rechtes selbst.

Solche Umformungen der möglichen und typischen Einstellungen zum Recht machen höhere Komplexität des Rechts für das psychische System des einzelnen tragbar; sie lösen Folgeprobleme in der individuellen An-

---

95 Dieser Zusammenhang findet sich angedeutet bei F. E. EMERY, *The Next Thirty Years. Concepts, Methods and Anticipations*. Human Relations 20 (1967), S. 199–237 (225 ff). Für den Bereich kognitiver Erwartungen vgl. auch ROBERT E. LANE, *The Decline of Politics and Ideology in a Knowledgeable Society*. American Sociological Review 31 (1966), S. 649–662. Für das Recht hat bereits JEAN CRUET, *La vie du droit et l'impuissance des lois*. Paris 1908, S. 219 ff, die Abschwächung der moralischen Autorität der Gesetze als eine *allgemeine* und *normale* Erscheinung beurteilt. Vgl. auch GEORGES RIPERT, *Les forces créatrices du droit*. Paris 1955, S. 171 ff.

96 Dies scheint auch FRIEDRICH CARL VON SAVIGNY, *Vom Beruf unsrer Zeit für Gesetzgebung und Rechtswissenschaft*. Heidelberg 1814, S. 43, vorgeschwebt zu haben, als er betont: «Was so vor unsern Augen von Menschenhänden geschaffen ist, wird im Gefühl des Volkes stets von demjenigen unterschieden werden, dessen Entstehung nicht eben so sichtbar und greifbar ist, . . .»

97 ROBERT A. DAHL, *A Preface to Democratic Theory*. Chicago 1956, schlägt im Hinblick darauf vor, Demokratie statt durch Mehrheitsherrschaft durch Herrschaft vieler Minderheiten zu charakterisieren.

passung an die Positivierung des Rechts. Andere Umstellungen sind in den sozialen Systemen zu beobachten, die die Gesellschaft konstituieren, und zwar in der Weise, wie sie als Teilsysteme der Gesellschaft ihre eigenen Erwartungen generalisieren.

Eine viel diskutierte Folge, die mit diesen Veränderungen einhergeht, ist die Zunahme ‹nichtstaatlichen› Rechts. Vor allem auf den Gebieten Wirtschaft, Arbeit, Beruf ist ein Wuchern von Geschäftsbedingungen, regulierenden Abreden, Betriebssatzungen usw. zu beobachten, die einen Regelungsbedarf ausfüllen, um den der Gesetzgeber sich nicht oder allenfalls ausnahmsweise beim Auftreten von Mißständen kümmert. Die Besonderheit dieses sekundär geschaffenen Rechts ist rein juristisch schwer zu erkennen. Sie liegt nicht in der Weise seiner Begründung. Es kann sich, wenn auch indirekt, auf Gesetze stützen, beruht zum Beispiel auf Vertragsfreiheit oder Eigentum. Die Besonderheit liegt auch nicht darin, daß es lediglich für bestimmte Situationen, für besondere Rollen oder für besondere soziale Systeme gilt. Dies trifft in weitem Umfange auch für das Gesetzesrecht zu. Die soziologische Eigenart und damit auch die gesellschaftlichen Bedingungen dieses sekundären Rechts erhellen, wenn man nach den Systemen fragt, die dieses Recht institutionalisieren, und nach der Weise seiner Institutionalisierung; also nicht nach den Objekten, auf die es sich bezieht, sondern nach den Subjekten, die es tragen.

Es handelt sich nicht um Recht, das auf der Ebene des Gesellschaftssystems gebildet wird und damit jeden beliebigen Dritten als Mitträger in Anspruch nehmen kann. Man erwartet zum Beispiel nicht, daß außenstehende Dritte das Rauchverbot eines Betriebes normativ miterwarten (es sei denn, es handele sich um die Konsequenz einer gewerbepolizeilichen Auflage). Vielmehr wird die kongruente Generalisierung, also das, was auch dieses Recht zu Recht macht, lediglich in Teilsystemen der Gesellschaft geleistet. Nur Mitglieder dieser Teilsysteme sind demzufolge als Handelnde und als Erwartende an die Normativität dieser Erwartungen gebunden; andere verhalten sich dem System gegenüber lediglich kognitiv und passen sich dessen Normierung lernend an.

Nichtgesellschaftliches Recht entsteht in den Teilsystemen aller differenzierten Gesellschaften.[98] Es ist jedoch anzunehmen, daß die Art, wie solches Recht sich bildet, nicht unabhängig ist von der Gesellschaftsstruktur und dem Entwicklungsstand der Gesellschaft. Tatsächlich ist denn auch das Sekundärrecht, das sich in der modernen Industriegesellschaft bildet, mit dem ‹Hausrecht› älterer Hochkulturen oder mit dem ‹Korporationsrecht› des Mittelalters nur sehr entfernt vergleichbar. Es beruht auf einem spezifischen Mechanismus, der nur in hochkomplexen und mobilen Gesellschaften entwickelt werden kann: auf *formaler Organisation*.

Die gesamtgesellschaftlichen Vorbedingungen dieser Rechtsbildung und

---

[98] Zu dieser oft auch ‹pluralistische› Rechtstheorie genannten These bereits oben Bd. I, S. 131.

ebenso der Entlastungseffekt, der durch eine solche Fortsetzung der Rechtsbildung auf Teilsystemebene erreicht werden kann, werden nur verständlich, wenn man diesen Mechanismus der formalen Organisation begreift.[99] Er beruht wesentlich auf Mobilität, genauer gesagt auf der Mobilität in bezug auf Eintritts- und Austrittsentscheidungen, und hat darin sein spezifisch modernes Gepräge. Das durch Organisation geschaffene Recht hat seine eigentümliche Form von Konditionalität. Seine Anerkennung wird als Bedingung für Eintritts- und Austrittsentscheidungen, als Bedingung der Übernahme einer Mitgliedsrolle im System formuliert. Wer eintritt, muß sich den im System geltenden Erwartungen mitsamt den institutionalisierten Bedingungen der Änderung dieser Erwartungen pauschal unterwerfen. Wer prinzipiell rebelliert (also nicht nur gelegentlich sündigt), muß austreten. Dadurch ist auch dieses Teilsystemrecht von unterstellbarem Konsens getragen, der sich in der Aufrechterhaltung von Mitgliedschaften ausdrückt. Auch das Recht von Teilsystemen der Gesellschaft kann auf diese Weise positiviert werden, und dies ohne Durchlauf durch die Politik; es müssen nur unter die Mitgliedschaftsbedingungen solche aufgenommen werden, die Anerkennung auch für die Änderung von Mitgliedschaftsbedingungen postulieren.

Die schon auf der Ebene der Gesellschaft durch Positivierung erreichte Leistungssteigerung wird durch diesen Mechanismus der Organisation nochmals potenziert. Auch die einschränkende Voraussetzung gesamtgesellschaftlicher Institutionalisierung und politischer Kontrolle entfällt. Durch Organisation können in höchstem Maße unnatürliche Erwartungen kongruent generalisiert werden. Die alte Prämisse der Selbstverständlichkeit des Rechts wird geradezu in ihr Gegenteil verkehrt. Damit wird, praktisch nach Bedarf, das Nichtselbstverständliche erwartbar gemacht. Erst dadurch kann der Bedarf für Recht, der Bedarf für kongruente Generalisierung normativer Verhaltenserwartungen in dem Maße befriedigt werden, als dies für die Aufrechterhaltung eines funktional differenzierten, hochgradig interdependenten Leistungsgefüges unabdingbar ist.

Auch dieser Mechanismus hat seine spezifischen Risiken und Folgeprobleme. In den Fabriken des 19. und in den Kartellen des 20. Jahrhunderts ist sichtbar geworden, wohin man mit organisatorischer Selbstlegitimation beliebig spezifizierter Verhaltenserwartungen trotz formaler Freiheit von Eintritt und Austritt kommen kann. Ähnliches gilt für jene unzähligen Detailregulierungen, die auf fixierten und pauschal akzeptierten Geschäftsformularen beruhen. Weniger deutlich ist, wo Abhilfen liegen, welche die unerläßlichen Vorteile dieser organisatorischen bzw. vertraglichen Form der Rechtsbildung nicht beeinträchtigen. Für den Juristen lag es nahe, an einen Umbau derjenigen Rechtsinstitute zu denken, die solches organisatorisch geschaffene Recht staatlich legitimieren: an eine Umstel-

---

99 Hierzu und zum folgenden näher NIKLAS LUHMANN, Funktionen und Folgen formaler Organisation. Berlin 1964.

lung von Eigentum und Vertrag von individualistischen auf soziale Konzeptionen. Diese Vorschläge können sehr leicht in der dann notwendigen Verkomplizierung des Rechts und seiner Durchsetzungsverfahren entgleisen. Auch von staatlicher Aufsicht wird man sich wenig versprechen dürfen, zumal der Staat selbst in seinen eigenen Betrieben die gleiche Technik organisatorischer und satzungsmäßiger Rechtsbildung verwendet, ohne sich durch das Erfordernis demokratischer Legitimation wesentlich behindert zu fühlen. Sehr viel effektiver dürfte es sein, die gesellschaftlichen Bedingungen solcher Rechtsbildung zu beachten und an ihnen die Lösung zu suchen.

Organisatorische Rechtsbildung beruht auf und rechtfertigt sich durch Mobilität. Also muß diese Mobilität nicht nur formal, sondern auch faktisch geschaffen werden – auf dem Sektor beruflicher Arbeit etwa durch übersichtliche Ordnung des Arbeitsmarktes, Vollbeschäftigungspolitik, Bereitstellung generell verwendbarer Ausbildungen usw.[100] Die Gesellschaft kann, selbst wenn sie über zentralisierte Gesetzgebung verfügt, das in den Organisationen geschaffene Teilsystemrecht nicht selbst verantworten, denn das hieße den Vorteil solcher Delegation der Rechtsbildung zurücknehmen. Ihre Verantwortung muß generalisiert werden – und das heißt: sich nicht auf die in den Organisationen geschaffenen Einzelnormen beziehen, sondern auf die innergesellschaftliche Mobilität, die diese Normbildung ermöglicht und zugleich in den Grenzen des Akzeptablen hält.

Diese Überlegung lehrt erneut, daß mit der Positivierung des Rechts – diesmal auf Systemebene unterhalb der Gesamtgesellschaft – eine neue Stufe gesellschaftlicher Komplexität erreicht worden ist, auf der ältere Lösungsmodelle, etwa solche der überlieferten juristischen Dogmatik, inadäquat werden. Die Probleme haben eine andere Dimension gewonnen. Unvermeidlichkeit und Riskiertheit organisatorischer Rechtsbildung sprengen den Rahmen dessen, was durch Einschränkung der Verfügung über Eigentum oder der Bindungswirkung von Verträgen, Kündigungsschutz usw. gelöst werden könnte. Die höhere Komplexität der Gesellschaft und ihres Rechts, die Verfügung über eine Vielzahl anderer Möglichkeiten, muß als Basis in die Institutionalisierung neuer, stärker generalisierter Problemlösungen eingehen. Rechtspolitisch muß es unter diesen Umständen weniger auf statische als auf dynamische Sicherheiten ankommen, weniger auf Schutz eines Grundbestandes an erworbenen Rechten, auf Erhaltung des *status quo*, als vielmehr auf einen hinreichend dezentralisierten Zugang zu anderen Möglichkeiten. Die Bedeutung, die Fluktuationen des Arbeitsmarktes für die innerbetriebliche ‹Moral›, das heißt für die Durchsetzbarkeit der Normprojektionen der Betriebsleitung haben, zeigt wie in einem natürlichen Experiment, daß dies keine utopische Empfehlung ist.

---

100 Zum Markt als Gegengewicht privater Normierungen vgl. auch LAWRENCE M. FRIEDMAN, *Legal Rules and the Processes of Social Change*. Stanford Law Review 4 (1967), S. 786–840 (806 f).

7. Legitimität

Mit der zunehmenden, schließlich vollständigen Umformung des Rechts in eine kontingente, entscheidungsabhängige Erwartungsstruktur mußte das Problem der bindenden Wirkung des Rechts sich neu stellen. Die Gedankenentwicklung dieses Themas hat sich unter dem Titel der ‹Legitimität› vollzogen – ohne damit freilich schon Aufschluß zu geben über die spezifischen Mechanismen, die einer Entscheidung bindende Kraft verleihen. Der Begriff der Legitimität hat mittelalterliche Wurzeln und war zunächst ein Rechtsbegriff. Er bezog sich auf die angestammte Herrschaft und diente der Abwehr unrechtmäßiger Usurpation und Tyrannis. Er zerbrach im 19. Jahrhundert mit der Auflösung des Naturrechts, und zwar speziell an der kritischen Frage der Legitimation *neuer* Herrschaft und der rechtlichen Konstruktion des illegitimen Machtübergangs. Die juristische Lösung dieses Problems erwies sich als unmöglich.[101] Das führte zur Neukonstruktion des Begriffs auf rein faktischer Grundlage – zunächst zur Gleichsetzung mit der reinen Faktizität politischer Herrschaft, dann zu der heute vorherrschenden Definition der Legitimität durch verbreitete faktische Überzeugung von der Gültigkeit des Rechts oder der Prinzipien und Werte, auf denen bindende Entscheidungen beruhen.[102]

Unsere Analyse des Prozesses der Institutionalisierung hat indes ergeben, daß eine solche Überzeugung als faktisch-bewußte keine nennenswerte Verbreitung finden kann. Daher muß der Begriff der Legitimität nochmals umdefiniert werden. Das Definitionsmerkmal ‹Überzeugung› verdeckt mit der Behauptung eines empirisch feststellbaren Faktums sehr verwickelte Strukturzusammenhänge, und zwar gerade solche, in denen Veränderungen als Folge der Positivierung des Rechts zu vermuten sind. Es kann deshalb nicht wunder nehmen, daß auf dieser begrifflichen Grundlage die Frage nach der Legitimität reiner Legalität keine zufriedenstellende Antwort hat finden können.[103] Wir müssen dieses Definitionsmerkmal der

---

101 Dafür bezeichnend Friedrich Brockhaus, Das Legitimitätsprincip. Eine staatsrechtliche Abhandlung. Leipzig 1868.
102 So namentlich seit Georg Jellinek, Allgemeine Staatslehre. 3. Aufl., 6. Neudruck, Darmstadt 1959, S. 285, 332 ff. Zur juristischen Diskussion vgl. ferner Hans Welzel, An den Grenzen des Rechts. Die Frage nach der Rechtsgeltung. Köln–Opladen 1966; und als soziologische bzw. politikwissenschaftliche Beiträge Max Weber, Wirtschaft und Gesellschaft. Köln–Berlin 1964, S. 22 ff, 157 ff; Johannes Winckelmann, Legitimität und Legalität in Max Webers Herrschaftssoziologie. Tübingen 1952; Leonard Binder, *Iran. Political Development in a Changing Society*. Berkeley–Los Angeles 1962; Carl J. Friedrich, *Man and His Government*. New York–San Francisco–Toronto–London 1963, S. 232 ff; David Easton, *A Systems Analysis of Political Life*. New York–London–Sydney 1965, S. 278 ff. Anders (statt auf Überzeugung wieder auf soziale Geltung abstellend) Peter Graf von Kielmansegg, Legitimität als analytische Kategorie. Politische Vierteljahresschrift 12 (1971), S. 367–401.
103 Gegen Webers These rational-legaler Legitimität ist vor allem geltend zu machen, daß sie dieses Problem nur formuliert, aber die sozialen Mechanismen nicht aufzeigt, die es lösen könnten. Siehe dazu auch die kritischen Bemerkungen

Überzeugung deshalb auflösen und zu diesem Zweck auf unsere Ausgangsüberlegungen über elementare Probleme und Prozesse der Rechtsbildung zurückgreifen.

Das Problem ebenso wie die Lösung des Problems der sozial gestützten Erwartungsbildung beruhen darauf, daß man kontingente Erwartungen anderer erwarten muß und kann. Dieses Erwarten von Erwartungen erstreckt sich nicht nur auf diejenigen, mit denen man jeweils von Situation zu Situation in Interaktion steht, sondern auch auf Dritte, die in der Aktualität der Situation weder mithandeln noch miterleben. Dennoch werden durch den Mechanismus der Institutionalisierung auch Erwartungen in bezug auf die Erwartungen Dritter gebildet, mögen sie nun zutreffen oder nicht. Die in der Situation Beteiligten unterstellen (und erwarten voneinander, daß sie unterstellen), was Dritte von ihnen erwarten würden. Problematisch wird diese Erwartbarkeit der Erwartungen Dritter dann, wenn die Dritten durch repräsentative Sprecher symbolisiert werden, die über diese Erwartungen disponieren, sie formulieren und gegebenenfalls sogar ändern können. Dann wird, was vorher nur symbolische Realität war, in Akten der Kommunikation faßbar. Sie übernehmen den Anspruch auf institutionsgleiche Bindungswirkung. Von da ab wird die Legitimität solcher bindend entscheidenden Kommunikationsakte zur Frage. Diese Frage kann nicht, was naheläge, so gestellt werden: ob die Entscheidung die wahre Meinung der Dritten trifft. Sie muß in einer Umformung des Mechanismus der Institutionalisierung institutionellen Ausdruck finden.

Einfache Institutionen können aus bruchlosen Ketten normativen Erwartens bestehen: Die unmittelbar Beteiligten erwarten normativ und unbeirrbar, welche normativen Erwartungen durch Dritte an sie gerichtet werden. Man soll von ihnen erwarten, was sie selbst erwarten und wie sie handeln sollen. In solch einer durchlaufend normativen Struktur finden alle Erwartenden sich gemeinsam der Norm gegenüber; der Herrscher, ja selbst der Gott hat die gleiche Stellung zum Recht wie der Untertan, und wer sich als einzelner aus diesem Erwartungskontext herauslöst, erwartet damit falsch und handelt vorwerfbar. Diese einfache Lösung wird durch Einbau von Kontingenz und Änderungsmöglichkeiten in das Recht aus den Angeln gehoben. Wenn die Vertretung der Dritten zentralisiert und als Instanz mit bindenden Entscheidungsmöglichkeiten ausgerüstet wird, kommen andere – seien es an der Situation Beteiligte, seien es andere Dritte – in die Lage, lernen zu müssen. Sie müssen lernen, sich auf das

---

bei PETER M. BLAU, *Critical Remarks on Weber's Theory of Authority*. The American Political Science Review 57 (1963), S. 305–316 (311 f); EASTON, a. a. O., S. 301 f (Anm.); oder WALTER F. BUCKLEY, *Sociology and Modern Systems Theory*. Englewood Cliffs/N. J. 1967, S. 197 f. Selbst sozialpsychologische Erörterungen der ‹legal compliance› (vgl. DANIEL KATZ/ROBERT L. KAHN, *The Social Psychology of Organizations*. New York–London–Sydney 1966, S. 341 ff) zeigen noch keine befriedigenden Problemstellungen, ganz zu schweigen von Problemlösungen.

einzustellen, was entschieden, mitgeteilt, geändert worden ist. Der Einbau von Änderungsmöglichkeiten erfordert den Einbau von Lernmöglichkeiten in das Recht, und das heißt: den Einbau von kognitiven Erwartungsstrukturen – genauer: von als kognitiv normierten Erwartungsstrukturen – in ein primär normatives Erwartungsgefüge.

Nicht nur die Entscheidenden müssen lernen zu lernen, wenn das Recht positiviert wird. Die von Entscheidungen Betroffenen müssen es erst recht. Das Lernen der Entscheidenden hat uns im 4. und 5. Abschnitt dieses Kapitels beschäftigt; dabei zeigte sich, daß disparate Einstellungen zum Recht im Entscheidungsprozeß nebeneinander institutionalisiert werden müssen. Für die Betroffenen und für sonstige Dritte ergibt sich eine dazu komplementäre, aber ganz andersartige Lernsituation, nämlich die, in der die Entscheidung durch Erwartung des Akzeptierens legitimiert wird. Die Legitimität der Legalität ist die Integration dieser beiden Lernprozesse. Sie wird zur Institution, wenn unterstellt werden kann, daß in dieser doppelten Weise gelernt wird: daß differenzierte Lernprozesse das Entscheiden und das Akzeptieren von Entscheidungen über normative Erwartungen regulieren. Die Legitimität der Legalität bezeichnet also nicht die anerkannte Wahrheit von Geltungsansprüchen, sondern koordinierte Lernprozesse, nämlich daß die Entscheidungsempfänger es lernen, nach Maßgabe normativ bindender Entscheidungen zu erwarten, weil die Entscheidenden selbst lernen können.

Diese Fassung des Problems klärt einige Zusammenhänge. Vor allem: Demokratie und Legitimität sind aufeinander bezogene Phänomene. Beide Begriffe bezeichnen die Einführung von Lernnotwendigkeiten in den Bereich normativen Erwartens. Beide beruhen auf einer fundamentalen Verunsicherung und Risikosteigerung des Rechts durch Einbau kognitiver Einstellungen. Deshalb hat das übliche Verständnis von Demokratie und Legitimität einen Anflug von Fragwürdigkeit, Gebrochenheit des Vertrauens und Begründungsersatz. Demokratisch lernende Politik ist gleichwohl noch keine ausreichende Legitimation von Entscheidungen, so als ob Demokratie ein Wert an sich sei oder ein Prinzip, das jede Entscheidung rechtfertigen könne. Die Lernsituation der Politik ist eine ganz andere, nämlich eine überkomplexe, offene, relativ enttäuschungsfreie, als die Lernsituation der Betroffenen, die sich, sei es zufrieden, sei es enttäuscht, auf eine gegebene Entscheidung einstellen müssen. Zum demokratischen Prozeß der Politik müssen mithin Einrichtungen hinzukommen, die es ermöglichen zu unterstellen, daß die von Entscheidungen Betroffenen gelernt, das heißt die Entscheidungen als Prämissen ihres weiteren Erwartens und Verhaltens übernommen haben. Das Institutionelle der Legitimität liegt weder in einer Wertableitung noch in der faktischen Verbreitung von bewußtem Konsens, sondern in der *Unterstellbarkeit des Akzeptierens*. Genauer und mit vollem Aufweis der verzweigten Problematik formuliert heißt das: Legitim sind Entscheidungen, bei denen man unterstellen kann, daß beliebige Dritte normativ erwarten, daß die Betroffenen sich kognitiv auf das einstellen, was die Entscheidenden als normative Erwartungen mitteilen.

Will man genauer wissen, wie ein solcher Zustand erreicht werden kann, muß man das Akzeptieren einzelner vom Unterstellen des Akzeptierens unterscheiden. Das individuelle Akzeptieren läßt sich als konkreter Vorgang nur psychologisch erklären und, gerade in einer stark differenzierten Gesellschaft, nicht zur Grundlage institutionalisierten Erwartens machen. Das gilt vor allem für Situationen, in denen der einzelne Enttäuschungen verwinden muß, was ihn bekanntlich besonders unberechenbar werden läßt; und alle streitigen Entscheidungen hinterlassen im Schnitt 50 % Enttäuschte mit typisch geringer Lernbereitschaft. Wie kann dann gegen die Wahrscheinlichkeit unterstellt werden, daß die von Entscheidungen Betroffenen trotzdem lernen?

Die Einrichtungen, die dies leisten, kann man auf zwei komplementäre Mechanismen zurückführen: auf die symbolisch-generalisierende Wirksamkeit physischer Gewalt und auf die Beteiligung an Verfahren.

Entgegen der üblichen Auffassung kann man physische Gewalt und Konsens bzw. physische Gewalt und Legitimität nicht einander gegenüberstellen und als sich wechselseitig ausschließend begreifen. Schon rein empirisch läßt sich beides nicht trennen. Wir hatten bereits oben (Bd. I, Kap. II, 7) betont, daß physische Gewalt dem Recht nahesteht als ein Element der Darstellung des Rechts und der Konsolidierung von Rechtsvertrauen. Das gilt, wenngleich in abgewandelter Form, auch für positives Recht. Physische Gewalt gibt hier ihre Darstellungsfunktion an den Entscheidungsprozeß ab, der als Verfahren das geltende Recht symbolisiert; sie bleibt aber ein unerläßlicher (wenn auch ergänzungsbedürftiger) Legitimationsfaktor.[104] Physische Gewalt hat neben den oben (Bd. I, S. 110 f) genannten Vorteilen der Strukturunabhängigkeit den weiteren Vorteil einer hohen und voraussehbaren Erfolgssicherheit. Ihre ‹Belastungsgrenze› liegt hoch und ist gut abschätzbar – das heißt: man kann auch ohne genaue Kenntnis der durchzusetzenden Entscheidungen, der Situationen und der Motivstruktur der Betroffenen unterstellen, daß sie sich eindeutig überlegener physischer Gewalt fügen, ohne einen aussichtslosen Kampf zu versuchen. Auf eine so stark generalisierbare Unterstellung kommt es hier an. Eine nähere Information Dritter über Entscheidungen und Durchsetzungssituationen ist nicht mehr erwartbar, ja nicht einmal mehr plausibel unterstellbar. Man muß die Erwartung in bezug auf das Erwarten Dritter daher auf die allgemeine Annahme stützen, daß alle erwarten, daß die jeweils von Entscheidungen Betroffenen sich physischer Gewalt fügen – mit anderen Worten: auf die Erwartung, daß alle erwarten, daß niemand rebelliert.

Diese Pauschalerwartung, die das reibungslose Abfließen der Entscheidungen normalerweise sichert, beruht jedoch nicht nur auf dem Bereithalten jedenfalls überlegener physischer Gewalt. Eine isolierte Verwendung dieses einen Mechanismus liefe auf ein höchst unstabiles Terrorregime hinaus,

---

104 Hiermit wird zugleich eine Begründung für die oben S. 219 ff vertretene These nachgeliefert, daß Konditionalprogramme sich im Hinblick auf zwangsweise durchsetzbare Wirkungen spezialisieren.

das deshalb unstabil bleibt, weil es die Möglichkeit der Unterstellung eines gemeinsamen Interesses gegen den Terror nicht wirksam ausschließen kann.[105] Normalerweise kommen deshalb Einrichtungen hinzu, die die Konsolidierung eines erwartbaren Interesses Dritter gegen bindende Entscheidungen verhindern. Darin liegt eine wesentliche Funktion rechtlich geregelter Verfahren, vor allem der politischen Wahl, des Gesetzgebungsverfahrens und des Gerichtsprozesses.[106]

Verfahren sind, wie oben (Bd. I, S. 141 f) bereits kurz erläutert, Sozialsysteme besonderer Art, die kurzfristig und vorübergehend konstituiert werden, um bindende Entscheidungen zu erarbeiten. Sie werden für diese Funktion aus dem allgemeinen gesellschaftlichen Rollenzusammenhang mehr oder weniger weitgehend ausdifferenziert. Ihre legitimierende Funktion beruht auf dieser Rollentrennung. Im Verfahren erhalten die Beteiligten besondere eigene Rollen als Wähler, Volksvertreter, Kläger, Beklagter, Antragsteller, Anzuhörender usw., in denen sie sich frei, aber nur nach den Regeln des Verfahrenssystems verhalten können – und nicht etwa unmittelbar als Ehemann, Soziologe, Gewerkschaftler, Arzt. Ihr Verhalten wird dadurch aus dem natürlichen Zusammenhang ihres täglichen Lebens herausgelöst. Ihre eigenen anderen Rollen werden durch ihre Verfahrensrolle neutralisiert und können legitimerweise nur in der Form eines ‹Themas› und Verhandlungsgegenstandes in das Verfahren eingebracht werden. Ihr kommunikativer Beitrag zur Entscheidungsfindung wird als frei gewähltes Verhalten stilisiert, ihnen also persönlich zugerechnet. Zugleich steht er unter den Regeln und Erfordernissen des Verfahrenssystems, namentlich unter dem Zug zur Reduktion von Komplexität durch Elimination von Möglichkeiten, die nicht in die Entscheidung aufgenommen werden. Im Laufe des Verfahrens werden die Beteiligten so dazu gebracht, ihre Positionen im Hinblick auf das jeweils noch offene Ergebnis zu spezifizieren, so daß ihr Anliegen schließlich nicht mehr als das eines jeden Dritten erscheinen kann. Es profiliert sich als Meinung oder Interesse gegenüber den Erwartungen aller – und jedenfalls nicht mehr als Wahrheit oder als selbstverständlich-gemeinsame Moral. Nach Ableistung ihrer Selbstdarstellung im Verfahren finden sich die Beteiligten wieder als einzelne, die ihre Meinung und Interessen artikuliert, ihre Positionen als eigene freiwillig festgelegt und damit kaum noch eine Chance haben, für ihre Sache eine effektive Erwartungsbildung und ein Handeln Dritter zu

---

105 Im übrigen beruht natürlich auch die Effektivität des Terrors auf symbolischer Generalisierung – und nicht etwa auf der physischen Bewirkung physischer Wirkungen. Vgl. statt anderer THOMAS P. THORNTON, *Terror as a Weapon of Political Agitation*. In: HARRY ECKSTEIN (Hrsg.), *Internal War. Problems and Approaches*. New York–London 1964, S. 71–99.

106 Hierzu und zum folgenden näher NIKLAS LUHMANN, Legitimation durch Verfahren. Neuwied–Berlin 1969; und dazu die eingehende Kritik von JOSEF ESSER, Vorverständnis und Methodenwahl in der Rechtsfindung. Frankfurt 1970, S. 202 ff, und von HUBERT R. ROTTLEUTHNER, Zur Soziologie richterlichen Handelns (II). Kritische Justiz 1971, S. 60–88 (69 ff).

mobilisieren. Und dann kann über sie entschieden werden mit der Prätention, daß die Entscheidung die an sie gerichtete Erwartung der Dritten repräsentiert. Verfahren haben mithin das Ziel, Konfliktsthemen, *bevor physische Gewalt ausgelöst wird*, so zu spezifizieren, daß der Widerstrebende als einzelner isoliert und entpolitisiert wird. Zusammen mit physischer Gewalt bilden sie eine Kombination generalisierender und spezifizierender Mechanismen, die die Legitimation des rechtlichen Entscheidens trägt.

Dies Gemeinsame der Legitimation durch Verfahren realisiert sich in einem Zusammenhang sehr verschiedenartiger Verfahren, die einander wechselseitig voraussetzen und sich unterscheiden nach dem Maß an Komplexität, das zu reduzieren ist, und nach dem Maß des Engagements, das sie hinterlassen. Das Verfahren der politischen Wahl erzeugt die Unterstellbarkeit politischer Unterstützung für bindende Entscheidungen. Die Rollenneutralisierung wird hier durch einen Formalismus bewirkt, der nur ein Ja oder Nein zu wenigen Alternativen, also keine rationale Interessenentfaltung zuläßt. Die Selbstbindung liegt darin, daß eine formale Unterstützung für vorgezeigte Pläne herauskommt. Deren Umsetzung in die Form bindender Programme erfolgt in Gesetzgebungsverfahren, in denen jeweils für das Einzelprogramm ausreichender politischer Konsens gesucht wird. Diese Verfahren integrieren das rechtlich Mögliche mit dem politisch Möglichen; das, was in eine vorhandene Rechtsordnung einfügbar ist, mit dem, was durch die Möglichkeit der Mobilisierung politischer Unterstützung gedeckt werden kann. Die Rollenneutralisierung wird hier durch den Zwang zur öffentlichen Darstellung des öffentlichen Interesses bewirkt und ferner durch Zentralisierung des Verfahrens, die nur den als Mitwirkenden zuläßt, der sich selbst als politisch Handelnden versteht. Im Gerichtsverfahren schließlich werden der Entscheidungsprozeß fallweise konkretisiert und die Absorption von Protesten zu Ende geführt. Hier erlaubt geringe, durch Entscheidungsprogramme schon stark reduzierte Komplexität eine detaillierte Entfaltung von Meinungen und Interessen, ohne daß dies breite politische Wellen auslösen könnte: Es handelt sich stets um nur zwei Parteien und um besondere Tat- und Rechtsfragen. Nur ausnahmsweise läßt sich die Unzufriedenheit mit Gerichtsentscheidungen wieder generalisieren und auf den politischen Weg des Wahlmechanismus und der Gesetzgebung zurückbringen. In all diesen Bereichen schwankt das Ausmaß der Realisierung und der Realisierbarkeit der Verfahrensidee sehr stark – man denke an das Problem der Wählerapathie oder an den heutigen Zivilprozeß – und muß in Einklang gebracht werden mit dem Legitimationsbedarf des jeweiligen Entscheidungstyps.

Im Zusammenspiel dieser verschiedenen Konstellationen von Generalisierung und Spezifikation, Systemregulativ und Freiheit, Komplexität und Reduktion, Rollenneutralisierung und Selbstverstrickung entsteht der *allgemeine* Eindruck, daß die durch bindende Entscheidungen Enttäuschten sich nicht auf institutionalisierten Konsens berufen können, sondern lernen müssen. Die Rhetorik der Verfahren, der man sich durch Beteiligung implikativ unterwirft, verstärkt diesen Eindruck zur Norm. Auf diese Weise wird es *jedem einzelnen nahegelegt, unwiderlegbar zu erwarten, daß Dritte normativ erwarten, daß alle Betroffenen sich kognitiv, also lernbereit, auf das einstellen, was bindende Entscheidungen normieren*. Das ist die Struktur der Legitimität des Rechts: gemischt kognitiv/normatives Erwarten normativen Erwartens kognitiven Erwartens normativen Erwartens. Erst wenn man die Erwartungsstruktur so auseinanderlegt, erhellt, wie voraussetzungsvoll sie gebaut ist, wie vielfältig sie durch Störungen, Konflikte, offenen Dissens oder artikulierbares Mißtrauen gefährdet sein kann und wie stabil sie zugleich ist, da Störungen typisch nicht auf allen Ebenen der Erwartungsbildung zugleich einsetzen werden.

Wir haben bei diesen Überlegungen darauf geachtet, daß der Begriff der Legitimität auf der Ebene des sozialen Systems – hier: der Gesellschaft – definiert werden muß und mit rein psychischen Kategorien, etwa als Internalisierung von Normen oder Werten oder auch als Summe solcher Internalisierungen, nicht zureichend begriffen werden kann. Damit ist weder das faktische Vorkommen noch die Bedeutung bestimmter psychischer Mechanismen für das soziale System bestritten, wohl aber behauptet, daß die Legitimität des Rechts in stark differenzierten Gesellschaften mit positiviertem Recht nicht davon abhängig sein kann, daß bestimmte psychische Motivationsstrukturen in Funktion treten. Für ältere Gesellschaften läßt sich ein geringeres Maß an Differenzierung von sozialen und psychischen Strukturen vermuten. Sie konnten ihr Recht in seinem Normenbestand oder zumindest in seinen invarianten Grundlagen auf relativ konkrete, wenngleich zumeist ambivalente psychische Strukturen stützen – etwa auf den unten (S. 282 f) behandelten Mechanismus diffuser Rollenrücksicht oder später auf Internalisierung und Zwang. Die moderne Gesellschaft hat dagegen die Persönlichkeitsstrukturen so stark individualisiert und die normativen Entscheidungsprämissen des Rechts so starker Variation ausgesetzt, daß eine stärkere Trennung und wechselseitige Indifferenz von psychischen und sozialen Strukturen eingerichtet werden muß.[107] Damit werden die wechselseitigen Beziehungen komplizierter und erfordern auf *beiden* Seiten *mehr* Möglichkeiten des Ausweichens und Ausgleichens. Daß das Lernen und Umlernen normativer Erwartungen mehr als je gefordert wird und psychisch geleistet werden muß, soll also nicht in Zweifel gezogen werden – ‹Trennung› heißt nicht etwa Auflösung jeden Zusammenhangs, sondern nur Indifferenz gegen die Wahl der jeweiligen Anpassungsstrategie auf der anderen Seite. Aber die Art und Weise, wie der einzelne ihn enttäuschende bindende Entscheidungen lernend als Prämisse seines Verhaltens übernimmt, wird nicht mehr gesamtgesellschaftlich vorgezeichnet, sondern

---

[107] Eine entsprechende Einsicht scheint sich auch in neueren Beiträgen zur Theorie der ‹Sozialisation› durchzusetzen. Vgl. z. B. Dennis Wrong, *The Oversocialized Conception of Man in Modern Sociology*. American Sociological Review 26 (1961), S. 183–193; Howard S. Becker, *Personal Change in Adult Life*. Sociometry 27 (1964), S. 40–53; Irving Rosow, *Forms and Functions of Adult Socialization*. Social Forces 44 (1965), S. 35–45.

ihm, seiner psychischen Elastizität und seiner Intimgruppe überlassen, die ihm in prekären Lagen den Übergang zu einer neuen Erwartungsstruktur erleichtert. Die oben als Folge der Positivierung behandelte Trivialisierung des Rechts kann sich dabei als hilfreich erweisen. Negative, aber handlungsunwirksame Stereotypisierungen ‹der Politiker›, ‹des Finanzamts›, ‹der Justiz› sind andere Lösungen des gleichen Problems.

Im Rückblick auf diese Erörterungen werden scharfe Diskrepanzen zur klassischen Legitimitätsdiskussion deutlich, die die Fortführung des Begriffs der Legitimität als fraglich erscheinen lassen könnten. Sie finden sich einmal darin, daß der Bezug des Begriffs auf letzte Normen oder Werte bzw. auf die faktische Verbreitung der Überzeugung von der Geltung letzter Normen oder Werte aufgegeben und der Begriff funktionalisiert wird, so daß die Frage des Geltungsglaubens als Variable behandelt werden kann. Sie liegen zum anderen darin, daß der Begriff Legitimität in dieser funktionalen Fassung nicht mehr eine extern vorgegebene Rechtfertigung und Variabilitätsbegrenzung des politischen Systems bezeichnet, sondern eine Leistung dieses Systems selbst: Sowohl die Monopolisierung der Entscheidung über die Anwendung physischer Gewalt als auch die Veranstaltung von Verfahren sind Leistungen des politischen Systems, das ein glattes Abfließen der bindenden Entscheidungen und damit die eigene Legitimität besorgt. Das politische System legitimiert sich selbst und ist daher auch in dieser Leistung noch kritisierbar. Die Kritik hat dann nicht mehr die Form einer Prüfung, ob das politische System im Rahmen vorgegebener (also politisch nicht zu verantwortender!) Normen bleibt, sondern sie fragt, ob das politische System in der Art, wie es sich selbst programmiert, Lernen ermöglicht und Institution werden kann.

Diese Umbildungen berühren die *Form*, in der der Begriff der Legitimität zunächst aufgetreten war und einer bestimmten gesellschaftlichen Wirklichkeit entsprach; sie berühren nicht das gesellschaftsstrukturell bedingte *Problem*, das ihm zugrunde liegt und als Dauerproblem aller funktional differenzierten Gesellschaften zu lösen ist – nämlich das Problem kognitiven Lernens und Umlernens normativer Erwartungen. In dem Maße, als das Recht positiviert wird, verliert man die Möglichkeit, dieses Problem in der Form der Geltung von Normen oder des faktischen Glaubens an die Geltung von Normen als im wesentlichen schon gelöst anzusehen; die Verantwortung für seine Lösung muß übernommen werden, und sie kann nur im politischen System übernommen werden. Die alten Fassungen des Legitimitätsbegriffs hatten eine Überleitungsfunktion, die die volle Tragweite der Positivierung des Rechts verhüllte. Nachdem die Positivität des Rechts erkennbare Realität geworden ist, muß auch der Begriff der Legitimität ihr angepaßt, das heißt von seiner Funktion her definiert werden. Dies ist eine Voraussetzung dafür, daß die Funktionen der faktischen Durchsetzung des Rechts (8) und der Kontrolle des rechtlichen Entscheidungsprozesses (9) umfassend genug (und nicht lediglich als ein innerhierarchisches Problem) behandelt werden können.

Sprüche vom Geld

Sie verstehen es nicht...

..daß das von Natur aus so unnütze Gold heutzutage überall in der Welt so hoch geschätzt wird, daß selbst der Mensch, durch den und vor allem für den es diesen Wert erhalten hat, viel weniger gilt als das Gold, ja, daß irgendein Bleischädel, der nicht mehr Geist als ein Holzklotz besitzt und ebenso schlecht wie dumm ist, dennoch viele kluge und wackere Männer in seinen Diensten haben kann, nur deshalb, weil ihm ein großer Haufen Goldstücke zugefallen ist... Noch viel mehr aber wundern und empören sie sich über den Unverstand derer, die jenen Reichen, ohne ihnen etwas zu verdanken oder zu schulden, aus keinem anderen Grunde, als weil sie eben reich sind, geradezu göttliche Ehren erweisen und das, obwohl sie mit völliger Gewißheit von dem riesigen Haufen Goldes zu ihren Lebzeiten niemals auch nur einen einzigen Groschen bekommen werden.

Wer hat's gesagt?

Thomas More beschrieb so die Utopier; er verdiente als Lordkanzler 400 Pfund im Jahr, nach heutiger Kaufkraft gute hunderttausend Mark. Er machte auch keinen Kotau vor dem Gold: Als er mit Heinrich VIII. Krach bekam, legte er seine Ämter nieder; die angebotene Entschädigung von 5000 Pfund lehnte er ab mit der Bemerkung, man solle das Geld lieber in die Themse werfen.

Pfandbrief und Kommunalobligation

Meistgekaufte deutsche Wertpapiere - hoher Zinsertrag - bei allen Banken und Sparkassen

Verbriefte Sicherheit

8. Durchsetzung des positiven Rechts

Eine der vielen Reihen von Konsequenzen, die durch Ausdifferenzierung und Spezifikation positiven Rechts ausgelöst werden, verdient besondere Hervorhebung – nicht zuletzt deshalb, weil sie in der rechtswissenschaftlich-normexegetischen Perspektive nicht gebührend zur Geltung kommt und daher auch in der von Juristen beherrschten legislativen Praxis vernachlässigt wird. Mit der Positivierung des Rechts nehmen die Schwierigkeiten bei der Durchführung gesetzgeberischer Entscheidungen zu und verlagern zugleich ihren Schwerpunkt.

Allgemein ist zu unterscheiden zwischen *Befolgung* (Befolgungsquote) und *Durchsetzung* (Durchsetzungsquote) des Rechts. Von Befolgung wollen wir sprechen, wenn und soweit normgemäß gehandelt wird. Von Durchsetzung wollen wir sprechen, wenn und soweit nichtnormgemäßes Handeln besondere Aktivitäten auslöst, die der Erhaltung des Rechts oder der Wiederherstellung rechtmäßiger Zustände dienen. Durchsetzung ist also nicht Befolgung, sondern ist Handeln anderer Art, das seinerseits wieder Normen befolgen oder nichtbefolgen mag. Für die Befolgungsquote ist die zu erwartende Durchsetzung eine der wesentlichsten Bestimmungsvariablen. Eine ausreichend komplexe, empirisch gesicherte Theorie der Rechtsbefolgung steht uns nicht zur Verfügung.[107a] Wir werden uns im folgenden auf die besser überblickbare Erörterung der Bedingungen der Rechtsdurchsetzung beschränken.

Man muß in allen Rechtssystemen mit einer ziemlich hohen Nichtdurchsetzungsquote formal geltenden Rechts oder doch verbal artikulierter Rechtsvorstellungen rechnen – oder anders gesprochen: mit Mechanismen, die die Rechtsdurchsetzung filtern. Für archaische Gesellschaften und auch noch für hochkultivierte Gesellschaften lassen sich in dieser Hinsicht relativ einfache, von den Institutionen her überschaubare Bilder gewinnen.[108] Die moderne Gesellschaft mit positiviertem Recht ist in der Frage der Durchsetzungsquote mit diesen älteren Gesellschaften kaum zu vergleichen; der wesentliche und offensichtliche Unterschied liegt in der weit größeren Vielfalt der Rechtstatbestände und in der viel größeren Verschiedenartigkeit derjenigen sozialen Konstellationen und Mechanismen, von denen die Rechtsdurchsetzung fallweise abhängt. Sowenig wie eh und je ist die Recht-

---

[107a] Zum Verhältnis von Rechtsbefolgung und Sanktion siehe an neuerer Literatur etwa RICHARD D. SCHWARTZ/SONYA ORLEANS, *On Legal Sanctions*. University of Chicago, Law Review 34 (1967), S. 274–300; WILLIAM J. CHAMBLISS, *Types of Deviance and the Effectiveness of Legal Sanctions*. Wisconsin Law Review 1967, S. 703–719; CHARLES R. TITTLE, *Crime Rates and Legal Sanctions*. Social Problems 16 (1969), S. 409–423; TROY DUSTER, *The Legislation of Morality. Law, Drugs, and Moral Judgment*. New York–London 1970, insbes. S. 23 ff.

[108] Als Beispiel für gute Untersuchungen, die dies belegen, siehe LEOPOLD POSPISIL, *Kapauku Papuans and Their Law*. New Haven 1958; und SYBILLE VAN DER SPRENKEL, *Legal Institutions in Manchu China. A Sociological Analysis*. London 1962.

setzung allein schon Rechtsdurchsetzung, und sowenig wie eh und je ist es, soziologisch gesehen, eine Frage der ‹Schuld› oder des ‹Zufalls›, ob Recht durchgesetzt wird.

Nach üblicher Auffassung wird die Durchsetzung des gesetzten Rechts von zwei Faktoren getragen, die sich wechselseitig ergänzen: von Konsens und von Zwangsgewalt. Konsens kann jedoch nur erteilt werden, wenn man die Sinngehalte kennt, denen man zustimmen soll. Und Zwangsgewalt kann nur zum Zuge kommen, wenn diejenigen, die über sie verfügen können, von Rechtsbrüchen erfahren. In beiden Hinsichten ist also ein Informationsproblem vorgeschaltet. Daran knüpfen Motivationsprobleme der verschiedensten Art an.[109] Schon die Zuwendung von Aufmerksamkeit für Informationen, ferner die Weitergabe von Informationen und schließlich das Folgerungenziehen und Handeln auf Grund von Informationen müssen motiviert werden. Mit zunehmenden Größenverhältnissen und zunehmender Verschiedenartigkeit von Themen und Personen gewinnen diese Informations- und Motivationsprobleme an Gewicht und entthronen gleichsam die klassischen Probleme politischer Herrschaft. Dabei haben Informationsschwierigkeiten bei der Durchführung neuer Gesetze eine so beherrschende Stellung gewonnen, daß alle anderen Fragen vergleichsweise zurücktreten und der Durchsetzungserfolg von Gesetzgebung praktisch ein Informationsproblem geworden ist. Diese These muß näher begründet und zu den verbleibenden Motivationsproblemen in Beziehung gesetzt werden.

Im Unterschied zu einem in der Informationstheorie und -technologie verbreiteten Sprachgebrauch soll hier zwischen ‹Daten› und ‹Informationen› scharf unterschieden werden. Von Information wollen wir nur dann sprechen, wenn Sinngehalte aktuell ins Bewußtsein aufgenommen werden und dort eine Überraschung und Strukturveränderung auslösen – sei es, daß sie unerwartet kommen, sei es, daß sie unbestimmte Erwartungen präzisieren.[110] Information ist danach problematisch infolge der begrenzten Kapazität für bewußte Aufmerksamkeit und infolge des Strukturbedarfs, der nur durch riskant selektierte Generalisierungen erfüllt werden kann, letztlich also als Folge des Komplexitätsgefälles zwischen System und Umwelt. Daraus folgt allgemein, daß bei zunehmender Systemdifferenzierung und zunehmendem Alternativenreichtum, also zunehmender Kontingenz des Handelns in der Gesellschaft, der Informationsbedarf steigen wird. Die Informationsprobleme bei der Durchführung positiven Rechts sind ein Sonderfall dieses allgemeinen Gesetzes.

Wir haben oben (S. 254) bereits gesehen, daß eine adäquate Kennt-

---

109 Auf diese Notwendigkeit *zusätzlicher* Ausführungsmotive über die bloße Anerkennung des Norminhalts hinaus weist auch ROSCOE POUND, *Social Control Through Law*. 1942. Neudruck o. O. (Hamden/Conn.) 1968, S. 61, hin.

110 Zu diesem Informationsbegriff und zu seinem Zusammenhang mit Strukturfragen näher NIKLAS LUHMANN, Reform und Information. Theoretische Überlegungen zur Reform der Verwaltung. Die Verwaltung 3 (1970), S. 15–41, neu gedruckt in: DERS., Politische Planung. Opladen 1971.

nis des jeweils geltenden Rechts bei den Betroffenen nicht mehr vorausgesetzt werden kann, geschweige denn bei allen Dritten. Die Rechtspraxis setzt sich in weitem Umfange darüber hinweg, indem sie das Risiko des Nichtkennens auf den einzelnen abwälzt. Hier interessiert der Gegenfall: daß auch die berufsmäßig mit der Rechtsdurchführung befaßten Rollen – wir wollen kurz von Erzwingungsstab sprechen und verstehen darunter die mit der Durchsetzung von Recht befaßten Verwaltungsbehörden, Gerichte und Polizei – über das einschlägige faktische Geschehen nicht ausreichend informiert sind.

Auch in dieser Fassung ist das Problem noch mehrschichtig. Mit HEINRICH POPITZ [111] muß man zunächst mehrere Stufen der Nichtdurchführung eines Gesetzes unterscheiden, je nachdem, ob Tat und Täter bekannt sind, gleichwohl aber nicht sanktioniert wird, oder nur die Tat bekannt oder Tat und Täter unbekannt sind. Diese Unterscheidung hat das Strafrecht vor Augen und denkt dabei an das universelle Motiv des Täters, seine Tat zu verbergen; sie erlaubt keine zureichende Aufgliederung unseres Problems und keine Herausarbeitung der spezifisch modernen Rechtsdurchführungsproblematik. Bei der Durchführung des in unübersehbarer Fülle neu gesetzten Rechts – man denke vor allem an die sozialpolitische und die wirtschaftspolitische Gesetzgebung – kommen neben dem *individuellen* Interesse des Abweichenden weitere *soziale* Mechanismen ins Spiel, die den Informationsfluß zu den amtlichen Instanzen hin abschleusen, kanalisieren, ja sogar blockieren. Das Problem ist nicht nur dies, daß die soziale Gemeinschaft den Schuldigen nicht erwischen kann; vielmehr liegen in der Struktur der sozialen Systeme Gründe dafür verankert, die eigenen Ziele und Normen in der Durchführung wiederum selektiv zu behandeln – das heißt teils auf die Durchführung Wert zu legen und sie in Gang zu bringen und teils nicht.[112] Wir können diese Frage auch so stellen: Welche Struk-

---

111 Über die Präventivwirkung des Nichtwissens. Dunkelziffer, Norm und Strafe. Tübingen 1968.
112 Sehr verstreut und vereinzelt gibt es hierzu empirische Forschung, auf die wir uns im folgenden stützen. Siehe als Auswahl aus verschiedenen Normbereichen etwa CLARK WARBURTON, *Prohibition*. Encyclopedia of the Social Sciences Bd. XII, 1934, S. 499–510 (als Überblick und für weitere Literaturhinweise); FOLKE SCHMIDT/LEIF GRÄNTZE/AXEL ROOS, *Legal Working Hours in Swedish Agriculture*. Theoria 12 (1946), S. 181–196; FREDERICK K. BEUTEL, *Some Potentialities of Experimental Jurisprudence as a New Branch of Social Science*. Lincoln/Nebr. 1957, S. 187 ff; HARRY BALL, *Social Structure and Rent-Control Violations*. American Journal of Sociology 65 (1960), S. 598–604; H. LAURENCE ROSS, *Traffic Law Violations. A Folk Crime*. Social Problems 8 (1960), S. 231–241; MICHAEL A. BAMBERGER/NATHAN LEWIN, *The Right to Equal Treatment. Administrative Enforcement of Antidiscrimination Legislation*. Harvard Law Review 74 (1961), S. 526–589, und danach namentlich LEON H. MAYHEW, *Law and Equal Opportunity*, a. a. O.; WILLIAM J. CHAMBLISS, *A Sociological Analysis of the Law of Vagrancy*. Social Problems 12 (1964), S. 67–77; LAMAR T. EMPEY/MAYNARD L. ERICKSON, *Hidden Delinquency and Social Status*. Social Forces 44 (1966), S. 546 bis 554; VILHELM AUBERT, Einige soziale Funktionen der Gesetzgebung. In: HIRSCH/

turen steuern den selektiven Prozeß der Informationsverarbeitung, der zur Erzwingung bzw. Nichterzwingung rechtgemäßen Verhaltens führt? Oder: wie wird der Tatbestand abweichenden Verhaltens zur Information und als Information weiterbehandelt, bis das Wissen darum an Stellen bzw. der Informationsprozeß in Phasen gelangt, die keine andere Möglichkeit mehr haben, als rechtgemäßes Verhalten zu erzwingen? Diese Fragestellung läßt offen, daß und wie psychische und soziale, individualisierte und generalisierte, typische und untypische Strukturen zusammenwirken.

Man könnte als erstes an die Enttäuschung oder Empörung über den Normbruch denken, die die Zunge löst und den Tatbestand publik macht. Bei aller Bedeutung, die eine moralische Entrüstung über den Normbruch auch heute noch besitzen kann,[113] nimmt deren Verläßlichkeit als Informationsträger und -weiterträger in urbanen Zivilisationen deutlich ab.[114] Vor allem vom Standpunkt neu gesetzten Rechts aus wäre es reiner Zufall, wenn jemand sich über regelwidriges Verhalten moralisch empört und allein deshalb Schritte zur Rechtsdurchsetzung einleitet. Erst recht kann man nicht erwarten, daß die Empörung während eines länger dauernden Verfahrens anhält und laufende Mitwirkung motiviert — sofern sie sich nicht auf weitere Motivationsstrukturen, zum Beispiel auf wirtschaftliche Ziele stützen kann.[115] Mit einer moralischen Selbstauslösung der Normdurchsetzung ist normalerweise nicht zu rechnen; man wird sich nach anderen Mechanismen der Informierung und Erzwingung umsehen und diese in die Rechtsetzung mit einplanen müssen.

Aus der Fülle möglicher Aspekte wollen wir zwei herausgreifen, an denen exemplarisch gezeigt werden kann, daß und wie sich die Problematik

---

REHBINDER, a. a. O., S. 284–309; JEROME H. SKOLNICK/J. RICHARD WOODWORTH, *Bureaucracy, Information and Social Control. A Study of a Morals Detail*. In: DAVID J. BORDUA (Hrsg.), *The Police. Six Sociological Essays*. New York–London–Sydney 1967, S. 99–136; ERHARD BLANKENBURG, Die Selektivität rechtlicher Sanktionen. Eine empirische Untersuchung von Ladendiebstählen. Kölner Zeitschrift für Soziologie und Sozialpsychologie 21 (1969), S. 805–829; JOHN A. GARDINER, *Traffic and the Police. Variations in Law-Enforcement Policy*. Cambridge/Mass. 1969; KENNETH M. DOLBEARE/PHILIP E. HAMMOND, *Prayers and Politics*. Chicago 1971.

113 Zur Bedeutung ‹moralischer Unternehmer› für Rechtsdurchsetzung und Gesetzgebung siehe HOWARD S. BECKER, *Outsiders. Studies in the Sociology of Deviance*. New York–London 1963, S. 121 ff, 147 ff.

114 Darüber hinaus ist die Eigenständigkeit rein religiös-moralischer Motivation zur Überwachung und Anzeige des Verhaltens anderer ein Problem. Selbst das berühmte ‹holy watching› der Puritaner hat seine Wurzeln sehr deutlich in der mittelalterlichen Praxis kollektiver Verantwortung der Kommunen für die Verfolgung Straffälliger und ist nicht etwa aus rein religiösen Gründen neu entwickelt worden. Vgl. GEORGE LEE HASKINS, *Law and Authority in Early Massachusetts: A Study in Tradition and Design*. New York 1960, S. 91. Das Scheitern entsprechender Einrichtungen im Genf CALVINS ist der Gegenbeleg.

115 Vgl. hierzu SKOLNICK/WOODWORTH, a. a. O.; PHILIP H. ENNIS, *Criminal Victimization in the United States. A Report of a National Survey*. Washington 1967.

des rechtsdurchführenden Informationsprozesses durch Positivierung des Rechts und durch den entsprechenden Themenzuwachs verändert. Dazu eignet sich zum einen eine Analyse des *Beschwerdemechanismus*, zum anderen eine Analyse *selektiver Wirkung des Erzwingungsstabes* selbst.

«*Pas d'intérêt, pas d'action*» lautet eine bekannte juristische Parömie,[116] die sich ursprünglich auf den Ausschluß von Popularklagen jedermanns aus dem Volke bezog. «*Pas d'action, pas d'intérêt*» könnte man ebenfalls sagen und damit meinen, daß ein berechtigtes Interesse nur dann geprüft wird, wenn jemand klagt. Danach bleibt es dem durch eine Rechtsverletzung Beschwerten überlassen, sich zu melden und die Rechtsdurchführung in Gang zu bringen. Die ausbleibende individuelle Aktivität gilt als Symptom eines fehlenden individuellen Interesses. Der Gesetzgeber stützt sich in beträchtlichem Umfange auf diese Form der Abwicklung von Normverstößen[117] und verzichtet insoweit dann auf eine eigene Vorsorge für die Rechtsdurchführung. Für den soziologischen Blick ist jedoch auf Anhieb evident, daß Klagen zu den unwahrscheinlichen Tatbeständen des täglichen Lebens gehören. Zu den Aufgaben der Rechtssoziologie gehört es daher, die Funktionsbedingungen und den Selektionseffekt dieser Form der Rechtsdurchführung, die wir Beschwerdemechanismus nennen wollen, genauer zu erfassen.[118]

Mit der Ausdifferenzierung eines Systems für die Entscheidung von Rechtsfragen ist zunächst eine Differenzierung auch des Informationsflusses verbunden, der die Rechtsdurchsetzung auslöst. Der einzelne soll gleichsam als Umschaltstelle fungieren. Von ihm aus gesehen ist das informierende System, auf Grund dessen er Informationen hat, zu unterscheiden von dem zu informierenden System, an das er Nachrichten geben kann, die die Rechtsdurchführung auslösen. Unsere Frage zielt daher auf die Bedingungen, unter denen zu erwarten ist, daß jemand in beiden Systemen so handelt, daß sie sich verbinden und insoweit wie ein einziges System fungieren.[119]

Eine erste Voraussetzung des Zustandekommens eines Informationsflusses dürfte in der Kompatibilität der Rollen des Vermittlers in beiden

---

116 Bei Arthur Daguin, *Axiomes, Aphorismes et Brocards Français de Droit*. Paris 1926, aufgeführt unter No. 1137.

117 Vgl. z. B. Frank E. Horack, Jr., *Cases and Materials on Legislation*. 2. Aufl. Chicago 1954, S. 116 ff, 195 ff.

118 Die bereits vorliegenden empirischen Untersuchungen (vgl. die in Anm. 112 zitierte Literatur) ergeben, was Effektivität und Problemsensibilität des Beschwerdemechanismus angeht, ein eher skeptisches Bild. Allerdings fehlt in den Einzelforschungen ein gesichertes Urteil über das, was man an normaler Leistung erwarten könnte, so daß es nicht möglich ist, Befunde als vergleichsweise günstig bzw. ungünstig zu erkennen.

119 Als theoretischen Hintergrund dieser Formulierungen vgl. den Begriff der ‹systemic linkages› bei Charles P. Loomis, *Social Systems. Essays on Their Persistence and Change*. Princeton N. J. 1960, S. 32 ff; vgl. ferner Ders., *Tentative Types of Directed Social Change Involving Systemic Linkage*. Rural Sociology 24 (1959), S. 383–390.

Systemen zu suchen sein: Seine Rolle im informierenden System muß mit seiner Rolle im zu informierenden System ohne zu große Verhaltensschwierigkeiten vereinbar sein. Das ist schwierig vor allem deshalb, weil man für das Ingangbringen der Rechtsverfolgung einen Feind definieren muß, was das Ursprungssystem nicht immer verträgt.[120] Die Rollenkompatibilität läßt sich am besten bei streng zeitlichem Nacheinander herstellen, wenn nämlich die Interaktion im informierenden System abgeschlossen ist oder abgeschlossen werden kann, sobald man im zu informierenden System die Interaktion aufnimmt. Solch ein Verzicht auf weitere Interaktion im Ursprungssystem ist jedoch nicht immer durchführbar oder zumutbar oder auch nur rechtspolitisch erwünscht. Die Durchführung des Arbeitsschutzrechts läßt sich zum Beispiel nicht sinnvoll an die Voraussetzung knüpfen, daß der Arbeiter den Arbeitsplatz verläßt. Andere Auswege setzen eine gewisse Größe und Komplexität des informierenden Systems voraus. So ist Rollenkompatibilität bei fortlaufender Mitgliedschaft eher erreichbar, wenn das informierende System, etwa ein Produktionsbetrieb, ohnehin schon konfliktreich stabilisiert ist; oder wenn die Fortsetzung der Mitgliedschaft sehr wenig elementare Interaktion von Angesicht zu Angesicht erfordert. All das begründet die Vermutung, auf die wir im folgenden Kapitel noch häufiger stoßen werden, daß der Organisiertheitsgrad der Gesellschaft, das Ausmaß, in dem sie aus relativ großen, durch Organisation zusammengehaltenen Teilsystemen besteht, ein wesentliches Moment sein dürfte, das die Durchführung positiver Rechtspolitik begünstigt.

Anderes kommt jedoch hinzu. Die Schwierigkeiten können auch in dem zu informierenden System liegen. In vielen Fällen, zum Beispiel bei Sexualdelikten,[121] werden die Umstände, auf Grund derer jemand über Rechtsbrüche informiert ist, diesem im System der Rechtsverfolgung besondere Verhaltensschwierigkeiten bereiten. Es kann ein Verdacht auch auf ihn fallen; es können Aufklärungsfragen zu erwarten sein, die auch ihn in Verlegenheit bringen; es können peinliche Konfrontationen bevorstehen; oder es mag einfach Unsicherheit darüber bestehen, wie man sich in einer nichtalltäglichen, offiziellen Atmosphäre verantwortlich zu verhalten hat.[122]

---

120 Auch in der polizeilichen Praxis kann man ein ‹Schonen› symbiotischer, lebensdichter Kleinsysteme wie Familien oder Nachbarschaften beobachten. Anzeigen kleinerer Delikte aus diesem Bereich werden nur zögernd und nur bei ausdrücklichem Verlangen aufgenommen. Und selbst bei schwereren Fällen von Körperverletzung zögern die Opfer oft mit Anzeigen gegen Personen, mit denen sie weiterhin zusammenleben müssen oder wollen. Hierzu vgl. JAMES Q. WILSON, *Varieties of Police Behavior. The Management of Law and Order in Eight Communities.* Cambridge/Mass. 1968, S. 23 f, 58 f.
121 Vgl. SKOLNICK/WOODWORTH, a. a. O.
122 Siehe hierzu die Beobachtung von BLANKENBURG, a. a. O., S. 815 ff, daß nicht nur die Ladendiebe fliehen, sondern auch diejenigen, die einen Ladendiebstahl bemerkt haben. Ähnliche Beobachtungen kann man bei Verkehrsdelikten anstellen. Verstärkt ist ein solches geflissentliches Wegsehen und Fliehen der Unbeteiligten zu erwarten, wenn der Gerichtsgang selbst unübersehbare Gefahren für alle Beteiligten birgt – wie aus dem älteren China berichtet wird; vgl. SYBILLE VAN DER SPRENKEL, a. a. O., S. 72.

Im übrigen folgt aus der Alltagsferne des Rechtsverfolgungssystems auch, daß vielfach Aufwendungen an Geld und an Zeit erforderlich sind und daß die Rechtsdurchsetzung sich jedenfalls nicht als natürliche Fortsetzung des täglichen Verhaltens gleichsam von selbst ergibt, sondern mit einem Entschluß zu Außergewöhnlichem eingeleitet werden muß. In der Systemdifferenzierung selbst sind schon Verhaltenssperren und Filterungen angelegt, die nicht unbedingt im Sinne der spezifischen Systemziele operieren.

Schließlich wissen wir, daß hier wie auch in anderen Bereichen der Partizipation an den Entscheidungsprozessen des politischen Systems *schichtenspezifische* Selektoren am Werk sind. Angehörige höherer Schichten, Wohlhabende, Gebildete sind auf den Beschwerdewegen unverhältnismäßig hoch vertreten.[123] Der Beschwerdemechanismus hat also, nicht anders als die Polizei, einen unter Statusgesichtspunkten diskriminierenden Effekt. Das kann man mit Sicherheit wissen, und das muß der Gesetzgeber daher bei der Wahl dieses Durchsetzungsweges mitverantworten. Dabei handelt es sich nicht um ein rein ökonomisches oder gar finanzielles Problem, das durch Kostenbefreiungen, Armenrecht und dergleichen gelöst werden könnte, da auch die ‹Partizipation am Wirtschaftssystem› (z. B. Zugang zu einkommensintensiven Positionen, Konsumgewohnheiten, Fähigkeit zum Umgang mit Geld) wiederum schichtenspezifisch gesteuert ist; vielmehr treten andere Hemmungen unterer Schichten hinzu: Mangel an Wissen, an Sicherheit des Auftretens in unvertrautem Kontext, an Initiative und fatalistische Einstellung als Form der Absorption vergangener Erfahrungen.[124] Ungeachtet dieser spezifischen und sehr unterschiedlichen Faktoren, die die Weitergabe von Informationen an das Rechtsverfolgungssystem steuern, können aus dem Bestehen solcher Sperren überhaupt einige weitere Überlegungen abgeleitet werden. Die eine betrifft das *Ausfiltern von Bagatellsachen*. Besonders in Dauerbeziehungen konzedieren die Beteiligten einander ‹reciprocal immunities›[125] für kleinere Rechtsverstöße. Verstöße, die als vergleichsweise unwichtig erscheinen, werden nicht weiter verfolgt. Die Beurteilung als Bagatelle wird dabei vom *Einzel*fall her getroffen und kann so die rechtspolitischen Intentionen des Gesetzgebers, der Fall*mengen* vor Augen hatte, unterlaufen. Das Recht wird dann gleichsam von der Bagatelle her korrumpiert. Es gibt zum Beispiel Konstellationen, in denen Verstöße

---

123 Siehe die Ergebnisse von HAROLD GOLDBLATT/FLORENCE CROMIEN, *The Effective Social Reach of the Fair Housing Practices Law of the City of New York*. Social Problems 9 (1962), S. 365–370, oder von LEONARD ZEITZ, *Survey of Negro Attitudes toward Law*. Rutgers Law Review 19 (1965), S. 288–316 (306 f); ferner auch LEON MAYHEW/ALBERT J. REISS, JR., *The Social Organization of Legal Contacts*. American Sociological Review 34 (1969), S. 309–318. Im strafrechtlichen Bereich findet ENNIS, a. a. O., S. 45 ff, keinen Zusammenhang zwischen Anzeigebereitschaft und Einkommenshöhe oder Rasse.
124 Vgl. zum letzteren auch FRANZ-XAVER KAUFMANN, Sicherheit als soziologisches und sozialpolitisches Problem. Stuttgart 1970, S. 200 ff, und insbes. die Tabelle S. 365.
125 So LAWRENCE M. FRIEDMAN, *Legal Rules and the Process of Social Change*. Stanford Law Review 19 (1967), S. 786–840 (806).

im Einzelfall kaum schaden, sich aber in ihren Effekten summieren.[126] Und es gibt Vorschriften – etwa solche der Sicherheit am Arbeitsplatz oder der Hygiene im Krankenhaus –, die ein fallweise unwahrscheinliches Risiko sehr hohen Schadens abdecken sollen und dabei nicht selten diesem Prozeß des Durchgehenlassens von Bagatellverstößen zum Opfer fallen.

Zum anderen können wir davon ausgehen, daß jedes soziale System Verhaltensalternativen bereithält – auch für den Fall von Normverstößen. Dies können Alternativen der Rechtsverfolgung sein, aber auch Alternativen zur Rechtsverfolgung.[127] Das Anspruchsniveau in bezug auf die Normdurchführung läßt sich variieren; für die Ziele, die durch die Norm erreicht werden sollten, lassen sich funktional äquivalente Formen der Verwirklichung entdecken. Zu den Alternativen im weiteren Sinne gehören schließlich auch diejenigen, die gerade der Normverstoß eröffnet. Wie organisationssoziologische Forschungen gezeigt haben, kann das Wissen um den Verstoß in dem Ursprungssystem Tauschwert haben, Machtbasis, ja sogar wissenschaftlich empfohlenes Führungsmittel sein.[128] Derjenige, der um einen Normverstoß oder gar um eine kontinuierlich normwidrige Praxis weiß, kann für die Nichtweitergabe dieses Wissens Gegenleistungen erwarten – sei es ausdrücklich verlangen, sei es auf der Ebene des Erwartens von Erwartungen erreichen, auf der die Beteiligten ihr wechselseitiges Wissen wissen und zugleich mitwissen, daß dieses Wissen wie Nichtwissen zu behandeln ist. Ein Teil der rechtsrelevanten Informationen wird auf diese Weise im Ursprungssystem zu internem Gebrauch abgezweigt und nicht zur Durchsetzung der Normen, sondern zur Durchsetzung anderer

---

126 Zum Beispiel verwenden Verwaltungsbürokratien ‹Eilt-Mappen› zur Auszeichnung eiliger Vorgänge. Die Geschäftsordnung sieht vor, nicht mehr eilige Vorgänge aus solchen Mappen herauszunehmen. Sie ist praktisch als im Einzelfall wenig bedeutsame Vorschrift nicht durchsetzbar – kein Vorgesetzter wird einem Untergebenen deswegen Vorwürfe machen, weil eine nicht mehr eilige Sache noch in einer Eilt-Mappe vorgelegt wurde – mit dem Effekt, daß die Menge der als eilig erscheinenden Vorgänge eine Aussonderung der wirklich eiligen Vorgänge erschwert und bedeutsame Entscheidungen mit unübersehbaren Folgeschäden verzögert werden.

127 Zum Beispiel die Einschaltung des Militärpfarrers oder des psychiatrischen Dienstes als Alternative zum förmlichen Beschwerdeverfahren – nach WILLIAM M. EVAN, *Due Process in Military and Industrial Organizations*. Administrative Science Quarterly 7 (1962), S. 187–207 (194 f).

128 Vgl. z. B. FRITZ J. ROETHLISBERGER/WILLIAM J. DICKSON, *Management and the Worker*. Cambridge/Mass. 1939, S. 449 ff; ALVIN W. GOULDNER, *Patterns of Industrial Bureaucracy*. Glencoe/Ill. 1954, insbes. S. 45 ff, 172 ff; PETER M. BLAU, *The Dynamics of Bureaucracy*. Chicago 1955, S. 28 ff, 167 ff, und PETER M. BLAU/W. RICHARD SCOTT, *Formal Organizations. A Comparative Approach*. San Francisco 1962, S. 141 ff; GEORGE STRAUSS, *Tactics of Lateral Relationship. The Purchasing Agent*. Administrative Science Quarterly 7 (1962), S. 161–186; DAVID MECHANIC, *Sources of Power of Lower Participants in Complex Organizations*. Administrative Science Quarterly 7 (1962), S. 349–364; MICHAEL SCHWARTZ, *The Reciprocities Multiplier. An Empirical Evaluation*. Administrative Science Quarterly 9 (1964), S. 264–277.

Ziele oder zur Stabilisierung anders nicht möglicher Beziehungen benutzt.
All diese Überlegungen bezogen sich auf unseren ersten Hauptpunkt: auf die Selektivität der Weiterleitung von Informationen über Rechtsbrüche aus dem Ursprungssystem in das Rechtsverfolgungssystem. Ein anderer Selektionsmechanismus ist der *Erzwingungsstab* selbst, konkret gesprochen Polizei, Aufsichts- und Inspektionsdienst der öffentlichen Verwaltung und Gerichte. Dessen Analyse kann sich heute auf ein gesichertes organisationssoziologisches Theorem stützen, nämlich darauf, daß System- und Programmdifferenzierung stets eine Neubildung von ‹internen› System/Umwelt-Orientierungen, eine entsprechende Umgruppierung von Wertgesichtspunkten und dadurch, vom Gesamtsystem aus gesehen, ein gewisses Maß an abweichendem Verhalten erzeugt.[129] Jedes Teilsystem bildet einen eigenen Selektionsstil aus, in den neben den allgemein anerkannten, übergreifenden Wertgesichtspunkten auch teilsystemspezifische Urteilskriterien, Defensivwerte, Arbeitstechniken usw. eingehen. Von diesem allgemeinen Gesetz sind auch diejenigen Sozialsysteme nicht ausgenommen, die auf Rechtsdurchführung spezialisiert sind. Vor allem bei der Polizei sind als Reaktion auf ihre kontaktintensive, konfliktsreiche, schwer regulierbare Umweltlage Tendenzen zur Selbstmoralisierung eigener Selektionsweisen beobachtet worden – nicht unbedingt abweichendes Verhalten, aber eine Art, allgemein anerkannte Werte zu vertreten, die ihrerseits nicht allgemeine Anerkennung findet.[130]

Stellt man zusammen, was wir über die Selektionsweise von Erzwingungsstäben wissen, dann zeigt sich, daß die empirische Forschung bisher vorwiegend den individuellen Entscheider gesehen und nach ideologischen Vorurteilen, Einstellungen, Schichtenangehörigkeit als die Entscheidung beeinflussenden Faktoren oder juristisch nach Kriterien seiner Ermessens-

---

[129] Für eine allgemeine Formulierung dieser Einsicht siehe JAMES G. MARCH/HERBERT A. SIMON, *Organizations*. New York–London 1958, S. 112 ff, 150 ff. Empirische Forschung findet man zumeist unter Stichworten wie ‹goal displacement›, Zweck-Mittel-Verschiebung. Siehe z. B. ROY G. FRANCIS/ROBERT C. STONE, *Service and Procedure in Bureaucracy*. Minneapolis 1956; DAVID L. SILLS, *The Volunteers. Means and Ends in a National Organization*. Glencoe/Ill. 1957; JOHANN JÜRGEN ROHDE, Soziologie des Krankenhauses, Stuttgart 1962, S. 179 ff. Andere einschlägige Forschungen werden unter dem Gesichtspunkt dysfunktionaler Folgen von Arbeitsteilung und Aufgabenspezifikation oder unter dem Gesichtspunkt von Kleingruppenidentifikationen gesammelt.

[130] Vgl. z. B. WILLIAM A. WESTLEY, *Secrecy and the Police*. Social Forces 34 (1956), S. 254–257; JAMES Q. WILSON, *The Police and Their Problems. A Theory*. Public Policy 12 (1963), S. 189–216; SKOLNICK, a. a. O., S. 227 f, oder ALBERT J. REISS, JR./DAVID J. BORDUA, *Environment and Organization. A Perspective on the Police*. In: DAVID J. BORDUA (Hrsg.), *The Police. Six Sociological Essays*. New York–London–Sydney 1967, S. 25–55 (37 ff); JOHANNES FEEST/RÜDIGER LAUTMANN (Hrsg.), Die Polizei. Soziologische Studien und Forschungsberichte. Opladen 1971. Neben Selbstmoralisierung bietet Berufszynismus eine funktional äquivalente Problemlösung. Dazu ARTHUR NIEDERHOFFER, *Behind the Shield. The Police in Urban Society*. Garden City/N. Y. 1967, S. 90 ff, 187 ff.

ausübung gefragt hat.[131] In der Abschätzung seines Einflusses auf den normalen Entscheidungsgang (außerhalb der Brennpunkte ideologisch bestimmter Debatten) sind wir jedoch auf vage Vermutungen angewiesen. Einige Erhebungen über Vorurteile bei der Durchführung der amerikanischen Rassengleichheitsgesetzgebung liegen vor,[132] ihre Verallgemeinerung zu der These, daß Vorurteile, wenn sie vorliegen, den Entscheidungsgang beeinflussen, kommt jedoch einer Tautologie nahe. Neben solchen themagebundenen (und daher immer nur partiell wirksamen) Vorurteilen muß man mit allgemeinen Arbeitseinstellungen rechnen, die sich typisch aus der System- und Programmdifferenzierung entwickeln und die dahin führen, daß der Erzwingungsstab die Aufgabe der Rechtsdurchführung nochmals selektiv behandelt. An die Selektion des Rechts schließt sich, unter verschobenen Gesichtspunkten, die Selektion der Fälle an, in denen das Recht durchgeführt wird. Als Selektionsfaktoren wirken, wie wir auf Grund von Untersuchungen namentlich des Polizeisystems annehmen können,[133] eine sinnvolle Ökonomie des *Einsatzes knapper Ressourcen*, besonders des Personaleinsatzes, ferner die *konkreten Bedingungen der Effektivität*, damit zusammenhängend das *Eingehen tauschförmiger Bindungen* und schließlich ein konkreteres ‹Kontaktverständnis› der Umwelt, das zu Korrekturen am Inhalt normativer Erwartungen führen kann.

Personalknappheit ist ein oft und offen gebrauchtes Argument, mit dem (zum Beispiel im Bereich von Verkehrsdelikten, Rauschgiftdelikten, gewerbepolizeilichen Verstößen) eine geringe Aktivität der Rechtsverfolgung begründet wird.[134] Das geschieht durchaus mit Vernunft (wenngleich nicht ‹mit Recht›), denn Rechtsverfolgung setzt Information, und Information setzt bewußte Aufmerksamkeit voraus. Andererseits fehlt es an Planung der Beziehung zwischen beiden Variablen in ihrer Veränderbarkeit, das

---

131 So namentlich die in Bd. I, S. 4 nachgewiesene Forschung über ‹judicial behavior›.
132 Siehe etwa ROBERT E. GOOSTREE, *The Iowa Civil Rights Statute. A Problem of Enforcement.* Iowa Civil Rights Review 37 (1952), S. 242–248; MICHAEL A. BAMBERGER/NATHAN LEWIN, *The Right to Equal Treatment. Administrative Enforcement of Antidiscrimination Legislation.* Harvard Law Review 74 (1961), S. 526–589.
133 Vgl. etwa BEUTEL, a. a. O.; JOSEPH GOLDSTEIN, *Police Discretion not to Invoke the Criminal Process. Low-Visibility Decisions in the Administration of Justice.* The Yale Law Review 69 (1960), S. 543–594; WAYNE R. LaFAVE, *The Police and Nonenforcement of the Law.* Wisconsin Law Review 1962, S. 104–137, 179–239; DERS., *Arrest.* Boston 1965; ALAN BARTH, *Law Enforcement Versus the Law.* New York 1963; JEROME H. SKOLNICK, *Justice Without Trial: Law Enforcement in Democratic Society.* New York–London–Sydney 1966; EGON BITTNER, *The Police on Skid-Row. A Study of Peace Keeping.* American Sociological Review 32 (1967), S. 699–715; AARON V. CICOUREL, *The Social Organization of Juvenile Justice.* New York–London–Sydney 1968; WILSON, a. a. O.; GARDINER, a. a. O.
134 Vgl. z. B. BEUTEL, a. a. O., S. 196; GOLDSTEIN, a. a. O., S. 561; LaFAVE, a. a. O. (1962), S. 113 ff, 203 ff; im übrigen ist diese These jederzeit empirisch zu testen, indem man versucht, nachbarschaftliche Delinquenz wie ruhestörenden Lärm mit Hilfe der Polizei wirksam zu unterbinden.

heißt an Planung des Maßes, in dem eine Personalvermehrung eine lohnende Verbesserung der Rechtsdurchsetzungsintensität erbringen würde. Für den Juristen müßte eine solche Planung, die auf Einplanung (und damit Zulassung) einer Grenze sinnvoller Rechtsdurchsetzung, also einer planmäßigen Nichtdurchsetzungsquote hinauslaufen müßte, geradezu suspekt erscheinen.[135] Wenn und soweit aber die Beziehung zwischen Personalaufwand und Rechtsdurchsetzungsintensität in ihrem jeweiligen Stand nicht begründet werden kann, hat das Argument der Personalknappheit eine rein defensive Funktion und deckt Selektionsweisen ab, die sich als rein faktische unter der Hand entwickelt haben. Hierzu gehört zum Beispiel die Selektion dessen, was bei schematisch vorgeschriebenen Patrouillen oder Inspektionen dem geschulten Blick als verdächtig auffällt;[136] oder die Selektion dessen, was auf Grund einer schriftlichen, nicht-anonymen Anzeige in die Akten gelangt; oder die Selektion von Tätern, über die bereits Akten geführt werden. In beiden Fällen fungiert das Optische bzw. das Schriftliche als ein sehr problematisches Indiz für Relevanz. Und in beiden Fällen kann das Indiz, wenn es als solches legitimiert ist, benutzt werden, um selektive Nichtaufmerksamkeit zu erzeugen.[137]

Der *Orientierungsgegensatz von Konditionierung und Effektivität*,[138] der das gesamte positive Recht durchzieht, macht sich in der Rechtsdurchführung verstärkt bemerkbar, weil es hier nicht mehr nur um die Ausarbeitung von (noch relativ abstrakten) Entscheidungen geht, sondern um Eingriffe in das soziale Leben, die ihren eigenen Effektivitätsbedingungen folgen. Auf der Ebene der Rechtsplanung und Rechtsetzung wird dieser Orientierungsgegensatz gleichsam durch Abstraktion überspielt und vernachlässigt; er tritt erst auf den konkreteren Stufen der Rechtsdurchführung hervor. Das hat den Vorteil, daß die Legitimation von Normen und Positionen nicht mehr als problematisch empfunden wird, sondern der Konflikt nur noch um Präferenzen und Prioritäten bei der Rollenaktivierung ausgetragen werden muß.[139] Wie SKOLNICK beobachtet hat, gewinnt die Polizei

---

135 Eine Konsequenz dieser Einsicht ist, daß die Planung der Rechtsdurchsetzung nicht in rein normativer Perspektive erfolgen kann, sondern rechtlich nicht darstellbare Verzichtsbereitschaften impliziert. Ähnliches gilt für das Problem der akzeptierbaren Fehlerquote bei der verwaltungsmäßigen Durchführung von rechtlichen Regelungen. Dazu NIKLAS LUHMANN, Recht und Automation in der öffentlichen Verwaltung. Eine verwaltungswissenschaftliche Untersuchung. Berlin 1966, S. 75 ff.
136 Für typische Details siehe JOHANNES FEEST, Die Situation des Verdachts. In: JOHANNES FEEST/RÜDIGER LAUTMANN, a. a.O., S. 71–92.
137 Ein ins Juristische gehender Versuch, Kriterien des Einschreitens bzw. Nichteinschreitens der Polizei unter der Bedingung knapper Ressourcen aus der Praxis herauszudestillieren, findet sich bei LAFAVE, a. a. O. (1962).
138 Vgl. oben S. 231 f.
139 Dies zeigt DEREK PUGH, *Role Activation Conflict. A Study of Industrial Inspection*. American Sociological Review 31 (1966), S. 835–842, an einem vergleichbaren Fall: dem Konflikt zwischen Qualitätskontrolle und Produktionseffektivität in Industriebetrieben.

in dieser Problemlage ein eigenes System-, Arbeits- und Grenzbewußtsein, von dem aus die Welt des geschriebenen Rechts, namentlich des Verfahrensrechts, als Umwelt behandelt und moralisch neutralisiert werden kann.[140] Der Arbeitserfolg, an dem die Polizei in der Öffentlichkeit gemessen wird, vor allem die Eindämmung ernsthafter Kriminalität und die Herstellung eines öffentlichen Anscheins von Ordnung, suggeriert zum Teil außerlegale, wenn nicht rechtswidrige Mittel, vor allem bei der Verfolgung eines noch ungewissen Verdachts und bei der Sicherstellung von Beweismitteln. Der Verzicht darauf wird als schwer verständliche, verständnislose Umweltforderung gebucht. Vom Standpunkt einer solchen Zweckorientierung aus drängt es sich auf, die Rechtsdurchführung, die als Zweck ohnehin nur teilweise erfüllt werden kann, auch taktisch selektiv zu behandeln.

Auch in diesem Zusammenhang bieten sich, ähnlich wie bei der Informationsweitergabe,[141] *tauschförmige Motivations- und Verständigungsmuster* an, die die Selektion der Fälle und des Umfangs der Rechtsdurchführung zum Gegenstand mehr oder weniger stillschweigender Vereinbarungen machen und damit sozial absichern.[142] So verzichten amerikanische Kommissionen, die mit der Durchführung der Rassengleichheitsgesetzgebung beauftragt sind, auf den vollen Einsatz ihrer gesetzlichen Kompetenzen, um die betroffenen Kreise zu einer über den Einzelfall hinausgehenden Kooperation zu bewegen.[143] Erst recht liegt es, wenn man bei der Rechtsdurchführung an den Grenzen des Erlaubten operiert, nahe, den Konsens der unmittelbar Mitwirkenden zu suchen, und das wichtigste Tauschgut derjenigen, die für die Rechtsdurchführung sorgen sollen, ist ein partieller Verzicht darauf.[144] Dieser Verzicht kann formal (aber nicht in der tausch-

---

140 SKOLNICK, a. a. O., bezeichnet unser Problem als Spannungsverhältnis von *law and order* und greift damit auf alteuropäische Problemformeln wie Leben und gutes Leben, Frieden und Gerechtigkeit, Sicherheit und Ordnung zurück, deren Inhalte in bezeichnender, ethisch neutralisierender Weise verändernd. Ähnlich unterscheidet MICHAEL BANTON, *The Policeman in the Community*. New York 1964, insbes. S. 6 f, 127 ff, Rollen der Polizei als *law officers* und als *peace officers*.

141 Vgl. oben S. 274.

142 GEORG F. COLE, *The Decision to Prosecute*. Law and Society Review 4 (1970), S. 331–343, schlägt vor, sich bei der Analyse von Rechtsdurchsetzungsentscheidungen am organisationssoziologischen Modell tauschförmiger Intersystembeziehungen zu orientieren. Dieses Modell ist allerdings nur in dem Maße realistisch, als die Freiheit, zu tauschen oder nicht zu tauschen, vorausgesetzt werden kann.

143 Vgl. MORROE BERGER, *Equality by Statute. The Revolution in Civil Rights*. 2. Aufl. Garden City N. Y. 1967, S. 160 ff; LEON H. MAYHEW, *Law and Equal Opportunity*, a. a. O. In der Literatur herrscht eine kritische Würdigung dieser Politik vor, ohne daß die Folgen einer schärferen Erzwingungspraxis angegeben werden könnten. Das Umgekehrte gilt – ein interessanter Beleg für berufliche Vorurteile der Soziologen – für *law enforcement* im Bereich der Kriminalität, wo eher für Zurückhaltung plädiert wird.

144 Aus der amerikanischen Gerichtspraxis siehe an neuerer Literatur zu einer alten Diskussion DONALD J. NEWMAN, *Pleading Guilty for Considerations. A Study of Bargaining Justice*. In: NORMAN JOHNSTON/LEONARD SAVITZ/MARVIN E.

förmigen Verwendung) durch legales Ermessen gedeckt sein. Er kann sich auch außerhalb der Legalität bewegen – so wenn es um Motivation zu Spitzeldiensten oder Zeugenaussagen geht. Ein Recht, das sich außerstande sieht, solche Praktiken zu legitimieren,[145] verzichtet damit zugleich auf ihre Regulierung und Kontrolle.

Abstrakter formuliert handelt es sich hierbei um eine Mitdurchsetzung von erforderlichen, aber nicht erzwingbaren Aspekten des Rechtsdurchsetzungsprozesses, die mit einem quasi tauschförmigen Verzicht auf nicht (oder nicht so sehr) erforderliche, aber erzwingbare Aspekte erkauft werden. Diese abstraktere Formulierung deckt auch eine zweite Fallgruppe. Wenn die Rechtsdurchsetzung zugleich mit Aufgaben der Erziehung zu rechtmäßigem Verhalten gekoppelt ist, kommt es zu einem ähnlichen Konflikt der Orientierungen. Erziehung erfordert, nach PARSONS' weithin anerkanntem Modell, Nachsicht gegenüber Verstößen und einen gewissen Sanktionsverzicht, eine elastische, nicht strikt normative Einstellung zu Enttäuschungen, ihre Behandlung nicht als Anlaß zur Empörung, sondern als Anlaß zum Lernen.[146] Und die praktischen Erfahrungen einer erzieherisch orientierten Rechtsdurchführung zeigen, daß die gleichsam blinde Konditionalität der Reaktion zurücktreten muß und eine umsichtig lavierende Praxis ihre Stelle einnimmt, die stets in Gefahr ist, den Gleichheitsgrundsatz zu verletzen und mangels sicherer Kontrolle über Kausalverläufe in persönliche oder politische Willkür auszuarten.[147]

Schließlich muß als weiterer, relativ eigenständiger Selektionsfaktor ein sehr konkretes, milieubezogenes *Kontaktverständnis* genannt werden, das sich in den Erzwingungssystemen herausbildet. An der Front sehen die Dinge anders aus als in den Stäben, die die Einsätze planen. Der Polizist, der mit Ermittlungen wegen Verstößen gegen überholte Unzuchtparagraphen befaßt ist, wird sich mit seinem Verständnis oft eher auf seiten der Täter als auf seiten des Rechts finden. Die Schwierigkeiten, Umstände und Kosten, die mit gewerbepolizeilichen Auflagen verbunden sind, versteht man besser, wenn man den Betrieb sieht; kann ihre Durchführung dann aber nicht durchsetzen, ohne über die Möglichkeiten der Durchführung mitzuberaten – und damit Mitverantwortung für Zustände zu übernehmen,

---

WOLFGANG (Hrsg.), *The Sociology of Punishment and Corrections*. New York 1962, S. 24–32; DERS., *Conviction. The Determination of Guilt or Innocence Without Trial*. Boston–Toronto 1966; DOMINICK R. VETRI, *Guilty Plea Bargaining. Compromises by Prosecutors to Secure Guilty Pleas*. University of Pennsylvania Law Review 112 (1964), S. 865–908; ABRAHAM S. BLUMBERG, *The Practise of Law as Confidence Game. Organizational Co-optation of a Profession*. Law and Society Review 1 (1967), S. 15–39.

145 Vgl. ALFRED R. LINDESMITH, *The Addict and the Law*. Bloomington/Ind. 1965, S. 35 ff.

146 Vgl. TALCOTT PARSONS, *The Social System*. Glencoe/Ill. 1951, insbes. S. 297 ff.

147 Hierzu sind wiederum instruktiv die Beobachtungen von LEON MAYHEW, *Law and Equal Opportunity*, a. a. O.

die nur ‹im wesentlichen› den Intentionen des Gesetzgebers entsprechen.[148] Die Interaktion über Systemgrenzen hinweg tritt damit unter eigene Normen, von denen nicht selten ein ‹*flavor of guilt*›[149] ausgeht. Gewiß kann dieses Problem durch Unbestimmtheit der maßgeblichen Vorschriften gemildert werden; aber diese Unbestimmtheit kann nicht allein unter dem Gesichtspunkt der Kontakterleichterung für Grenzstellen gewählt werden, sondern hat ihrerseits Dysfunktionen und Risiken, die unannehmbar erscheinen können.

In all diesen Formen scheint, um einen allgemeinen, zusammenfassenden Gedanken herauszuziehen, in der Rechtsdurchführung eine pragmatisch-selektive, nach Bedarf moralisch neutralisierende Einstellung zur Rechtsnorm sich durchzusetzen. Dieser Befund bestätigt nur, was wir oben[150] als natürliche Einstellung zur Norm in Situationen des täglichen Lebens gekennzeichnet hatten: eine ambivalente Haltung mit der Bereitschaft, die Norm durch konkrete Absicherung im Erwarten von Erwartungen zu modifizieren oder gar beiseite zu schieben. Selbst arbeitsintensive Entscheidungsverfahren und ausgeklügelte, schriftlich fixierte Formulierung von Rechtssätzen kommen um den Tatbestand nicht herum, daß das Recht in Situationen des täglichen Lebens, in elementarer Interaktion von Angesicht zu Angesicht angewandt werden muß und in diesen Lebenssituationen einer besonderen Behandlung unterworfen wird.

Es gibt Autoren[151], die darin eine Einschränkung der ‹Geltung› des Rechts sehen. Wir würden das Problem in möglichen Gefährdungen der Funktion des Rechts sehen, die durch die abstrakte, auf ein Entweder/Oder gestellte Geltungsvorstellung symbolisiert wird. Für normatives Erwarten ebenso wie für dessen Einbau in kongruent generalisierte Erwartungszusammenhänge ist eine hinreichend sichere Vorausschau auf Möglichkeiten der Enttäuschungsabwicklung wesentlich. Diese konzentriert sich auf einen Adressaten in dem Maße, als das Rechtssystem von okkasioneller Rechtsdurchsetzung zu institutioneller und organisierter Vorsorge für die Rechtsdurchsetzung übergeht. Damit steigen die Sichtbarkeit des Problems und die Summierbarkeit der Erfahrungen. Versagt der Durchsetzungsmechanismus

---

148 Siehe hierzu E. J. FOLEY, *Officials and the Public*. Public Administration 9 (1931), S. 15–22 (19).

149 Diese Formulierung bei ROBERT L. KAHN/DONALD M. WOLFE/ROBERT P. QUINN/DIEDRICK J. SNOEK, *Organizational Stress. Studies in Role Conflict and Ambiguity*. New York–London–Sydney 1964, S. 113 f. Zur umfangreichen organisationssoziologischen Literatur zu diesem Thema der Grenzstellen vgl. ferner NIKLAS LUHMANN, Funktionen und Folgen formaler Organisation. Berlin 1964, S. 220 ff; W. RICHARD SCOTT, *Theory of Organizations*. In: ROBERT E. L. FARIS (Hrsg.), *Handbook of Modern Sociology*. Chicago 1964, S. 485–529 (521 f); R. BAR-YOSEF/E. O. SCHILD, *Pressure and Defenses in Bureaucratic Roles*. The American Journal of Sociology 71 (1966), S. 665–673; und als eine unserem Kontext besonders nahestehende Fallstudie EARL RUBINGTON, *Organizational Stress and Key Roles*. Administrative Science Quarterly 9 (1965), S. 350–369.

150 Vgl. Bd. I, S. 39, 49 ff.

151 zum Beispiel POPITZ, a. a. O.

in einem Fall, liegt eine entsprechende Befürchtung für andere Fälle nahe – selbst dann, wenn es um andere Personen und andere Sachverhalte geht, da das Versagen nicht den Umständen, sondern der Organisation zugerechnet wird. Die Nichtdurchführung kann antizipiert werden und könnte sich dann seuchengleich ausbreiten. Statt der Generalisierung von Normen käme eine Generalisierung des Enttäuschungserlebens zustande.

Obwohl es an Hinweisen dieser Art in der Literatur nicht fehlt,[152] bedürften die empirischen Bedingungen, unter denen faktisch mit einer solchen Entwicklung zu rechnen ist, näherer Erforschung. Wir können nur vermuten, daß das Informationsproblem, das die Rechtsdurchführung erschwert, auch die Ausbreitung des Enttäuschungserlebens blockiert. Man ist über das normwidrige Verhalten ebensowenig informiert wie über das Ausbleiben der Sanktionen, und das abstrakte Wissen des Nichtwissens scheint die Entstehung eines ebenso abstrakten Rechtsvertrauens nicht zu behindern. In sehr komplexen Gesellschaften können soziale Systeme nicht mehr durch Auswertung gemeinsamer konkreter Erfahrungen stabilisiert werden, sondern erzeugen durch ihre Komplexität selbst eine Art von abstraktem Systemvertrauen, das als solches unentbehrlich und gegen punktuelle Widerlegung immunisiert ist. Diejenigen, die ihr Enttäuschungserleben generalisieren, bleiben auf symbolischer Aggressivität sitzen und handeln privat, inkonsequent, bizarr, pathologisch, sofern ihnen nicht eine politische Aggregation neuer Ziele gelingt.

Ein anderes allgemeines Problem, das wir angesichts des Wissensstandes ebenso unbestimmt und unbefriedigend behandeln müssen, bezieht sich auf das rechtstechnische Instrumentarium, mit dem die Durchsetzbarkeit des Rechts eingeplant und gesteuert werden könnte. Die Durchsetzung ist ja nicht nur eine Frage der Information und der Überwindung von Widerstand, sondern die Art der benötigten Informationen und die Motivationsstrukturen hängen auch von der Rechtsform ab, die für bestimmte Zwecke gewählt wird. Je nach der Struktur des Programms fallen andere Durchführungsprobleme an. Dafür ein Beispiel: Das Problem der Erhaltung gesellschaftlicher Differenzierung und der Sicherung unpolitischer Handlungsbereiche wird nach der liberalen Rechts- und Verfassungskonzeption im wesentlichen durch die Institution der Grundrechte gelöst bzw. als gelöst betrachtet.[153] Rechtstechnisch wird dafür also die Form des subjektiven Rechts gewählt. Damit wird die Durchführung dieses rechtspolitischen Ziels auf den oben behandelten Beschwerdemechanismus verwiesen; die Erhaltung der Primärdifferenzierung des Gesellschaftssystems wird abhängig von Konstellationen, in denen einzelne sich zur Klage entschließen. Natürlich war diese Problemlösung keine soziologisch überlegte Option. Heute

---

152 Siehe z. B. Montesquieu, *Cahiers 1716–1755* (hrsg. von Bernard Grasset). Paris 1941, S. 95. Beutel, a. a. O., S. 399 f, behauptet ein entsprechendes ‹jural law›.

153 Zu dieser Funktion der Grundrechte vgl. Niklas Luhmann, *Grundrechte als Institution. Ein Beitrag zur politischen Soziologie*. Berlin 1965.

kann sie aber als solche behandelt und in den Grenzen ihrer Leistungsfähigkeit bedacht werden. Schon im unmittelbaren Funktionsbereich anerkannter Grundrechte gibt es Komplementärprobleme, die sich nicht oder nur schwer in dieser rechtstechnischen Form behandeln lassen – man denke an das Problem der Geldwertstabilität als Komplement zum Eigentumsschutz oder an das Problem der Pressekonzentration als Komplement kultureller oder politischer Grundrechte. Sowohl an den Gesetzgeber als auch an die rechtswissenschaftliche Dogmatik und an die richterliche Rechtsfortbildung würde die Frage zu richten sein, ob und wieweit solche Probleme durch expansive Aktivierung des Grundrechtsgedankens (zum Beispiel durch Auslegung der Grundrechte als allgemeine Wertideen, die die gesamte politische Gemeinschaft binden) gelöst werden können oder ob dafür ein differenzierteres rechtstechnisches Instrumentarium zu entwickeln und mit Verfassungsrang zu versehen wäre. Dabei wäre zum Beispiel an die Errichtung parteipolitisch unabhängiger Organe nach dem Vorbild der Justiz oder der Bundesbank zu denken, denen für bestimmte Problembereiche eine mehr regulative und administrative Rechtsdurchführung delegiert werden könnte.

Überlegungen dieser Art, die Realien der Rechtsdurchsetzung in die Rechtstechnik, ja in die begriffliche Instrumentierung des Rechtsdenkens einbeziehen, liegen der geläufigen juristischen Betrachtungsweise fern.[153a] Ihre Bedeutung ist jedoch unschwer zu erkennen, und sie wird zunehmen in dem Maße, als die Chancen effektiv genutzt werden, die die Positivität des Rechts für sozialplanerische Gestaltung bietet. Die Perspektive programmierender Entscheidungsprozesse erfordert hier eine andere Einstellung als die Perspektive programmierter Entscheidungsprozesse.

9. KONTROLLE

Unter Kontrolle soll verstanden werden die kritische Überprüfung von Entscheidungsprozessen mit dem Ziele eines ändernden Eingriffs für den Fall, daß der Entscheidungsprozeß in seinem Verlauf, seinem Ergebnis oder seinen Folgen den Gesichtspunkten der Kontrolle nicht entspricht. Einen Bedarf für diese Funktion der Kontrolle und entsprechende Einrichtungen findet man erst in funktional differenzierten Systemen. Die Entstehung expliziter Kontrollen hängt mit der Umstrukturierung auf funktionale Differenzierung zusammen. Diesen Zusammenhang muß man mitsehen, wenn man den Stellenwert von Kontrolleinrichtungen in heutigen Rechtssystemen begreifen will.

Vorläufer und funktionale Äquivalente für Kontrollen finden sich in segmentären Gesellschaften, aber auch heute noch in funktional wenig

---

[153a] Vgl. aber EUGEN HUBER, Recht und Rechtsverwirklichung. Probleme der Gesetzgebung und der Rechtsphilosophie. Basel 1921.

differenzierten Kleinsystemen (zum Beispiel Dörfern) in der Form *immanenter, in den Entscheidungsprozeß eingebauter Rücksichten auf eigene andere Rollen*, die das Verhalten disziplinieren. Sie setzen voraus, daß dieselben Menschen einander in einer Vielzahl verschiedenartiger Rollen begegnen, so daß funktional-diffuse Sozialbeziehungen entstehen:[154] Man trifft seinen Schwager jeden Tag unter anderen Menschen auf dem Dorfplatz, trifft seinen Schuldner in der Kirche oder bei der Feuerwehrübung. Der Kaufmann ist Mitglied im Kirchenvorstand, was ihm Kunden zuführt, ihn aber auch an der rücksichtslosen Beitreibung von Schulden hindert. Die Frau des Lehrers veranstaltet jährlich einen Wohltätigkeitsbazar, was die Möglichkeit gibt, schlechte Schulleistungen der Kinder zu kompensieren. Unter solchen Umständen läuft die soziale Disziplinierung im wesentlichen nicht über die Androhung von Sanktionen für Normverstöße und auch nicht über die Internalisierung abstrakter Werte, sondern über eine Art «Gesetz des Wiedersehens»: über die Rücksicht auf eigene Rollen in anderen Interaktionszusammenhängen. Der Bedarf für Sanktionen und für Gesinnungen ist entsprechend gering (und wenn Sanktionen vorkommen, können sie hart sein, weil sie alle sozialen Beziehungen in Frage stellen). Statt dessen diszipliniert die Vorschau auf Folgen in andersartigen Beziehungen zu einer Art rollendiffuser Moral des Wohlverhaltens im Rahmen überlieferter Sitte – zu dem, was die Griechen in ihrer Frühzeit Ethos nannten.

Ein solches Arrangement motiviert dazu, Enttäuschungen und Kraftproben zu vermeiden (sofern nicht gerade das Entzünden und Durchstehen von Konflikten als besondere Tugend institutionalisiert ist). Man fügt sich auf Grund von Vermutungen und ohne Kommunikation. Dazu genügen ziemlich konkret vorgezeichnete Verhaltenserwartungen. Die Kehrseite dieser Vorzüge ist, daß funktional verschiedenartige Rollen sich nicht ausreichend trennen und spezifizieren lassen. Aus dem Verhalten in einer Rolle werden Rückschlüsse auf andere gezogen: Wer sich wirtschaftlich nicht selbständig zu machen versteht, dem wird die Vernunft des politischen Urteils abgesprochen; wer als Nachbar Hilfe verweigert, findet als Zeuge keinen Glauben.[155] So können sich nur wenige unterscheidbare Rollen entwickeln, und die immobilisieren sich wechselseitig. Das dient der Stabilisierung, solange die Gesellschaft ohne nennenswerte funktionale Differenzierung auskommt.

Eine Gesellschaft, die sich auf höhere Komplexität und funktionale Differenzierung umstellt, muß diese Form eingebauter Rücksichtnahmen auf-

---

154 Vgl. hierzu und zum folgenden SIEGFRIED F. NADEL, *The Theory of Social Structure*. Glencoe/Ill. 1957, S. 63 ff.

155 Siehe auch die Beispiele NADELS für rollendiffuse Sozialbeziehungen: Ein Mann, dem die Erziehung seiner Söhne mißlingt, kann bei den Nupe nicht hoffen, sozialen Rang und politischen Einfluß zu gewinnen. Wer als Bauer faul und erfolglos war, hat bei den Nuba keine Chance, Priester zu werden. Vgl. SIEGFRIED F. NADEL, *A Black Byzantium*. London 1942, S. 64; DERS., *The Nuba*. London 1947, S. 442.

geben und Ersatz dafür institutionalisieren. An die Stelle der Rücksicht auf eigene andere Rollen tritt die *Kontrolle durch gegenüberstehende Rollen anderer* – zunächst und am einfachsten die Kontrolle durch den jeweiligen Interaktionspartner, dann auch die Institutionalisierung von besonderen Kontrollrollen, die sich auf diese Funktion spezialisieren und den Interaktionskontext davon entlasten. Dadurch steigen die Kommunikationslast und der Bedarf für abstrakte, explizierbare Kriterien, die ein Erwarten von Erwartungen und zugleich eine Durchführung der Kontrollen ermöglichen. Damit treten neuartige Probleme der Formulierung, der Variation und der Kontrolle solcher Bedingungen der Kontrolle auf. Ein erheblicher Regelungsbedarf kommt auf das Recht zu. Seitenblicke auf eigene andere Rollen werden dadurch weder ausgemerzt noch bedeutungslos, aber auf eine gleichsam *taktische* Ebene reduziert. Funktional spezifizierte Teilsysteme müssen zusehen, daß sie *strukturell* davon unabhängig werden, denn die ‹eigenen anderen Rollen› ihrer Mitglieder sind jetzt von persönlich-individualisierten Konstellationen abhängig und wechseln mit den Personen: Es wäre töricht, zu übersehen und nicht auszunutzen, daß der Minister Müller aus der Gewerkschaftsbewegung stammt und dorthin ‹Beziehungen› hat; es wäre ebenso töricht, das System des Ministeriums strukturell darauf einzustellen.

Entsprechend ändert sich die gesellschaftsadäquate Form der Moral: Der Lehrer *darf* Zensuren nicht davon abhängig machen, wer auf dem Bazar seiner Frau kauft. Der Professor *darf* die Habilitation seines Assistenten nicht davon abhängig machen, daß dieser seine Tochter heiratet. Am greifbarsten wird diese Veränderung in einer Uminterpretation des Gleichheitsgedankens: Nicht mehr auf die Gleichheit der Leistungen im Guten wie im Bösen (auf Reziprozität und Vergeltung) kommt es an, sondern auf die Gleichheit der Anwendung spezifischer Entscheidungsprämissen trotz Wechsels anderer (nunmehr ‹irrelevanter›) Rollenzusammenhänge. Die der einzelnen Interaktion innewohnende konkrete Gerechtigkeit des Ausgleichs wird damit aufgegeben. Gleichheit vor dem Gesetz heißt: Spezifikation und universelle Anwendung von Entscheidungskriterien ‹ohne Ansehen der Person› – ein für archaische Gesellschaften denkbar unmoralisches Entscheidungsprinzip. Und Gerechtigkeit wird jetzt zur gleichmäßigen Durchführung des Rechts um seiner Geltung willen.

Diese sehr allgemeinen und durchgehenden Veränderungen dessen, was im weiten angelsächsischen Sprachgebrauch *social control* heißt, wirken sich auch in den rechtlichen Entscheidungsprozessen aus, sobald sie in der Form des Verfahrens ausdifferenziert und auf ihre eigene Funktion gebracht werden. Der rechtliche Entscheidungsprozeß wird dann zum Gegenstand und zugleich zur Form möglicher Kontrollen. Rechtliche Entscheidungsprozesse können rechtliche Entscheidungsprozesse kontrollieren, Verfahren hinter Verfahren geschaltet werden, sobald genügend Kriterien der Richtigkeit des Entscheidens artikuliert sind. Der organisatorische Rahmen eines solchen Kontrollverhältnisses bietet sich vor allem im hierarchischen Aufbau des gerichtlichen Instanzenzuges an. Im Gegensatz zu älteren, etwa den lehnsstaatlichen Gliederungen der Jurisdiktion, in denen höhere Gerichte andere Fälle entschieden als untere und für eine Streitsache in aller Regel nur eine Instanz zur Verfügung stand, dienen heute höhere Gerichte vor allem (zum Teil sogar nur) der Kontrolle von Entscheidungen unterer Instanzen. Kontrolle besagt hier praktisch: Wiederholung des Entscheidungsvorgangs in allen oder in begrenzten (zum Beispiel auf Rechtsfragen beschränkten) Hinsichten. Der Kontrolle liegen die gleichen Kriterien zugrunde, die auch die Erstentscheidung hätten leiten sollen. Dieser Typus läßt sich sogar ausdehnen auf Gesetzgebungsverfahren und als richterliche Kontrolle gesetzgeberischer Entscheidungen vorsehen, soweit diese als Anwendung von Recht begriffen werden können. In jedem Falle handelt es sich um auf Kontrolle spezifizierte, den Entscheidungsvorgang ganz oder teilweise wiederholende, keine andersartigen Gesichtspunkte ins Spiel bringende (den Selektionsbereich also nicht erweiternde) – um im ganzen also sehr aufwendige Einrichtungen. Ihre Effektivität kann nur im Hinblick auf die Erhaltung der Einheit und Konsistenz des Sinngefüges rechtlicher Normen (und nicht im Hinblick auf die Richtigkeit der Einzelentscheidungen) angemessen beurteilt werden. Man darf vermuten, daß die volle Last der Kontrolle des positiven Rechts nicht allein von diesen dafür eigens bereitgestellten Strukturen und Prozessen getragen werden kann. Und in der Tat: wesentliche weitere Kontrollvorgänge finden sich – weniger sichtbar, aber soziologisch um so interessanter – im unmittelbaren Interaktionskontext des rechtlichen Entscheidungsprozesses.

In die Interaktion selbst eingebaute Kontrollen zeichnen sich dadurch aus, daß sie gleichsam nebenbei und ohne Rechenschaftspflicht ausgeübt werden. Die Interaktion selbst kommt nicht um der Kontrolle willen, sondern aus anderen Gründen, etwa zur Erarbeitung einer Entscheidung zustande. In der Art aber, wie sie strukturiert und durchgeführt wird, liegt eine gewisse Gewähr dafür, daß jeder Teilnehmer durch ein Gegenüber kontrolliert wird und daß dadurch der Ausfall jener elementaren Selbstkontrolle in Rücksicht auf eigene andere Rollen kompensiert wird. Form und Themen solcher Kontrolle wechseln mit dem Interaktionssystem. Man kann im groben unterscheiden zwischen hermeneutischer Kontrolle durch Dialog, professioneller Kontrolle durch Orientierung an Bezugsgruppen und politischer Kontrolle durch den Mechanismus der Politik.

Die konkreteste, sachnaheste dieser Kontrollformen, die *hermeneutische Kontrolle* der Auslegung des Sinnes von Rechtsnormen und der Überzeugungskraft von Argumenten, leitet ihre Notwendigkeit her aus dem Umstand, daß der juristische Entscheidungsprozeß typisch nicht am Ergebnis, sondern nur in seinen Einzelschritten und -argumenten überprüft werden kann. Inspektion des Fabrikats, Gegenrechnung, kurzgeschlossener Vergleich des Urteils mit dem ‹gesunden Rechtsgefühl› scheiden als Kontrollweisen aus. Eine dem Recht adäquate Kontrolle muß den Entscheidungsprozeß begleiten oder ihn wiederholen. Zunächst muß die Selektivität der gesuchten Entscheidung überhaupt aufgehellt und als gemeinsamer Erkenntnisbesitz bewußt gemacht, müssen die natürlichen Urteilsneigungen, auf denen sie beruht, in Frage gestellt werden. Dazu kommt, daß die juristisch-exegetische Gedankenführung, die die Entscheidung auswählt und andere Möglichkeiten eliminiert, keine logisch-zwingende Form annehmen kann, sondern ihre eigentümliche Rationalität darin hat, daß sie ihre Unlogik auf kleine, lokalisierbare Sprünge verteilt. Damit vervielfältigt sich die Komplexität der Entscheidungslage, nämlich die Zahl der erforderlichen Begründungen und mit ihnen auch die Zahl möglicher Einwendungen.[156] Interpretation und Beweisführung werden in einzelne gedankliche Elemente zerlegt, die für die Einsetzbarkeit besserer Teilproblemlösungen offengehalten werden.[157] Alle Kritik hat sich dann der kritisierten Stelle im Argumentationszusammenhang einzufügen, hat den Vorschlag für eine bessere Lösung des dort zu lösenden Problems zu unterbreiten – oder sie muß den Fluß der Sinnverdichtung zur Entscheidung hin passieren lassen. Die spezifische Vernünftigkeit hermeneutischer Vorgehensweise ist also nicht einem System von Regeln zu danken, deren Anwendung das Gewinnen einzig richtiger Ergebnisse ermöglicht. Sie beruht vielmehr darauf, daß der Gedankengang zerlegt wird in eine Vielzahl von Möglichkeiten für Konsens und Dissens und daß er sich im Dialog bewährt.[158] Das schließt die schrittweise vorgehende (nie aber totale) Problematisierung eines Vorverständnisses von Sinn ein, eignet sich aber kaum zu eindringlicher Problematisierung von Systemstrukturen, deren Änderung weitreichende, im Dialog nicht überblickbare Konsequenzen hätte.

Der Dialog, in dem solche Leistungen zu erbringen sind, ist ein verfahrensähnliches Sozialsystem – schon deshalb, weil er den Zeitlauf zu Hilfe nimmt, um Komplexität zu reduzieren. Die Beteiligten müssen aufpassen, sie müssen an den richtigen Stellen das Richtige sagen, oder sie finden sich in kaum mehr auflösbaren Konsensverdichtungen wieder. Sie müssen dem Thema folgen können, müssen sich also auf dem laufenden halten und dürfen sich dabei auf gedanklichen Umwegen nicht allzuweit vom Verhandlungsgegenstand entfernen – weder einer schon geäußerten Meinung zu lange nachhängen, noch zu weit vorausphantasieren, was alles gesagt werden könnte. Darin liegt eine scharfe Beschränkung heuristisch-

---

156 «The more reasons, the more possible objections», kommentiert JULIUS STONE, Social Dimensions of Law and Justice. Stanford/Cal. 1966, S. 684.

157 Diese ‹sachliche› Auffassung der Hermeneutik unterscheidet sich von einer ‹romantischen›, die das Wesen der hermeneutischen Sinnklärung im Erraten und Zugänglichmachen der beteiligten Subjektivität sieht – siehe z. B. JÜRGEN HABERMAS, Erkenntnis und Interesse. Frankfurt/M. 1968, S. 209 f, 225 f u. ö. Vgl. auch JÜRGEN HABERMAS/NIKLAS LUHMANN, Theorie der Gesellschaft oder Sozial-Technologie – Was leistet die Systemforschung? Frankfurt 1971, insbes. S. 101 ff, 316 ff.

158 Nahestehend die Auffassung der juristischen Hermeneutik bei FRIEDRICH MÜLLER, Normstruktur und Normativität. Zum Verhältnis von Recht und Wirklichkeit in der juristischen Hermeneutik, entwickelt an Fragen der Verfassungsinterpretation. Berlin 1966, S. 54, 71 f, wo ausdrücklich auf die bessere Kontrollierbarkeit spezifizierter Gedankengänge hingewiesen wird. Vgl. auch LON L. FULLER, The Morality of Law. New Haven–London 1964.

innovativer Möglichkeiten. Der Dialog dient denn auch mehr der Klärung eines als vorliegend angenommenen Sachverhaltes und nicht eigentlich planenden Funktionen. Immerhin können sachkundige, diskussionserfahrene Leute, in unserem Falle also Juristen, auch in der Form des Dialogs sehr viel mehr Möglichkeiten ins Gespräch bringen als andere, die immer in Gefahr sind, den Faden oder die Übersicht zu verlieren oder sich an ungeeigneten Stellen zu heftig oder zu weitläufig zu engagieren und damit die Entfaltung des Themas ebenso wie das System des Dialogs zu stören und selbst zu scheitern.

Die Chancen wechselseitiger Kontrolle, die der Dialog eröffnet, können nur in dessen Systemgrenzen realisiert werden. Dafür bietet die teils schriftliche, teils mündliche gerichtliche Verhandlung besonders günstige Voraussetzungen, und zwar vor allem dann, wenn alle wesentlichen Rollen mit Juristen besetzt sind. Das ergibt eine Konstellation, in der *gleicher* Sachverstand und *gleiches* Geschick in *verschiedenartigen*, funktional differenzierten Rollen zum Zuge kommen. Die Rechtsanwälte kontrollieren einander in der Rolle von Parteivertretern und je für sich die Richter, die wiederum dem Vortrag der Anwälte kritisch zu folgen vermögen. Solch ein Beziehungsnetz diszipliniert sich selbst und scheidet schon durch Antizipation möglicher Gegenzüge und Einwendungen unsachgemäße Argumente aus. Wieweit damit eine effektive Kontrolle über die Entscheidungs*motive* erreicht werden kann, ist eine andere Frage;[159] zumindest aber wird erreicht, daß die Motive sich in das hineinzwängen müssen, was auf Grund des Dialogs als Entscheidung darstellbar ist.

Eine Grenze der Kontrollwirkung des Dialogs findet sich in der geringen Beteiligung gerade der entscheidenden Rollen. Richter partizipieren und engagieren sich im Dialog nur im Konflikt mit anderen Verhaltensforderungen – in einigen Verfahrensordnungen fast nur als Zuschauer, in anderen stärker aktiv, aber durchweg nur an der Aufklärung der Tatsachen beteiligt. Ein Rechtsgespräch vor Gericht gehört zu den Seltenheiten. Die Gründe dafür liegen teils in der Kollegialverfassung und dem Beratungsgeheimnis, die es dem Vorsitzenden bzw. dem Berichterstatter erschweren, vor dem Urteil mit bestimmten Rechtsauffassungen als Wortführer der Gruppe aufzutreten; sie können allenfalls Fragen stellen, die bestimmte Rechtsauffassungen vermuten lassen. Dazu kommt die Gefahr, daß jede richterliche Selbstfestlegung im Laufe des Verfahrens als Voreingenommenheit gedeutet werden könnte – ein Bedenken, das vor allem in angelsächsischen Verfahrenssystemen ernst genommen wird. Aus diesen Gründen ist ein förmlich ausdifferenziertes Kontrollverfahren in der Rechtsmittelinstanz wünschenswert, nicht zuletzt deshalb, weil auf diese Weise der Dialog mit den zunächst schweigenden, dann abwesenden (aber die Akten nach Ent-

---

159 Dazu für den Fall des Dialogs unter den entscheidenden Richtern bemerkenswert J. WOODFORD HOWARD, JR., *On the Fluidity of Judicial Choice.* The American Political Science Review 62 (1968), S. 43–56. Vgl. auch WALTER F. MURPHY, *Elements of Judicial Strategy.* Chicago–London 1964, insbes. S. 23 ff.

scheidung des Streites zurückerhaltenden und das Endurteil lesenden!) Richtern der Erstinstanz fortgesetzt werden kann.

Neben der unmittelbaren Interaktion des Dialogs gibt es eine gleichsam generalisierte Form dieser Kontrolle. Sie wird vermittelt durch die allgemeinen Auffassungen der Juristen über Grenzen möglicher Meinungen und möglichen Verhaltens in Rechtsangelegenheiten. Wir nennen diesen Typus *professionelle Kontrolle*.

Professionalisierung beruflicher Arbeit ist ein bemerkenswertes, neuerdings viel diskutiertes [160] Phänomen differenzierter Gesellschaften, das sich durch eine eigentümliche Kombination von Problemen und Problemlösungen auszeichnet. Professionen können sich bilden, wenn gesamtgesellschaftliche Funktionen (hier: die Betreuung des Rechts; in anderen klassischen Fällen: die Betreuung des Seelenheils, der Bildung, der Gesundheit, der physischen Sicherheit gegen Angriff und heute vielleicht auch: hoher finanzieller Risiken) im Interesse sachgemäßer Erledigung auf besondere Rollen, also auf gesellschaftliche Teilsysteme delegiert werden müssen. Dann ist ein doppeltes Problem zu lösen: Einerseits kommen mit der Betreuung gesamtgesellschaftlicher Funktionen typisch hohe Risiken auf die entsprechenden Berufsrollen zu – Risiken des nichteindämmbaren Streites, des Todes, der Angst, des Verfehlens der Wahrheit, für die nun gesamtgesellschaftlich institutionalisierte Formen der Angstbewältigung fehlen. Das für die Einzelrolle untragbare Risiko muß dann abgeschwächt werden, und das geschieht typisch durch eine Umwandlung in Verantwortlichkeit für vermeidbare Fehler. Die Kollegenschaft kann dann die Kontrolle der Definition von Fehlern übernehmen und zum Teil sogar die Absicherung gegen ihre Konsequenzen. Zum anderen verschafft die Spezialisierung diesen Berufsrollen nicht allgemein zugängliches Wissen oder Können. Daraus fließen Chancen für Machtentfaltung im Eigeninteresse und für Zweckrationalität ohne Rücksicht auf Nebenfolgen, deren Ausnutzung im gesellschaftlichen Interesse blockiert werden muß. Der Bezug auf gesamtgesellschaftliche Werte muß in ein engeres, berufliches Ethos umgesetzt und im Einklang mit den besonderen fachlichen Erfordernissen institutionalisiert werden. Diese Umsetzung kommt zustande, soweit sie im Sicherheitsinteresse der Profession liegt – vor allem, wo einzelne in ihren Rollen hohen Risiken ausgesetzt sind und für deren Bestehen eine moralische Grundlage, kollegialen Konsens und erkennbare Grenzen der Toleranz für

---

160 Gute Erörterungen der Tendenz zur Professionalisierung und der Problematik dieses Begriffs findet man bei JOSEPH BEN-DAVID, *Professions in the Class System of Present-day Societies*. Current Sociology 12 (1963), S. 247–330; HAROLD L. WILENSKY, *The Professionalization of Everyone?* The American Journal of Sociology 70 (1964), S. 137–158; HEINZ HARTMANN, Unternehmertum und Professionalisierung. Zeitschrift für die gesamte Staatswissenschaft 123 (1968), S. 515–540; ALBERT L. MOK, Alte und neue Professionen. Kölner Zeitschrift für Soziologie und Sozialpsychologie 21 (1969), S. 770–781. Vgl. auch HOWARD M. VOLLMER/DONALD L. MILLS (Hrsg.), *Professionalization*. Englewood Cliffs/N. J. 1966.

Fehler im Urteil der Kollegen brauchen. Beides zusammen, Risikoübernahme und Wertübernahme, wird motiviert und gepolstert mit hohem Sozialprestige und überdurchschnittlichen Einkommenschancen, die nicht vom Ausgang des Einzelfalles abhängig sind.

Speziell im Bereich des Rechts hat sich im Juristenstand eine der großen klassischen Professionen entwickelt. Bezugsprobleme dieser Professionalisierung waren verschiedener Art. Eines der ältesten lag in den gesellschaftlich-moralischen Vorbehalten gegen ein finanzielles Interesse des Juristen am Streit, das im Widerspruch zur Funktion des Rechts den Juristen zur Entfachung und Verlängerung von Rechtsstreiten zu motivieren schien. Sowohl die konfuzianische Ethik Chinas als auch das römische Recht hatten bezahlten rechtlichen Rat verboten bzw. die Einklagbarkeit von Forderungen auf Entgelt blockiert, und erst langsam konnte diese Schwierigkeit durch die Vorstellung eines vom Streitverlauf und -ausgang unabhängigen ‹Honorars› unterlaufen werden.[161] Ein anderes Problem geht zurück auf die hohe 50 %ige Enttäuschungsquote der Rechtsstreitigkeiten. Anwälte verlieren durchschnittlich die Hälfte ihrer Prozesse, und diese Erfahrung mußte es ihnen nahelegen, sich nicht zu eng mit den im Streit befangenen Interessen zu liieren, sondern ihre Selbstdarstellung mehr auf das Recht selbst zu gründen – freilich in einer Weise, die das Recht als äußerst schwierig, ungewiß und fallenreich erscheinen läßt und nicht als apodiktisch strahlende Gewißheit, mit der die Richter es vertreten.

Eine von der Profession geschaffene Figur, die diese Schwierigkeiten und die Art ihrer Lösung gut illustriert, ist die ‹herrschende Meinung›[162]. Die h. M. ermöglicht eine ambivalente, den Situationen und dem Rollenkontext sich anpassende Einstellung zum Recht. Sie legitimiert Dissens und das Sich-Verlassen auf Konsens zugleich. Sie erlaubt es, das Recht als gewiß und als ungewiß darzustellen und je nach den Umständen und den Folgen, die auf dem Spiel stehen, die eine oder die andere Stellung zu beziehen. Sie konstituiert eine weite Zone praktisch ausreichender Sicherheit, ohne die Möglichkeit von Gegenargumenten auszuschließen oder mit Achtungsverlust zu strafen. Ein Abweichen von der h. M. kann ‹vertretbar›[163] sein, ist typisch kein Fehler, wohl aber ein von Kollegen zu beurtei-

---

161 Vgl. auch oben Bd. I, S. 180 f.

162 Erstaunlicherweise gibt es zu dieser wichtigen Institution kaum adäquate Literatur. Vgl. immerhin JOSEF ESSER, Herrschende Lehre und ständige Rechtsprechung. In: Dogma und Kritik in den Wissenschaften. Mainzer Universitätsgespräche, Mainz 1961, S. 26–35; ROMAN SCHNUR, Der Begriff der ‹herrschenden Meinung› in der Rechtsdogmatik. Festgabe für Ernst Forsthoff, München 1967, S. 43–64. Die Bedeutung des Konsenses der Gelehrten als Argument variiert natürlich stark von Recht zu Recht und kann in nicht positivierten, traditionalen Rechtsordnungen weitaus größer sein. Siehe als bemerkenswertes Beispiel JOSEPH SCHACHT, The Origins of Muhammadan Jurisprudence. Oxford 1950, S. 82 ff.

163 Zu dieser Kategorie der ‹Vertretbarkeit›, die parallellaufende Funktionen erfüllt, vgl. auch THEODOR VIEHWEG, Topik und Jurisprudenz. München 1953, S. 24 f.

lender Vorgang, der besondere Risiken trägt, besondere Rechtfertigungen (vor allem: von der besonderen Lage des Einzelfalles her) erheischt und nicht einfach aus Unachtsamkeit passieren darf. Die Argumentation mit oder gegen die h. M. setzt einen kollegialen, heute praktisch nur noch literarisch herstellbaren Diskussionszusammenhang voraus, an dessen Grenzen der Bereich des Meinens und Verhaltens beginnt, in dem der einzelne ein persönliches Risiko läuft.

Die Effektivität und die thematische Verdichtung professioneller Kontrollen des Rechts hängen vermutlich von mehreren Umständen ab. Ein wesentlicher Faktor steckt sicher in der Frage, wieweit die vorgestellte Bezugsgruppe der Kollegen eine reale, Sanktionen bereithaltende Mitgliedschaftsgruppe ist.[164] Insofern schafft das Zusammenleben in den Londoner Inns andere Verhältnisse als das verbreitete Nachschlagen und Zitieren des ‹PALANDT›. Die große Zahl der Juristen und ihre weit in Wirtschaft, Politik, Organisationswesen und Gerichtsbarkeit auszweigende Tätigkeit lassen heute kein Zentrum der Begegnung mehr zu. Ihre professionelle Beziehung ist durch Organisationszugehörigkeiten gebrochen, ihr Berufsethos durch Organisationsloyalität mediatisiert. Man muß daher annehmen, daß eine noch zu beobachtende Ähnlichkeit von Denkstil und Einstellungen und Restbestände einer professionellen Bindung auf die gemeinsame Universitätsausbildung zurückzuführen sind, die immer noch prägend zu wirken scheint.[165] (Keine andere Studentengruppe diskutiert auf dem Weg zur oder von der Vorlesung oder in der Mensa so eifrig Ausbildungsthemen wie die Juristen ihre Rechtsfragen und Schulfälle.) Über diesen anfänglichen Sozialisierungseffekt hinausgehende spätere professionelle Kontrollen werden kaum effektiv.

Ein weiterer Faktor, der in die gleiche Richtung wirkt, ist das spürbare Absinken des Sinns für juristische Begrifflichkeit, Eleganz der Begründung und Überlegenheit von Argumenten – also derjenigen Kriterien, an die das kollegiale Urteil über ‹gute› und ‹schlechte› Juristen anknüpfen konnte. An deren Stelle treten Kriterien des Erfolgs, die auf das Interesse bestimmter Organisationen bezogen sind und keine Chance haben, professionell allgemein geachtete Standards zu werden.[166] Diese Veränderung mag mit

---

164 Zum Begriff der Bezugsgruppe bereits oben Bd. I, S. 77 f. Zur allgemeinen Hypothese, daß eine Kongruenz von Bezugsgruppe und Mitgliedschaftsgruppe Normkonformität begünstige, vgl. RALPH M. STOGDILL, *Individual Behavior and Group Achievement*. New York 1959, S. 115 (mit weiteren Literaturhinweisen) und S. 167 ff.

165 Die Ergebnisse der Untersuchung von WOLFGANG KAUPEN, Die Hüter von Recht und Ordnung. Die soziale Herkunft, Erziehung und Ausbildung der deutschen Juristen – eine soziologische Analyse. Neuwied–Berlin 1969, stimmen auch in diesem Punkte skeptisch und legen den Akzent eher auf die Gründe der Selbstselektion für das Studium.

166 Vgl. hierzu die Unterscheidung von ‹local and cosmopolitan influentials› von ROBERT K. MERTON, *Social Theory and Social Structure*. 2. Aufl. Glencoe/Ill. 1957, S. 387 ff, oder von entsprechenden Rollen bei ALVIN W. GOULDNER, *Cosmo-

dem weithin zu beobachtenden Schwund der sozialen Funktion von Dogmatiken zusammenhängen. Überdies würden sich heute nur noch Teilgebiete des Rechts für die Darstellung berufseinheitlicher Anforderungen eignen – weder zum Beispiel die massenbetrieblichen Entscheidungen noch jene Materien, die laufend gesetzgeberischer Umformung unterworfen sind. Professionelle Kontrolle ist an hoch generalisierte, durchgehend verwendbare Denkfiguren gebunden, die auf individuelle Fallösungen zugeschnitten werden müssen. Nicht zuletzt ist die Frage berechtigt, ob jene eigentümliche Problemlösung durch professionelle Bindung und Kontrolle durch den heutigen Grad an Differenzierung nicht auch gesamtgesellschaftlich überholt ist und ob es überhaupt noch möglich ist, in dieser Form Sicherheit und Selbstdisziplinierung durch Rücksicht auf die kollegiale Meinung zu verbürgen und gesamtgesellschaftliche Werte in ein rollenspezifisches Ethos umzuprägen. Die Art, wie Krankenschwestern, Unternehmer, Ingenieure, Wirtschaftsprüfer usw. die Statussymbole einer Profession zu übernehmen suchen, bestätigt diesen Verdacht, daß die Form nicht mehr an eine bestimmte Problemkonstellation gebunden ist, sondern nur noch dekorativen oder anspruchsbegründenden Zwecken dient.

Mit der Positivierung des Rechts und der Installierung politischer Prozesse der Vorbereitung von Rechtsetzung taucht eine ganz neue Art von Kontrolle des Rechts auf: die *politische Kontrolle*. Diese Kontrolle wird nicht als solche bezeichnet. Ihr fehlt die institutionelle Anerkennung. Sie wird nicht als formalisierter Arbeitsgang ausdifferenziert, sondern findet sich eingebaut in den Interaktionskontext, der der politischen Entscheidungsvorbereitung dient – gehört also dem hier behandelten Typus an. Von den soeben erörterten hermeneutischen und professionellen Kontrollen unterscheidet sie sich wesentlich dadurch, daß sie in einer *inkongruenten Perspektive* operiert, indem sie Entscheidungen nicht im Hinblick auf ihre Richtigkeit, sondern im Hinblick auf ihre Folgen beurteilt.

Soweit das positive Recht die Form des Konditionalprogrammes annimmt und das programmgemäße Entscheiden damit von der Verantwortung für die Folgen seiner Entscheidungen entlastet, wird die reine Richtigkeitskontrolle unzulänglich. Sie besteht in einer bloßen Nachprüfung der beim Entscheiden anzustellenden Erwägungen, garantiert aber nicht, daß diese Erwägungen zu Ergebnissen führen, die einer laufenden und umfassenden gesetzgeberischen Verantwortung für das Recht entsprechen. Sowohl diese technisch so günstige Form der Programmierung als auch die Unmöglichkeit ausreichender Folgenvoraussicht werden immer wieder zu Entscheidungsproblemen führen, die im Lichte ihrer Auswirkungen korrekturbedürftig sind.

Darin liegt ein Problem, für das sich gegenwärtig noch keine zureichenden institutionellen Lösungen eingespielt haben. Der Jurist zeigt wenig Nei-

---

politans and Locals. Toward an Analysis of Latent Social Roles. Administrative Science Quarterly 2 (1957–58), S. 281–306, 444–480, die namentlich in der Organisations- und in der Professionsforschung weite Resonanz gefunden hat.

gung, Sachverhalte zur Revision zu melden, die nicht in der Form von ‹Fehlern› oder ‹Normwidersprüchen› auf seinem Bildschirm auftauchen. Er sucht seine Entscheidung im Rahmen des Möglichen mit Rücksicht auf Folgen auszuarbeiten, nicht aber, Änderungen der Gesetze anzuregen. Die Parteipolitik kümmert sich kaum um Einzelfälle der Rechtspflege und hat auch nicht die Hilfsmittel, um die dort anfallenden Erfahrungen systematisch zu sichten und auszuwerten. Sie ist auf eindrucksvoll generalisierbare Anstöße, auf Krisen und Skandale angewiesen, die der Jurist nach Möglichkeit vermeidet. Ohne grundlegende Veränderungen der Bedingungen politischer Rationalität wird sich diese Schwelle der Sensibilität kaum senken lassen. Selbst in der Verwaltungshierarchie funktioniert die Durchgabe der Anwendungsschwierigkeiten bei unpraktikablen Gesetzen von unten nach oben denkbar schlecht, von einer kritischen Überwachung der Außenwirkungen ganz zu schweigen. Am ehesten scheint noch der unmittelbare Kontakt von Interessenverbänden zur Ministerialbürokratie, die am Gesetzgebungsprozeß mitwirkt, einen Kanal für das Durchschleusen politischer Folgenkontrollen zu öffnen. Nach bisherigen Erfahrungen bringt dieser Weg Flickwerk und Kompromisse, kaum aber eine strukturelle Anpassung oder Innovation des Rechts zustande. Mangels einer funktionsfähigen politischen Kontrolle bleiben viele Chancen ungenutzt, die die Positivierung des Rechts an sich bereithält.

Die Schwierigkeiten beruhen letztlich darauf, daß die Positivierung des Rechts zu höherer Komplexität und damit zu größerer Distanz zwischen kontrollierten und kontrollierenden Prozessen führt. Darin liegt ein noch kaum erkannter Vorteil, nämlich die Möglichkeit prinzipiell *vorwurfsfreier* Kontrollen. Nur die Folgen *richtiger* Entscheidungen interessieren den Politiker und Gesetzgeber. Andererseits muß für eben diesen Zweck der politischen Kontrolle ein ganz andersartiges System der Datenverarbeitung eingerichtet werden, das kaum als Nebenprodukt im Kontext anderer Arbeiten anfallen wird. Somit drängt sich der Vorschlag auf, von beiläufiger zu ausdifferenzierter politischer Kontrolle überzugehen – etwa ein Amt für Gesetzgebung zu schaffen, dem jedermann Folgen melden kann, die bei der Anwendung bestehender Gesetze aufgetreten sind, und das diese Informationen als Material für politische Aktivität aufzubereiten hätte.

Im Überblick über die verschiedenen Möglichkeiten der Kontrolle des Rechts wird deutlich, daß auch in dieser Hinsicht die Positivierung überlieferte Institutionen wenn nicht entwurzelt, so doch als zu schwach erweist. Sie können den Zug zu höherer Komplexität nicht, oder allenfalls sehr begrenzt, mitmachen und bleiben stehen. Außerhalb ihres Anwendungsbereichs kommt es zu neuartigen Bedürfnissen, für die institutionalisierbare Lösungen gesucht werden müssen. Weder die förmliche Wiederholung des Entscheidungsganges unter gleichen Kriterien noch die mitlaufenden hermeneutischen und professionellen Kontrollen reichen als Korrektive aus. Ohne abrupt ihren Sinn zu verlieren, bleiben sie als immanente Richtigkeitskontrollen dem gegebenen Recht verpflichtet und schöpfen das Potential für Kritik und Rationalisierung, das mit der Möglichkeit der Gesetzgebung bereitgestellt ist, nicht aus. Ähnlich wie im Bereich wirtschaftlicher Zweckrationalität [167] müssen auch für das Recht neue Kontrollformen entwickelt werden, die sich auf die Ebene der Programmierung, nämlich auf das Entscheiden über Entscheidungen beziehen und für deren Entscheidungsbereich Informationen für sinnvolle Änderung von Programmen beschaffen und auswerten können. Die Gesamtbedingungen einer Rationalisierung des positiven Rechts sind damit freilich auch nicht annähernd erfaßt. Sie lassen sich nicht in der Perspektive einer Kontrolle des gegebenen Rechts bestimmen, sondern erfordern eine Rückwendung des Blicks auf gesamtgesellschaftliche Zusammenhänge.

---

167 Hierzu näher NIKLAS LUHMANN, Zweckbegriff und Systemrationalität. Über die Funktion von Zwecken in sozialen Systemen. Tübingen 1968, S. 221 ff.

V. SOZIALER WANDEL DURCH POSITIVES RECHT

Gesellschaft und Recht hängen auf mehr als eine Weise zusammen. Bisher haben uns im wesentlichen zwei Perspektiven geleitet: Wir haben nach der Funktion des Rechts für das soziale System der Gesellschaft gefragt, und wir haben die Art und Weise, in der diese Funktion erfüllt wird, in Beziehung gesetzt zu verschiedenartigen Gesellschaftsstrukturen, die sich im Prozeß gesellschaftlicher Evolution nacheinander herausgebildet haben. In dieser globalen Betrachtungsweise wurde die Evolution des Gesellschaftssystems als Auslöser sozialen Wandels gesehen und die Veränderungen im Rechtsgefüge als Begleiterscheinung, die durch Umstrukturierungen des Gesellschaftssystems, vor allem seines Differenzierungsmodus, ermöglicht werden und zugleich wichtige institutionelle Errungenschaften des Evolutionsprozesses stabilisieren helfen. In evolutionärer Perspektive ist Recht als unaufgebbares Element der Gesellschaftsstruktur immer Bewirktes und Wirkendes zugleich.

Dabei darf, wie namentlich KARL RENNER gezeigt hat,[1] der Wirkungszusammenhang nicht zu eng gesehen werden. Vielmehr gibt es das Phänomen des gesellschaftlichen Wandels trotz unveränderten Bestandes des formulierten Rechts, was sich als Funktionswandel der Rechtsnormen ausdrücken kann, und es gibt Neuformulierungen des Rechts, etwa Kodifikationen, die keinen gesellschaftlichen Wandel bewirken. Das Ausmaß solcher relativen Invarianz von Recht und Gesellschaft kann mit der Komplexität des Gesellschaftssystems und dem Abstraktionsgrad seiner strukturellen Errungenschaften zunehmen. Mit all dem sind wir noch nicht bei dem Problem, um das es in diesem Kapitel geht.

In dem Maße, als das Recht positiviert wird, Rechtsnormen also zum Gegenstand selektiver Entscheidungen werden, kommt eine neue Perspektive hinzu, die selbst als evolutionäre Errungenschaft gewertet werden muß. Die im Recht über das Recht konstituierten Entscheidungsfreiheiten können als Instrument gesellschaftlicher Veränderungen eingesetzt werden.

---

1 Vgl. Die Rechtsinstitute des Privatrechts und ihre soziale Funktion: Ein Beitrag zur Kritik des bürgerlichen Rechts. Neudruck Stuttgart 1965 (zuerst in Marx-Studien Bd. I, Wien 1904, S. 63–192). Auf besseren rechtstheoretischen Grundlagen, nämlich mit Hilfe seines Begriffs der Reinstitutionalisierung (vgl. oben Bd. I, S. 79, Anm. 98) argumentiert auch PAUL BOHANNAN, a. a. O., daß die Rechtsentwicklung immer in gewissem Maße ‹out of phase› sei im Verhältnis zur gesellschaftlichen Entwicklung. Eingehende historische Analysen über das Verhältnis von Rechtsentwicklung und Gesellschaftsentwicklung (namentlich Wirtschaftsentwicklung) für einen räumlich-zeitlich begrenzten Bereich verdanken wir den Arbeiten von JAMES WILLIAM HURST. Siehe: *The Growth of American Law: The Lawmakers*. Boston 1950; *Law and the Conditions of Freedom in the Nineteenth-Century United States*. Madison 1956; *Law and Social Progress in United States History*. Ann Arbor 1960; *Law and Economic Growth. The Legal History of the Lumber Industry in Wisconsin 1836–1915*. Cambridge/Mass. 1964. Vgl. ferner LAWRENCE M. FRIEDMAN, *Legal Culture and Social Development*. Law and Society Review 4 (1969), S. 29–44.

Sind sie als Freiheiten institutionell gesichert, können ihre Ursachen bei ihrer Ausübung normalerweise außer acht bleiben. Positivität des Rechts impliziert die Freiheit, sich durch Ansatz und Ergebnis von Analysen rational bestimmen zu lassen. Die Gesellschaft wird damit zum Objekt ihres eigenen Rechtsmechanismus; sie wird in einem ihrer Teilsysteme als Ganzes reflektiert.

Allgemein wird heute anerkannt, daß das Recht durch die gesellschaftliche Entwicklung mitbestimmt wird und sie zugleich mitzubestimmen vermag.[2] Damit sind Extremthesen abgewehrt, die niemand vertritt;[3] im übrigen aber ist noch nichts gewonnen. Für die wissenschaftliche Nachkonstruktion dieses Verhältnisses bieten sich verschiedene Formeln an. Das klassische Modell war das einer ‹Trennung von Staat und Gesellschaft›, in dem das Recht als die Form tätigen Staatslebens autonom gesetzt und der Gesellschaft gegenübergestellt wurde. Diese Form der Autonomie mußte jedoch mit dem Gebot der Beschränkung aufs Minimum bezahlt werden. Volle Autonomie ebenso wie minimale Interferenz haben sich als unhaltbar erwiesen. Die im ersten Kapitel erörterten Varianten der klassischen Rechtssoziologie hatten sich mit dieser Lage befaßt. Sie haben jedoch keinen Einfluß auf die Rechtspraxis gewonnen. Vielmehr hat sich in der Praxis des 20. Jahrhunderts ein konkret-politischer Pragmatismus herausgebildet, der gleichsam nach der Formel Wille-Widerstand-Kompromiß zu arbeiten scheint und verhältnismäßig untheoretische wissenschaftliche Begleitanalysen nahelegt. Ihre Ziele findet diese instrumentelle Konzeption der Rechtsetzung teils in der Befriedigung konkret vorgetragener gesellschaftlicher Wünsche und Interessen, teils – und vielleicht überwiegend – nur in Reparaturen am vorhandenen Normensystem.[4] Nicht anders als der Richter

---

2 Siehe z. B. YEHEZKEL DROR, *Law and Social Change*. Tulane Law Review 33 (1959), S. 787–801; auszugsweise auch in VILHELM AUBERT (Hrsg.), *Sociology of Law*. Harmondsworth, England 1969, S. 90–99; PER STJERNQUIST, *How Are Changes in Social Behaviour Developed by Means of Legislation?* In: *Legal Essays. Festskrift til Frede Castberg*. Kopenhagen–Stockholm–Göteborg 1963, S. 153–169; HELMUT COING, *Law and Social Development*. In: RAYMOND ARON/BERT F. HOSELITZ (Hrsg.), *Le développement social*. Paris–Den Haag 1965, S. 293–312; WILLIAM M. EVAN, *Law as an Instrument of Social Change*. In: ALVIN W. GOULDNER/ S. M. MILLER (Hrsg.), *Applied Sociology. Opportunities and Problems*. New York –London 1965, S. 285–293 (286 f); PHILIP SELZNICK, *Law. The Sociology of Law*. International Encyclopedia of the Social Sciences Bd. 9, 1968, S. 50–59 (56); WOLFGANG FRIEDMANN, Recht und sozialer Wandel. Frankfurt 1969, S. 13 ff.

3 nicht einmal WILLIAM G. SUMNER – trotz des berühmten Diktums ‹stateways cannot change folkways›. Dazu vgl. HENRY V. BALL/GEORGE E. SIMPSON/KIYOSHI IKEDA, *Law and Social Change. Sumner Reconsidered*. The American Journal of Sociology 67 (1962), S. 532–540.

4 Vgl. dazu die temperamentvolle Kritik von RUDOLF WIETHÖLTER, Die GmbH in einem modernen Gesellschaftsrecht und der Referentenentwurf eines GmbH-Gesetzes. In: Probleme der GmbH-Reform. Köln 1969, S. 11–41; ferner etwa FRIEDER NASCHOLD, Kassenärzte und Krankenversicherungsreform. Zu einer Theorie der Statuspolitik. Freiburg 1967.

arbeitet auch der Gesetzgeber in weitem Umfange mit historischer, nicht mit empirischer Methode.[5]

Vielleicht lassen sich aber die auf Positivität des Rechts gegründeten Freiheiten und Schranken einer gesellschaftsbezogenen Rechtspolitik anders und besser durchdenken. Wir sind von einer evolutionären Theorie der Gesellschaft und des Rechts ausgegangen, die Evolution als Effekt des Fungierens von Mechanismen der Variation, der Selektion und der Stabilisierung auffaßt, deren Zusammenwirken zur Steigerung von Systemkomplexität und zur Stabilisierung von unwahrscheinlichen Errungenschaften führt. *Wenn* diese drei Mechanismen auf kompatiblem Niveau eigener Komplexität fungieren, ist Evolution notwendig; und dafür ist es unerheblich, welche Ursachen diese Mechanismen bewegen und ob sie geplant sind oder nicht. Insofern weist die moderne Evolutionstheorie eher planungsindifferente, wenn nicht planungsfeindliche Züge auf.[6] Sie schließt die Frage nach einem geplanten gesellschaftlichen Wandel jedoch keineswegs aus, sondern gibt ihr gerade bestimmte Konturen jenseits aller klassischen Vorstellungen von Zweckrationalität.

Absehbare Formen der Systemplanung können sich auf die stabilisierende Funktion und ihre Mechanismen beziehen. Von da her wäre die Selektivität zu steuern. Das heißt: Bei der Systemplanung müßte mit System/Umwelt-Modellen gearbeitet werden, die die höhere Komplexität der Systemumwelt und damit die Notwendigkeit laufender Selektion in die Betrachtung einbeziehen und gleichsam mitstabilisieren. Völlig offen ist die Frage der Planung von Variationen erzeugenden Mechanismen, der Planung von Zufall.[7] Deshalb liegt auch eine systemtheoretische Planung von Evolution außerhalb dessen, was wissenschaftlich zur Zeit absehbar ist. Gleichwohl ist erkennbar, daß und unter welchen Bedingungen sich *innerhalb* der evolutionären Mechanismen das Gewicht geplanter im Vergleich zu ungeplanten Verläufen verschiebt.

Die zunehmenden Anforderungen an Planung, die heute zu beobachten

---

[5] Zur Kritik siehe bereits BODEN, Über eine experimentelle Methode der Gesetzgebung. Archiv für die gesamte Psychologie 33 (1915), S. 355–372; ferner die Forderung einer experimentellen, erfahrungswissenschaftlich orientierten Jurisprudenz bei FREDERICK K. BEUTEL, *Some Potentialities of Experimental Jurisprudence as a New Branch of Social Science*. Lincoln 1957. Heute wird man die Kritik beibehalten, aber das Wissenschaftsvertrauen weniger hoch ansetzen.

[6] So besonders der unseren Überlegungen nahestehende Versuch von DONALD T. CAMPBELL, *Variation und Selective Retention in Socio-Cultural Evolution*. General Systems 14 (1969), S. 69–85. Siehe dazu (unter der eher irreführenden Bezeichnung als ‹collectivistic approach›) auch AMITAI ETZIONI, *The Active Society. A Theory of Societal and Political Processes*. London–New York 1968, S. 65 ff und passim.

[7] Eine Vorstufe dazu ist das Erkennen der Funktionalität von Zufall. Vgl. dazu VILHELM AUBERT, *Chance in Social Affairs*. Inquiry 2 (1959), S. 1–24. Zu den Schwierigkeiten der planmäßigen Erzeugung von Zufälligkeit in sozialen Systemen ferner STAFFORD BEER, *Kybernetik und Management*. Frankfurt 1962, S. 216 ff.

sind, hängen mit einer Verlagerung des ‹evolutionären Engpasses› zusammen. Innerhalb der drei evolutionären Funktionen des Variierens, Selektierens und Stabilisierens verschiebt sich der Problemschwerpunkt, der die weitere Entwicklung steuert. Lag das Problem archaischer Gesellschaften in der strukturell bedingten Alternativenarmut, also in der geringen Varietät, und lag das Problem der hochkultivierten Gesellschaften in der geringen Leistungsfähigkeit und den Legitimationsschranken ihrer selektiven Verfahren, so scheint heute mehr und mehr die kategoriale Struktur des Rechts derjenige Aspekt zu sein, dessen zu wenig leistungsfähige Fassung die Chancen weiterer Entwicklung formt – natürlich nicht allein formt, aber mitformt.

Die Kategorien des Rechtsdenkens haben eine stabilisierende Funktion, indem sie es ermöglichen, die in Verfahren gewonnenen Entscheidungsergebnisse aufzubewahren und in neuen Situationen wiederzuverwenden. Ihr Abstraktionsstil dient daher zunächst der Erleichterung des Zugriffs auf Sinnablagerungen vergangener Verfahren. Die Schematisierung *neuer* Entscheidungsmöglichkeiten bleibt dabei zunächst ein Nebenprodukt der Abstraktion, die anderen Zwecken dient. Sobald Recht von Rechts wegen änderbar wird, stellt sich die Frage nach dem Orientierungskontext solcher Änderungen jedoch in neuer Weise. Sie kann dann nicht mehr rechtsimmanent, sondern nur noch in bezug auf die Gesellschaft entfaltet werden, muß also in einer Theorie der Gesellschaft ihre Führung gewinnen. Das Recht muß als eine Struktur der Gesellschaft, die Rechtskategorien müssen als Kategorien gesellschaftlicher Planung gesehen werden. Die Sicherung der Kontinuität des Erwartens wird als Teilmoment in den Planungskontext aufgenommen und auf ihn relativiert. Stabilität ist nicht mehr Voraussetzung, Stabilisierung ist das Problem planerischen Entscheidens.

Da es sich um die Orientierung eines dynamischen Instrumentariums an einem in sich dynamischen Tatbestand handelt, genügt es nicht, den strukturellen Aufbau der Gesellschaft zu beschreiben; vielmehr müssen die durch ihn ausgelösten und die durch ihn ermöglichten Prozesse struktureller Veränderung, darunter der Rechtsprozeß selbst, erfaßt werden.[8] Eine dazu befähigte Theorie gesellschaftlichen Wandels, in der auch Möglichkeiten der Entscheidung über den gesellschaftlichen Wandel mitberücksichtigt werden könnten, steht nicht zur Verfügung und ist kurzfristig nicht aufzubauen.[9] Es fehlen die theoretischen Leitlinien für einen Umbau

---

8 In der gleichen Richtung, aber mit andersartigen Konzepten, sucht AMITAI ETZIONI, a. a. O., eine makrosoziologische Theorie, die eine integrierte Erforschung ungeplanten und geplanten sozialen Wandels leisten kann. Vgl. auch DERS., Elemente einer Makrosoziologie. In: WOLFGANG ZAPF (Hrsg.), Theorien des sozialen Wandels. 2. Aufl. Köln–Berlin 1970, S. 147–176.

9 Selbst die logischen Probleme, deren Lösung der Aufbau einer solchen Theorie über Prozesse mit eingebauter Reflexion voraussetzen müßte, sind völlig ungeklärt. Zum Evolutionsproblem speziell unter dieser Hinsicht GOTTHARD GÜNTHER, Logik, Zeit, Emanation und Evolution. Köln–Opladen 1967; und, im Anschluß an

des formulierten Rechtsgefüges in eine gedankliche Ordnung, die gesellschaftlichen Wandel steuern könnte, und dieser Fehlbestand ist nicht nur als wissenschaftliches Programm, sondern auch als ein faktisches Moment der gegenwärtigen Situation zu sehen: Er läßt die Schwierigkeiten einer Übergangslage erkennen, in der das Recht zwar verfahrensmäßig und sozusagen dogmatisch positiviert ist, aber eine entsprechende Begrifflichkeit nachentwickelt werden muß.

In dieser Lage empfiehlt es sich, zunächst einmal aus einem weiten, sehr heterogenen Einzugsbereich Erfahrungen und Gedanken zusammenzutragen, die Elemente zu einer gesellschaftsbezogenen Rechtspolitik beisteuern können. Wir wissen (1) einiges über gesellschaftsstrukturelle Bedingungen eines steuerbaren sozialen Wandels. Wir können uns ferner (2) das begriffliche Instrumentarium des geltenden Rechts an einigen Beispielen daraufhin ansehen, ob und wie es in den Dienst einer kontrollierten Veränderung gesellschaftlicher Verhältnisse treten kann. Im Anschluß daran werden wir (3) der Frage nachgehen, ob das heutige positive Recht nicht nur in seiner kategorialen Struktur, sondern auch in seiner regionalen politischen Verankerung den Anschluß an die Entwicklungen des Gesellschaftssystems verliert, die deutlich auf die Konstitution einer einheitlichen Weltgesellschaft hinauslaufen. An den Schluß des Kapitels stellen wir (4) die Frage der Planung des Rechts in einem zukunftsoffenen Zeithorizont.

1. Bedingungen eines steuerbaren sozialen Wandels.

Unter ‹sozialem Wandel› wird nicht schlechtweg der Prozeßaspekt menschlichen Zusammenlebens verstanden, nicht die Interaktion in ihrem Verlauf, nicht zum Beispiel der Ablauf eines Rechtsverfahrens, sondern eine Veränderung der Struktur solcher Interaktionen.[10] Unter Struktur verstehen wir die jeweils nicht problematisierten, sinnhaften Voraussetzungen über ein soziales System und sein Verhältnis zur Umwelt, auf die man sich in der Interaktion einläßt. Sinnbezüge, die als Struktur fungieren, werden insoweit als feststehende Prämissen behandelt, was nicht hindert, daß sie sich gleichwohl ändern – sei es bemerkt, sei es unbemerkt, sei es abrupt und durch absichtsvolle Entscheidung, sei es im Laufe eines bewußt miterlebten, als unvermeidlich geltenden Geschehens. Wie bereits mehrfach betont, hängt die Funktion eines strukturgebenden Sinngehalts nicht von absoluter

---

Günther, Walter Bühl, Das Ende der zweiwertigen Soziologie. Soziale Welt 20 (1969), S. 163–180.

Zum Stande der soziologischen Diskussion siehe im übrigen Karl Hermann Tjaden, Soziales System und sozialer Wandel. Untersuchungen zur Geschichte und Bedeutung zweier Begriffe. Stuttgart 1969, zugleich ein Beleg für das vollständige Ignorieren des Rechts als Mechanismus sozialer Veränderung.

10 Siehe an zusammenfassenden neueren Publikationen etwa Wilbert E. Moore, *Social Change*. Englewood Cliffs/N. J. 1963, deutsch: Strukturwandel der Gesellschaft. München 1967; Tjaden, a. a. O.; Wolfgang Zapf (Hrsg.), Theorien des sozialen Wandels, a. a. O. (mit Bibliographie.)

Invarianz ab, sondern nur davon, daß er, wenn er als Struktur fungiert, nicht zugleich verändert wird.

Diesen Gedanken haben wir als Grundlage der Veränderbarkeit des Rechts selbst erörtert. Jetzt geht es um den viel weiteren Rahmen der Struktur des Gesellschaftssystems im ganzen und der Strukturen der in ihm sich bewegenden sozialen Systeme. Die Gesamtheit der in der Gesellschaft als Struktur fungierenden Prämissen läßt sich nicht auf normative Erwartungen, geschweige denn auf das Recht selbst reduzieren.[11] Weder das Differenzierungsprinzip, noch die leitenden Wertgedanken einer Gesellschaft (nicht einmal der Wert der Gerechtigkeit), noch die vielen Selbstverständlichkeiten, noch die als kognitiv ausdifferenzierten Erwartungsstrukturen pflegen im positiven und technischen Sinne juridifiziert zu sein. Die Gesellschaft selbst kann nicht allein von ihrer Rechtsverfassung her begriffen werden. Das Recht ist nur ein strukturelles Moment unter anderen. Deshalb kann ein adäquates Verständnis der Gesellschaftlichkeit des Rechts nicht allein durch Exegese und Interpretation erreicht werden und sich auch nicht in der Durchsetzungsvorsorge erschöpfen. Vielmehr muß die Rechtssoziologie von der Frage der *strukturellen Kompatibilität des Rechts* ausgehen.

In der überblickbaren Gesellschaftsgeschichte wird der Bedeutungsanteil des Rechts als sehr hoch, wenn nicht als konstituierend eingeschätzt. In der Tat scheinen Politik und Recht bis in die neuere Zeit hinein die evolutionär führenden Mechanismen gewesen zu sein. Für diesen Primat war nicht die Form einer Gesellschaftsplanung oder gar einer geplanten Gesellschaftsentwicklung bestimmend gewesen. Vielmehr war er begründet in bestimmten Eigenarten normativer Mechanismen, nämlich in ihrer vergleichsweise hohen Generalisierbarkeit und ihrer leichten Institutionalisierbarkeit, die sie befähigen, riskierte Institutionenbildungen abzustützen. Normatives Erwarten ist kontrafaktisches Erwarten und kann daher im Verhältnis zur Realität leicht ‹überzogen› werden. Für fest behauptete, jedenfalls durchzuhaltende Erwartungen lassen sich zudem leichter Mitengagements und Konsensaussichten beschaffen, läßt sich leichter ein Konformitätsdruck erzeugen [12] als für lernbereite Erwartungen, bei denen der Konsens gleichsam für noch unbestimmte Änderungen miterteilt werden muß. Auf diese Weise

---

11 Für den Versuch, den Strukturbegriff auf normativ stabilisierte Verhaltensmuster (aber nicht allein auf Recht, sondern vor allem auch auf Sprache und andere Kommunikationsmedien) zu beschränken, ist die soziologische Theorie von TALCOTT PARSONS repräsentativ. Vgl. die Nachweise Bd. I, Kap I., Anm. 22 und 23. Der dabei verwendete Normbegriff bleibt jedoch ebenso unklar wie die genaue Funktionsweise und die Tragweite des Normierens für Probleme der Stabilisierung. Selbst im näheren Umkreis von PARSONS wird diese Verengung des Strukturbegriffs heute nicht mehr akzeptiert (oder, was auf dasselbe hinausläuft, das Fehlen eines Strukturbegriffs moniert). Vgl. LEON MAYHEW, *Action Theory and Action Research*. Social Problems 15 (1968), S. 420–432.

12 Dies belegen die Ergebnisse von PETER M. BLAU, *Patterns of Deviation in Work Groups*. Sociometry 23 (1960), S. 245–261 (258 f).

kommt es, wie man in kleinen Gruppen täglich beobachten kann, zu Prozessen ‹moralischer Selbstaufwertung› des je eigenen Systems, die ins Irrealistische gehen,[13] aber auch zu erfolgreicher Abhebung von geläufigen Selbstverständlichkeiten, zu zukunftsreichen Innovationen führen kann. Die bessere Generalisierbarkeit des Wünschbaren und des Normativen [14] tritt so in den Dienst des Aufbaus unwahrscheinlicher Strukturen und absorbiert deren Risiken, ohne daß es zu einer planvollen Entwicklung kommt. Getragen von ungeplant vorliegenden Selbstverständlichkeiten werden normative Strukturen kraft ihrer Eigenart zum Risikoträger der gesellschaftlichen Evolution. Nie ist die Gesellschaft faktisch ein Rechtsinstitut, etwa ein Vertrag; sie wird jedoch als Rechtsverhältnis symbolisiert, solange das Recht ihre riskanten evolutionären Errungenschaften, etwa Herrschaft, Frieden, Verfahren, bindende Verträge, Geld stabilisiert.

Hat sich seitdem, vor dieser Frage stehen wir heute, der Stellenwert der normativen Mechanismen, besonders des Rechts, geändert? Trägt er unter veränderten gesellschaftlichen Bedingungen in anderer Weise zum sozialen Wandel bei? Und wo finden sich dann die strukturkritischen Probleme und die Engpässe weiterer gesellschaftlicher Entwicklung?

Unser Überblick über die Entwicklung des positiven Rechts zeigt, daß trotz Einbaus kognitiver Elemente in den Prozeß der Rechtsetzung die Normativität des Rechts ein dominierendes Strukturmoment bleibt. Sie trägt gegenüber einer kontingenten, möglicherweise abweichenden Realität die ‹Geltung› von Erwartungen, dient also zur Kontingenzausschaltung auf der Ebene des Erwartens und in diesem Sinne nach wie vor zur Absorption von Risiken bei prekären Erwartungen. Die Veränderungen finden sich in dem Systemkontext, der diese Funktion erfordert und die entsprechenden Einrichtungen ausbildet. Hier kommt es zu steigender Komplexität, zu zunehmender funktionaler Differenzierung mit zunehmender Divergenz von Erwartungsprojektionen, zur Abstraktion von Wertgesichtspunkten und vor allem zu steigenden Tempo-Anforderungen im ständigen Wechsel der Erlebnis- und Handlungsfelder. Mit all dem verschieben sich die Problemperspektiven und die strukturellen Kompatibilitäten des Rechts.

In stark vereinfachter Argumentation kann man diesen Umbau der Problemperspektiven auf einen Typenunterschied bringen: Das Problem liegt jetzt weniger in der *Höhe des Erwartungsrisikos*, das man von einem *gegebenen Fundus an Selbstverständlichkeiten aus* im geltenden Recht absorbieren kann. Es verlagert sich in die Frage der *Aufnahmefähigkeit der Gesellschaft* für Recht, das unter *einseitigen* Gesichtspunkten im *Widerspruch zu strukturell bedingten* (also auch berechtigten, zumindest sinnvollen, vertretbaren) *normativen Erwartungshaltungen neu gesetzt wird.*

---

13 Dazu CLAUDE C. BOWMAN, *Distortion of Reality as a Factor in Morale.* In: ARNOLD M. ROSE (Hrsg.), *Mental Health and Mental Disorder.* London 1956, S. 393–407.
14 Die hierzu verfügbare sozialpsychologische Forschung resümiert RALPH M. STOGDILL, *Individual Behavior and Group Achievement.* New York 1959, S. 59 ff.

Nicht mehr die Weite des Horizonts der Rechtfertigungsmöglichkeiten im Anschluß an das Vorhandene ist das Problem, das die Innovationsschwierigkeiten faßt; diese Weite ist nahezu unendlich geworden. Bei weitem nicht alles, was in ihr anschließbar und dadurch möglich ist, läßt sich im sozialen System der Gesellschaft auch unterbringen. Die Widersprüchlichkeit der zugleich benötigten, strukturell verfestigten Orientierungen ist in einem Maße gewachsen, daß das Gesellschaftssystem einen Zustand ansteuert, in dem alles möglich und nichts mehr durchführbar ist – nämlich jede Neuerung juridifizierbar ist, sich aber auf dem Wege der Realisation früher oder später an gleichfalls berechtigten Gegenpositionen aufreibt. Die Problemlage eines solchen Gesellschaftssystems kann nicht mehr durch einen Gegensatz von Bewahrung und Neuerung charakterisiert und in einem entsprechenden Konflikt politisch ausgetragen werden. Wer nur konservativ denkt, wird zu revolutionär vorgehen, weil er das zu Bewahrende selektiv bestimmen muß, und ebenso einseitig konserviert der Revolutionär die immer noch nicht erfüllten Werte einer vergangenen Zeit.[15] Das Problem liegt in der *Vermittlung notwendig einseitiger Neuerungen mit der nicht statisch, sondern dynamisch gegebenen Systemlage unter hinreichend abstrakten, langfristig sinnvollen Kategorien.*

Einen zweiten Gedankengang müssen wir hinzunehmen. Wenn wir die Frage nach den Bedingungen steuerbaren sozialen Wandels durchdenken, stoßen wir auf das sehr viel prinzipiellere Problem, ob und wie sich eine Einzelhandlung überhaupt sinnhaft-intentional auf ein komplexes System beziehen kann. Ist sie und bleibt sie, wenn sie ihren Handlungssinn, ihren Zweck, ihren Gesinnungsgehalt spezifiziert, nicht notwendig Teil im System? ‹Das System› und ‹das Recht› können, sofern diese Begriffe eine Gesamtheit von Sachverhalten bezeichnen, ja nie geändert und auch nie konstant gehalten werden, sondern das ist nur möglich für bestimmte Systemmerkmale, bestimmte Erwartungen, bestimmte Paragraphen.[16] Ebenso problematisch ist es, in bezug auf ‹das System› oder ‹das Recht› Zugehörigkeit bzw. Nichtzugehörigkeit oder Gehorsam bzw. Ungehorsam moralisch zu bewerten. Bei hinreichend komplexen Systemen, besonders gesellschaftlichen, lassen sich Wertbezüge stets für und gegen eine Einzelhandlung herstellen; und zur Disposition steht, da solche Systeme in sich dynamisch sind, nicht die Alternative der Systemerhaltung oder -veränderung, sondern allenfalls die Richtung der systemerhaltenden Veränderung. Nur *Handlungs*intentionen richten sich unter Ja/Nein-Zwang auf

---

[15] Hierzu auch NIKLAS LUHMANN, Status quo als Argument. In: HORST BAIER (Hrsg.), Studenten in Opposition. Beiträge zur Soziologie der deutschen Hochschule. Bielefeld 1968, S. 73–82.

[16] Wir treffen uns hier mit der berechtigten methodologischen Kritik einer lediglich auf den ‹Bestand des Systems› bezogenen funktionalen Theorie. Siehe vor allem ERNEST NAGEL, *Logic Without Metaphysics.* Glencoe/Ill. 1956, S. 247 ff. Ähnliche Bedenken kleiden sich oft in den Vorwurf einer ‹Reifikation› des Systembegriffs.

solche Dichotomien. Im *System* des Handelns heben sie sich auf in einem Verhältnis wechselseitiger Bedingung: Erhaltung und Veränderung bedingen sich wechselseitig, ebenso wie Werte sich wechselseitig bedingen, da die Bewertung eines Wertes nicht unabhängig vom Erfüllungsstand anderer Werte erfolgen kann.

Bei einer genaueren begrifflichen Analyse stößt man mithin auf eine *logische Diskontinuität zwischen Handlung und System* und damit auf die Notwendigkeit, in mehreren Sinnebenen nebeneinander zu denken. Zugleich wissen wir aber, daß das Leben sich in dieser Hinsicht über die Logik hinwegsetzt und solche Verbindungen doch herstellt. Die Frage ist nur: wie?[17] Wir können unser Thema daher auch in die Fragen kleiden, welche Formen des Überspringens solcher Diskontinuitäten institutionalisierbar sind, wie diese Formen mit Veränderungen der Systemkomplexität variieren und ob sie zur Bewirkung von Strukturänderungen in hochkomplexen Gesellschaften geeignet sind.

In großen, komplexen Sozialsystemen.[18] gibt es eine Reihe verschiedener Formtypen, in denen erreicht wird, daß der Sinn von Einzelhandlungen für ein Systemganzes steht. Sie bilden sich im Anschluß an *Grenzprobleme*[19] oder an *generalisierte, das System symbolisierende Sinngehalte* oder in der Form von *Hierarchie*, in der die ‹oberen Teile›, obwohl Teile, repräsentativ für das Ganze handeln können. Innerhalb dieses Formenrepertoires, das man aus den erörterten klassischen Hochkulturen kennt, war Systemrepräsentanz im Handeln institutionalisierbar gewesen, sogar mit Einbau gewisser Möglichkeiten adaptiver Strukturänderung.[20] Diese Lösung war jedoch an (wie immer empirisch bestimmbare) ‹Kapazitätsgrenzen› in den Institutionen gebunden, die heute weit überschritten sind. Angesichts des laufenden und komplex verschränkten Strukturänderungsbedarfs der modernen Gesellschaft ist weder der Kampf gegen gemeinsame Feinde, noch die Rechtfertigung in gemeinsamen Glaubensgrundsätzen, noch hierarchische Herrschaft eine geeignete Form, Handlung auf das Gesellschaftssystem zu beziehen. Kennzeichnend scheint vielmehr, zumindest auf den ersten Blick, die *Nichtinstitutionalisierbarkeit einer direkt intentionalen*

---

17 Diese Problemfassung findet sich für System/Teilsystem-Verhältnisse auch bei ODD RAMSÖY, *Social Groups as System and Subsystem*. New York–London 1963, S. 190 ff.

18 TALCOTT PARSONS spricht von ‹collectivities›, wenn soziale Systeme eine gemeinsame Wertorientierung so ausbilden, daß für das System gehandelt werden kann. (Definitionen des Begriffs und Sprachgebrauch schwanken allerdings.) Siehe z. B. *The Social System*. Glencoe/Ill. 1951, S. 96 ff, und DERS./NEIL J. SMELSER, *Economy and Society*. Glencoe/Ill. 1956, S. 15.

19 Dies wiederum ist in mindestens zwei Formen möglich: im *Kampf* gegen ‹Feinde des Systems› oder in der Form von *Eintritts- oder Austrittsentscheidungen*. Der letztere Fall ist konstitutiv für die strukturelle Identität von Organisationen. Siehe im einzelnen NIKLAS LUHMANN, *Funktionen und Folgen formaler Organisation*. Berlin 1964.

20 wie wir sie vor allem am Falle des Hierarchiemodells erörtert haben; siehe oben Bd. I, S. 197.

Beziehung von Handlung und System zu sein. Unter solchen Umständen können Bedingungen steuerbaren gesellschaftlichen Wandels nicht mehr deckungsgleich sein mit dem Sinn des Handelns, das die Gesellschaft verändern will. Sie bestehen auch nicht mehr einfach in einer Art *ius eminens*: in dem Recht, verändernd einzugreifen, um das gemeine Wohl zu fördern. Vielmehr finden sie sich in dem Gesellschaftssystem selbst. Dessen Strukturen können nicht beliebig gebaut sein; sie müssen die Auslösbarkeit von Strukturänderungen ermöglichen, durch welche das System sich Umweltveränderungen anpassen und interne Spannungen umstrukturieren kann. Die systemstrukturellen Komplementärbedingungen des positiven Rechts, ohne welche Positivität als Institution funktionslos wäre, sind in solchen inneren Elastizitäten zu suchen. Dementsprechend müssen die Bedingungen struktureller Kompatibilität des Rechts abstrakter definiert werden. Sie liegen nicht mehr allein in einer harmonischen Übereinstimmung mit den Wertungsgrundlagen der Gesellschaft, die ja selbst disharmonisch geworden sind. Kompatibel ist das Recht in dem Maße, als die Bedingungen seiner Veränderung mit den Bedingungen gesellschaftlichen Wandels in Übereinstimmung gebracht werden können (was impliziert, daß auch die Bedingungen der Nicht-Veränderung integrierbar sind). Mit Bemühungen um eine Ausfüllung dieser Formel nähern wir uns einer Antwort auf die Frage nach den Bedingungen rechtlich steuerbaren sozialen Wandels.

Auf dem Wege dahin stößt man unter anderem auf zwei verschiedene Modellvorschläge, die sich zur Zeit im Stadium theoretischer Abklärung und empirischer Prüfung befinden und uns Anhaltspunkte zu liefern vermögen.[21] Im einen Fall handelt es sich um den Gedanken einer ‹Doppelhierarchie› von Steuerungs- und Konditionierungsprozessen, den TALCOTT PARSONS als Rahmentheorie für Forschungen auf dem Gebiete des sozialen Wandels und der Institutionalisierungsprozesse vorgeschlagen hat und den LEON H. MAYHEW auf dem Gebiet des Rechts weiterbearbeitet. Im anderen Falle ist die ‹Dreistufen-Hypothese› von ADAM PODGÓRECKI gemeint. Eine kurze Vorstellung dieser Forschungsansätze wird zeigen, daß es sich um Vertreter jener neuartigen Problemperspektiven des positiven Rechts handelt, die wir meinen.

Als kybernetische Hierarchie bezeichnet PARSONS das Steuerungsverhältnis des allgemeinen Handlungssystems, das auf einem Gegensatz von Information und Energie beruht.[22] Diejenigen Aspekte, die verhältnismäßig

---

[21] Darüber hinaus gibt es namentlich in der *niederländischen* und in der *skandinavischen* Rechtssoziologie einschlägige Forschungen. Vgl. die Berichte von JAN F. GLASTRA VAN LOON und TORSTEIN ECKHOFF in: RENATO TREVES (Hrsg.), *La sociologia del diritto. Problemi e ricerche*. Mailand 1966, englisch übersetzt: RENATO TREVES/JAN F. GLASTRA VAN LOON (Hrsg.), *Norms and Actions. National Reports on Sociology of Law*. Den Haag 1968.

[22] In den Veröffentlichungen PARSONS' liegen nur sehr kursorische Darstellungen vor, die voraussetzen, daß Information und Energie klare Begriffe seien, und sogleich zu verschiedenartigen Anwendungen des allgemeinen Schemas übergehen. Für eine frühe Darstellung siehe TALCOTT PARSONS, *Durkheim's Contribution to*

informationsintensiv und energiearm sind, übernehmen durch Ausdifferenzierung in besonderen Teilsystemen, namentlich dem kulturellen System, eine Steuerungsfunktion, während die energiestarken Aspekte die Bedingungen stellen, deren Aktivierung und Mobilisierung das System belebt und in seiner Umwelt erhält. Das Auseinanderziehen dieser Funktionen nach oben bzw. unten und ihre Spezialisierung in besonderen Teilsystemen, deren Vermittlung vom sozialen System und der Persönlichkeit getragen wird, ermöglicht den Aufbau hoher Selektivität im System. Hierarchische Differenzierung erhöht damit die generalisierten Anpassungsfähigkeiten des Systems, bedeutet aber zugleich, daß die Realisierung der kulturellen Wertmuster durch andere Teilsysteme des Aktionssystems mitbedingt, gefiltert, gebremst, abgebogen wird. Für diesen Vermittlungsvorgang steht bei PARSONS heute (nach einer wechselvollen Vorgeschichte) der Begriff der Institutionalisierung.[23] Institutionalisierung erfordert bei zunehmender gesellschaftlicher Komplexität (1) im Bereich der Werte selbst Spezifikationen, (2) im Bereich der sozialen Integration eine ideologische Steuerung des Erlebens durch gemeinsame Formen des Glaubens und der Wahrnehmung der Lebensbedingungen, (3) im Bereich der persönlichen Bedingungen Verfestigung und Befriedigung persönlich-motivierender Interessen und schließlich (4) Jurisdiktion im Sinne eines Zugangs zu ‹letzten Mitteln› physischer Verwirklichung, prototypisch: Zwang.

Daran anknüpfend (und also im Bezugsrahmen von ‹Differenzierung›, ‹Generalisierung›, ‹Spezifikation› und ‹Systemvermittlung›) untersucht LEON H. MAYHEW den Prozeß der Institutionalisierung von Recht.[24] Als Leitproblem dient weniger die Neuheit als die Einseitigkeit der Spezifikation von Werten, die im Rechtsprozeß durchgesetzt werden sollen. Entsprechend erklären sich der Widerstand gegen neues Recht, der hohe Grad von Nicht-

---

the Theory of Integration of Social Systems. In: KURT W. WOLFF (Hrsg.), Emile Durkheim 1858–1917. Columbus/Ohio 1960, S. 118–153 (122 ff). Als neuere Formulierungen vgl. DERS., Die jüngsten Entwicklungen in der strukturell-funktionalen Theorie. Kölner Zeitschrift für Soziologie und Sozialpsychologie 16 (1964), S. 30–49 (insbes. 36 f); CHARLES ACKERMAN/TALCOTT PARSONS, The Concept of ‹Social System› as a Theoretical Device. In: GORDON J. DIRENZO (Hrsg.), Concepts, Theory, and Explanation in the Behavioral Sciences. New York 1966, S. 19–40 (34).

23 Vgl. TALCOTT PARSONS, An Approach to the Sociology of Knowledge. Transactions of the Fourth World Congress of Sociology. Mailand 1959, Bd. IV. Neu gedruckt in: DERS., Sociological Theory and Modern Society. New York–London 1967, S. 139–165 (142 ff); DERS., Interaction. Social Interaction. Encyclopedia of the Social Sciences, Bd. 7. New York 1968, S. 429–441 (437). Zur Klarstellung sei angemerkt, daß dies ein ganz anderer Begriff von ‹Institutionalisierung› ist als der, den wir oben Bd. I, S. 64 ff eingeführt haben.

24 Law and Equal Opportunity. A Study of the Massachusetts Commission Against Discrimination. Cambridge/Mass. 1968. Vgl. auch DERS., Action Theory and Action Research. Social Problems 15 (1968), S. 420–432; DERS., Law. The Legal System. International Encyclopedia of the Social Sciences, Bd. 9. New York 1968, S. 59–66.

durchführung von Gesetzen, das Entgleisen guter Absichten in der Praxis nicht aus der Neuheit als solcher, sondern aus der Multifunktionalität einer gegebenen Ordnung, in die hinein etwas Bestimmtes geändert werden soll. Nicht das Alter oder die pure Faktizität des Vorhandenseins erklären die Schwierigkeiten der Neuerung, sondern die auch berechtigten, auch vertretbaren Gründe des Vorhandenen: seine eigene Funktionalität. Das Postulat der Herstellung von Rassengleichheit etwa, dessen Durchführbarkeit MAYHEW untersucht, gerät im Prozeß der Durchführung in Konflikt mit den Erfordernissen wirtschaftlicher Rationalität – Diskriminierung kann wirtschaftlich rational, ja der Marktlage nach geboten sein – und mit berechtigten Interessen an geschützten Intimbereichen, so in Fragen des Wohnens und der Nachbarschaft. Wenn in diesen Bereichen Freiheit ein systemstrukturelles Erfordernis ist und als Wert geschätzt wird, kann nicht zugleich volle Rassengleichheit erreicht werden. Mann kann klein anfangen, sich mit Kompromissen und Teilerfolgen begnügen und langfristig auf mysteriöse Prozesse der Erziehung oder der von selbst kommenden Nutzenoptimierung hoffen; oder man kann das System als Ganzes verdammen, es zum Beispiel als ‹kapitalistisch› ablehnen, und hoffen, daß mit einer revolutionären Änderung des *Prinzips alles* anders wird. In beiden Fällen zeigt schon eine *Analyse* des Problems, daß die Hoffnungen auf eine Lösung unrealistisch sind, weil sie die strukturellen Probleme des Aufbaus komplexer Sozialsysteme außer acht lassen.

Bevor wir uns auf weitere Überlegungen einlassen, soll ein Blick auf das sozialistische Lager zeigen, daß dort die Probleme weder praktisch noch theoretisch anders liegen, sofern man nur abstrakt genug vergleicht. Auch dort gibt es keine Omnipotenz des Gesetzgebers, die den gesellschaftlichen Wandel in Richtung auf bestimmte Ziele lenken könnte. Auch dort ist der Rechtsetzungsprozeß nur ein Element in einer Vielzahl zusammenwirkender Faktoren.[25] Auch dort muß eine in spezifischen Funktionsrichtungen forcierte Rechtspolitik mit Nachteilen in anderen Hinsichten erkauft werden.[26] Und auch dort beginnt die Theorie, auf Systemvermittlungen bei der Verwirklichung von positivem Recht zu achten. Das lehrt die Rechtssoziologie von ADAM PODGÓRECKI.[27]

---

25 Vgl. zum Beispiel GREGORY J. MASSEL, *Law as an Instrument of Revolutionary Change in a Traditional Milieu. The Case of Soviet Central Asia.* Law and Society Review 2 (1968), S. 179–228.

26 So zum Beispiel die an sich begrüßenswerte Psychologisierung und Psychiatrisierung der Rechtspflege mit Nachteilen in bezug auf ‹rechtsstaatliche› Werte, insbesondere Gleichheit, Berechenbarkeit, Gerechtigkeit. Vgl. dazu HAROLD J. BERMAN, *Law as an Instrument of Mental Health in the United States and Soviet Russia.* University of Pennsylvania Law Review 109 (1961), S. 361–376. Aus ‹westlicher› Sicht zum gleichen Problem ferner VILHELM AUBERT, *Legal Justice and Mental Health.* Psychiatry 21 (1958), S. 101–113, und DERS. mit SHELDON L. MESSINGER, *The Criminal and the Sick.* Inquiry 1 (1958), S. 137–160.

27 In deutscher Übersetzung ist verfügbar: ADAM PODGÓRECKI, Dreistufen-Hypothese über die Wirksamkeit des Rechts (Drei Variable für die Wirkung von Rechtsnormen). In: ERNST E. HIRSCH/MANFRED REHBINDER (Hrsg.), Studien und

Podgórecki sieht die Durchführung gesetzgeberischen Willens gebrochen und gefiltert durch mehrere Variable, nämlich durch das sozioökonomische System (etwa das, was wir Gesellschaft nennen), durch mehr oder minder abweichende rechtliche Subkulturen, die nach eigenen Normauffassungen leben, und durch Persönlichkeitsstrukturen. Je nach diesen Modifikationsprozessen kann ein und derselbe Gesetzestext sehr verschiedene reale Bedeutung gewinnen oder auch seine Bedeutung verändern oder können umgekehrt verschiedene Texte auf ein und denselben Realzustand hinauslaufen. Trotz der verschiedenartigen Bezeichnungen (System, Kultur, Struktur) läßt sich rasch erkennen, daß es sich in allen drei Fällen um (soziale bzw. psychische) Systeme handelt, deren Differenzierung und Interdependenz die gesellschaftliche Realität ausmachen. Eine genaue empirische Erforschung dieser Zusammenhänge wird als Voraussetzung einer rationalen, sozialtechnologischen Rechtspolitik angesehen: Sie «vermittelt die nötigen Hinweise dafür, wie man Personen findet, die die gesetzlichen Anordnungen wirksam erfüllen, und wo mit Widerstand zu rechnen ist».[28] Auch hier ist das Problem nicht ausreichend durchdacht, wie in hochkomplexen Systemen strukturändernde Aktion überhaupt möglich ist; oder, um es noch knapper zu formulieren, wie es möglich ist, durch *eine Handlung* auf *komplexe Systeme* ändernd einzuwirken. Daß dies möglich und sinnvoll sei, wird vorausgesetzt. Die Positivität des Rechts ist dann nicht mehr Element einer Systemstruktur, sondern Änderungsinstrument, die Problemperspektive wird instrumental, die Schwierigkeiten der Durchführung werden als Widerstände angesehen und in dieser Fassung politisierbar. Dies ist keine falsche und keine vermeidbare oder zu vermeidende Auslegung unseres Problems; aber es ist nicht die einzig mögliche und nicht die umfassendste.

Gemeinsam ist den erörterten Forschungsansätzen – und dahin hatten auch die vorausgeschickten grundsätzlicheren Überlegungen geführt –, daß die Empfänglichkeit einer Gesellschaft für rechtsförmig veranlaßte Strukturänderungen als eine Frage gesehen wird, auf die es verschiedene (und nicht nur moralische) Antworten geben kann. Es kommt also darauf an, diejenigen strukturellen Eigentümlichkeiten einer Gesellschaftsordnung zu erkennen, von denen ihre rechtliche Umstrukturierbarkeit abhängt. Dafür müssen wir Begriffe, Diskussionen und Forschungen heranziehen, die in der allgemeinen Soziologie außerhalb jeden Kontaktes mit Rechtsfragen entwickelt worden sind, und zwar (1) die Unterscheidung von zugeschriebenem (*ascribed*) und erworbenem (*achieved*) Status, (2) die Unterscheidung Unifunktionalität und Multifunktionalität, (3) die Unterscheidung

---

Materialien zur Rechtssoziologie. Sonderheft 11 der Kölner Zeitschrift für Soziologie und Sozialpsychologie. Köln–Opladen 1967, S. 271–283. Vgl. auch DERS., *Law and Social Engineering*. Human Organization 21 (1962), S. 177–181; DERS., *Loi et morale en théorie et en pratique*. Revue de l'Institut de sociologie 1970, S. 277–293.

28 a. a. O. (1967), S. 282.

instrumenteller und expressiver Orientierungen und (4) Fragen der Systembildungen und Systemdifferenzierung, insbesondere die Unterscheidung von organisierten und elementaren Sozialsystemen.

(1) Das erste Begriffspaar, das für unser Problem der rechtlichen Mobilisierbarkeit sozialer Verhältnisse relevant zu sein scheint, wird als Unterschied von *zugeschriebenen (ascribed)* und *erworbenen (achieved)* Merkmalen angegeben. In ihrer heute verbreiteten verbalen Fassung stammt diese Unterscheidung von RALPH LINTON.[29] Dem Inhalte nach ist sie jedoch nahezu identisch mit der antiken Unterscheidung von *physis* und *nomos*. Auch damals ging es um einen Ausdruck für neue, die Geschlechterverbände der archaischen Gesellschaft sprengende Mobilität, nur daß der Akzent auf der rechtlich-moralischen Form der Institutionen lag und nicht, wie heute, auf Leistung und Verdienst. Für den soziologischen Gebrauch dieser Kategorien muß ferner klargestellt werden, daß sowohl Zuschreibung als auch Erwerb *soziale* Prozesse sind; daß es also nicht um einen Gegensatz von natürlicher und sozialer Determination von Merkmalen geht, sondern nur um unterschiedliche Formen sozialer Artikulation. Zugeschriebene Merkmale sind solche, die in sozialen Prozessen des Erlebens und Handelns als feststehende Qualitäten behandelt werden. Erworbene oder erwerbbare Merkmale sind solche, die als leistungsabhängig und daher als kontingent angesehen werden. Über die Zuordnung zur einen oder anderen Charakterisierung kann nicht beliebig entschieden werden. Die fortlaufende Interaktion setzt zureichenden Konsens darüber voraus, der durch Institutionalisierung bzw. durch Kommunikation beschafft werden muß. Außerdem korreliert diese Einordnung mit anderen Strukturen des Gesellschaftssystems, denn eine leistungsabhängige Charakterisierung kann nur gewählt werden, wo Leistungen erkennbar und zurechenbar sind.

Bei einer soziologischen Verwendung des Leistungsgedankens kann man sich nicht ohne weiteres auf den Volksbegriff und auch nicht auf die weitverbreitete Hochschätzung von Leistungen stützen, denn das sind Derivate

---

29 *The Study of Man*. New York 1936, S. 115. Weitere Belege für die Verwendung dieser Kategorien bei RALPH DAHRENDORF, Homo Sociologicus. 7. Aufl., Köln–Opladen 1968, S. 54 ff. In der soziologischen Theorie von TALCOTT PARSONS finden sich *zwei* Arten der Fortführung dieser Distinktion. Die eine setzt *ascription* mit Funktionsfusion, also mit Multifunktionalität gleich und macht die besonderen Begriffe LINTONS damit überflüssig – vgl. TALCOTT PARSONS, *Some Considerations on the Theory of Social Change*. Rural Sociology 26 (1961), S. 219–239, und als weitere Ausarbeitung LEON MAYHEW, *Ascription in Modern Societies*. Sociological Inquiry 38 (1968), S. 105–120. Die andere bezeichnet PARSONS heute als Unterschied von Qualität und Leistung; sie betrifft die Frage, ob ein Handelnder den anderen danach charakterisiert, was er ist, oder danach, was er leistet (geleistet hat, leisten wird) – vgl. TALCOTT PARSONS, *The Social System*. Glencoe/Ill. 1951, S. 63 ff; DERS., *Pattern Variables Revisited*. American Sociological Review 25 (1960), S. 467–483. Vgl. dazu auch die berühmte Wettkampf-Entscheidung im Buch XXIII der ‹Ilias› unter dem Gesichtspunkt, wer *aristos ist*; nicht, wer gewonnen hat. Und ähnliche Beobachtungen in den Bostoner Slums bei WILLIAM F. WHYTE, *Street Corner Society*. Chicago 1943.

der sozialen Struktur, die es gerade zu erklären und in ihren Implikationen zu verfolgen gilt.[29a] Abstrakt formuliert, bezeichnet der Begriff der Leistung die intentionale Verkettung zweier selektiver Ereignisse, also eine Ausformulierung des Kontingenzprinzips: Es wird A (und nicht etwas anderes, auch Mögliches) gesetzt, damit B (und nicht etwas anderes, auch Mögliches) eintritt. Mit dem Leistungsprinzip werden mithin kettenförmige Selektivitätsverstärkungen institutionalisiert. Soweit Ereignisse als Leistung gesehen werden, haben sie ihren Sinn nicht in ihrer Eigenart, sondern in dem, was diese Eigenart für die Selektivität anderer Ereignisse bedeutet.

Diese Begriffsfassung macht sichtbar, daß dreierlei zusammenhängt: 1. Das *gesellschaftliche Strukturprinzip der funktionalen Differenzierung* erzeugt einen Überschuß an Möglichkeiten, Selektionszwang, Bedarf für Verstärkung und Integration von selektiven Ereignissen und mit all dem einen *abstrakten, zunächst ziellosen Leistungsdruck*. 2. Eine *Mobilisierung der Merkmale* wird erforderlich, die Ereignisse aus festsitzenden Kombinationen herauslöst und Merkmale *relativ kontextfrei verwendbar* macht, so daß sie sich nach den Selektionserfordernissen *anderer* Ereignisse richten und mit ihnen *variieren* können; die zum Beispiel den Preis einer Ware nicht auf ein gerechtes Verhältnis zu ihrer Qualität bezieht, sondern auf die wechselnden Bedingungen des Marktes. 3. Die Gründe, die die *Beliebigkeit kontingenter Verknüpfungen einschränken*, müssen rekonstruiert werden, insbesondere durch (a) *Wertungen*, die jetzt ‹ideologisch›, das heißt selbst kontingent und umwertbar gesetzt werden müssen;[30] durch (b) Regelungen der *Zurechnung* von Selektionsleistungen, die in der liberalen Ideologie hauptsächlich auf Individuen, heute mehr und mehr auf sogenannte demokratische Prozesse erfolgt; und (c) durch Institutionalisierung von *Sicherheiten*, die der Variation nach Maßgabe fremder Selektionsinteressen entzogen, zumindest bedingt entzogen werden.[31]

Nach diesen Vorerörterungen dürfte einsichtig sein, daß es nicht einfach darum geht, ob und wie durch geeignete Rechtsetzung ‹mehr Leistung› erzielt werden kann. Das mag möglich sein, aber vorgängig ist die Frage zu stellen, wie der Rechtsmechanismus einem Gesellschaftssystem kompatibel sein kann, das sich zunehmend auf Leistungsorientierung hin bewegt, also Merkmalszuschreibungen entwurzelt und nach Maßgabe von Selektionsleistungen bzw. Selektionserfordernissen mobilisiert. Diese Entwicklungsrichtung, die MAINE als Bewegung von Status zu Kontrakt bezeichnet

---

29a So auch CLAUS OFFE, Leistungsprinzip und industrielle Arbeit. Frankfurt 1970.

30 Hierzu NIKLAS LUHMANN, Wahrheit und Ideologie. Der Staat 1 (1962), S. 431–448; DERS., Positives Recht und Ideologie. Archiv für Rechts- und Sozialphilosophie 53 (1967), S. 531–571; beides neu gedruckt in DERS., Soziologische Aufklärung. Köln–Opladen 1970. Vgl. ferner oben Bd. I, S. 93.

31 Ein Derivat dieses strukturell erzeugten Sicherheitsbedarfs ist die verbreitete kulturelle *Bewertung* von Sicherheit, die FRANZ-XAVER KAUFMANN, Sicherheit als soziologisches und sozialpolitisches Problem. Untersuchungen zu einer Wertidee hochdifferenzierter Gesellschaften. Stuttgart 1970, behandelt.

hatte,³² entwurzelt zugleich die glaubensmäßig festliegenden Anknüpfungspunkte für Rechtspositionen und -argumente und setzt damit die Möglichkeit ebenso wie den Bedarf für rechtlich gesteuerte Variationen frei.

Eine genauere Untersuchung der Formen, in denen der Rechtsmechanismus auf diese gesellschaftliche Lage reagieren kann, stellen wir bis zum nächsten Abschnitt zurück. Zuvor müssen wir durch Einbeziehung weiterer Aspekte den Überblick über gesellschaftliche Bedingungen und Hindernisse rechtlich gesteuerten sozialen Wandels erweitern. Dafür ist vor allem der Grad bedeutsam, in dem eine unifunktionale Spezialisierung gesellschaftlicher Teilsysteme erreicht werden kann.

(2) Die Unterscheidung von *unifunktional* und *multifunktional* bezieht sich auf die Zahl der Funktionen, die, sei es analytisch in einem theoretischen Modell berücksichtigt, sei es von konkreten Systemen (bzw. Strukturen, Prozessen, Symbolen, Handlungen, Gegenständen oder was immer) erfüllt werden.³³ Für uns ist diese Unterscheidung deshalb bedeutsam, weil Rechtsänderungen als Einzelmaßnahmen in mehr oder weniger unifunktionaler, zweckgerichteter Perspektive entschieden werden,³⁴ aber auf eine durchweg multifunktionale Wirklichkeit auftreffen. Konkrete soziale Interaktionssysteme wie Produktionsbetriebe, Familien, Krankenhäuser, dörfliche Siedlungen, Schulen erfüllen durchweg eine Vielzahl von Funktionen in sehr unterschiedlichen Rangverhältnissen und Bewußtheitsgraden. Diese Multifunktionalität gibt jeder einzelnen Neuerung eine hohe, zumeist unermeßliche Zahl von Folgewirkungen in ganz andersartigen Sachbereichen.³⁵

---

32 Vgl. oben Bd. I, S. 14 f. Diese Unterscheidung MAINES gehört im übrigen zu den direkten Vorfahren unserer Dichotomie von zugeschriebenen und erworbenen Merkmalen, vermittelt namentlich durch die Unterscheidung von Gemeinschaft und Gesellschaft von FERDINAND TÖNNIES. Einen Überblick über diese geistesgeschichtlichen Zusammenhänge vermittelt HORACE M. MINER, *Community-Society Continua*. International Encyclopedia of the Social Sciences, Bd. 3 1968, S. 174–180.
33 Vgl. die Verwendung dieses Begriffsschemas bei GABRIEL A. ALMOND, *Introduction. A Functional Approach to Comparative Politics*. In: GABRIEL ALMOND/JAMES S. COLEMAN (Hrsg.), *The Politics of the Developing Areas*. Princeton/N. J. 1960, S. 3–64; TALCOTT PARSONS, *An Outline of the Social System*. In: TALCOTT PARSONS/EDWARD A. SHILS/KASPAR D. NAEGELE/JESSE R. PITTS (Hrsg.), *Theories of Society*, Bd. I. Glencoe/Ill. 1961, S. 30–79, insbes. 53 ff. Bei weitem nicht alle einschlägigen Erörterungen bedienen sich jedoch dieser Begrifflichkeit; siehe als ein Beispiel unter vielen anderen: EMILE DURKHEIM, *Les règles de la méthode sociologique*. 8. Aufl. Paris 1927, S. 110 ff.
34 Darauf beruht die (begrenzte) Berechtigung einer teleologisch-funktionalen Rechtstheorie. Vgl. WERNER KRAWIETZ, *Das positive Recht und seine Funktion*. Berlin 1967.
35 Bei der Analyse der Folgen der Erfindung des Radios kommen WILLIAM F. OGBURN/S. C. GILFILLAN, *The Influence of Invention and Discovery*. In: *Recent Social Trends in the United States*. New York–London 1933, Bd. I, S. 122–166 (153), auf 150 Gesichtspunkte. Hier liegt im übrigen der Grund, der W. Ross ASHBY, *Design for a Brain*. 2. Aufl., London 1954, bestimmte, für alle komplexen Systeme ‹Teilfunktionen› zu postulieren, die Kausalitäten unterbrechen und nur einen Teil der Effekte weiterleiten.

Der Gesetzgeber will zum Beispiel einen Anteil aller Kinder am Erbe sichern – und errichtet Hindernisse für das Bevölkerungswachstum.[36] Ähnliches gilt für komplexe rechtliche Institutionen, etwa Eigentum, Unehelichenstatus, Versicherung, Ehescheidung, Aktiengesellschaft, Zwangsversteigerung,[36a] bei denen noch hinzukommt, daß sie für sehr verschiedenartige Systeme verschiedenartige Funktionen erfüllen.[37] Dadurch bekommt jede *spezifische* Rechtsänderung *diffuse* Effekte, die sich einer eindeutigen, aggregierbaren Bewertung entziehen: Sie haben in den verschiedenen Systemreferenzen in bezug auf verschiedene Funktionen teils positive, teils negative, teils kurzfristige, teils langzeitige, teils sichere, teils wahrscheinliche oder mögliche, aber ungewisse Folgen.[38] Solchen Folgenzusammenhängen kann man natürlich nur im Einzelfall nachgehen. Hier interessiert die abstraktere Frage nach den *Funktionen der Multifunktionalität*, denn mit dieser Frage stoßen wir auf die Gründe für die erörterte Problemlage und auf ihre etwaigen Korrelationen mit evolutionär sich verändernden Gesellschaftsstrukturen, besonders mit funktionaler Differenzierung.

Zwei deutlich unterscheidbare Funktionen lassen sich fassen. Einmal steckt in der Multifunktionalität eine gewisse institutionelle Ökonomie: Es werden mit einer Handlung, einer Einrichtung, einer Struktur mehrere Funktionen zugleich erfüllt; man braucht nicht für jede besondere Funktion einen eigenen Träger bereitzustellen.[39] Zum anderen gewährleistet Multi-

---

36 Dieses Beispiel bei MORRIS C. COHEN, *Positivism and the Limits of Idealism in the Law*. Columbia Law Review 27 (1927), S. 237–250 (245) mit einigen weiteren Ausführungen zum Thema. Für andere Beispiele und den Versuch einer Typisierung der Auslösung von Folgeproblemen durch Recht siehe ARNOLD M. ROSE, *Law and the Causation of Social Problems*. Social Problems 16 (1968), S. 33–43.

36a Die Multifunktionalität rechtlicher Gesetze und Institutionen betont z. B. LON L. FULLER, *Anatomy of the Law*. New York–Washington–London 1968, S. 36 ff.

37 Begriffstechnisch muß also, diese Komplikation kommt noch hinzu, zwischen Multifunktionalität in einem System und Mehrheit von Systemreferenzen (bzw. Systemrelativität) unterschieden werden. Zu letzterem eingehend RAMSÖY, a. a. O.

38 Man lese unter diesem Gesichtspunkt als allerdings rein rechtswissenschaftliche Untersuchungen GERD WINTER, *Sozialer Wandel durch Rechtsnormen*, erörtert an der sozialen Stellung unehelicher Kinder. Berlin 1969, oder BERNHARD WELLER, *Arbeitslosigkeit und Arbeitsrecht. Untersuchungen der Möglichkeiten zur Bekämpfung der Arbeitslosigkeit unter Einbeziehung der Geschichte des Arbeits- und Sozialrechts*. Stuttgart 1969. HAROLD GOLDBLATT/FLORENCE CROMIEN, *The Effective Social Reach of the Fair Housing Practices Law of the City of New York*. Social Problems 9 (1962), S. 365–370, behandeln das gleiche Problem mit der Begriffsdichotomie *partikularistischer* Effekte einer *universalistisch* angesetzten Gesetzgebung: Was für alle gleich gelten soll, wird in je besonderen Situationen je besonders aufgenommen und verarbeitet.

39 Diesen Gedanken einer Überlastung des Systems mit funktionalen Erfordernissen und des Gebots eines sparsamen Einsatzes von funktionstragenden Organen findet man vor allem in der Theorie des Organismus vertreten. Siehe z. B. ANDRAS ANGYAL, *Foundations for a Science of Personality*. New York 1941, S. 303. In der Theorie sozialer Systeme, besonders organisierter Systeme, bevorzugt man die umgekehrte Sicht auf den gleichen Sachverhalt, nämlich die Formu-

funktionalität in näher angebbarer Weise die Stabilität des Systems: Der Ausfall einer bestimmten Funktion macht ein Organ noch nicht obsolet, wenn es zugleich anderen Funktionen dient.

Genau diese Funktionen der Multifunktionalität werden zu Dysfunktionen in dem Maße, als Größe, Komplexität und Strukturänderungsbedarf eines sozialen Systems zunehmen. Dank einer solchen Entwicklung stehen einerseits mehr Funktionsträger, zum Beispiel mehr Handlungen, mehr Menschen-in-Rollen zur Verfügung, so daß die Bedeutung ihrer sparsamen, vielseitigen Verwendung abnimmt. Größe und Komplexität werden als solche zum Stabilisierungsfaktor, und auf Störungen reagiert man weniger durch Festklammern an den noch intakten Funktionsbezügen als vielmehr durch Austausch- und Substitutionsvorgänge, für die Multifunktionalität nun zum Hindernis wird.

Andererseits ist Unifunktionalität – der Fall also, daß *jedes* Element unter nur *einer* Funktion steht und entsprechend leicht geändert werden kann – ein unerreichbarer Grenzfall. Schon die von PARSONS herausgearbeitete Tatsache, daß in differenzierten Systemen alle Einzelleistungen in Teilsystemen erbracht werden müssen, die wiederum alle Einzelfunktionen der Systembildung auf ihrer Ebene erfüllen müssen, wirkt gegenläufig. Das Problem der unabsehbaren Folgenverstreuung nimmt in differenzierten Gesellschaften zu und läßt sich nicht etwa durch Umstrukturierung von multifunktionalen auf unifunktionale Einheiten lösen. Vielmehr bleibt Unifunktionalität eine nur analytische Perspektive von Forschungs- und Entscheidungsprozessen – eine Illusion, wenn man so will, die allerdings gerade durch ihre Sichtverkürzung zu einem dynamisierenden Faktor werden kann. Die Frage kann also nur sein, ob und wie die Gesellschaftsordnung einer sich unifunktional (oder doch an jeweils nur wenigen im Blick stehenden Funktionen) motivierenden rechtspolitischen Praxis entgegenkommt.

Eine Art solchen Entgegenkommens findet man in der Ausbildung und Institutionalisierung von *Primärfunktionen* in Teilsystemen mit der Folge, daß eine Funktion, dann zumeist als ‹Zweck› symbolisiert, den Vorrang vor anderen erhält, als rechtfertigender Grund behandelt wird und als Steuerungskriterium für die Anpassung des Systems benutzt wird – so wie der Produktionsbetrieb primär wirtschaftlichen und nicht familiären, sozialisierenden oder meinungsbildenden, das Gericht primär rechtsprechenden und nicht unterhaltenden oder erzieherischen Funktionen dient. Primärfunktionen – der Begriff stammt von PARSONS [40] – übernehmen eine regula-

---

lierung, daß funktionale Differenzierung (also Auflösung von multifunktionalen Einrichtungen durch Spezialisierung) sich nur bei großen, also trägerreichen Systemen lohne. Die besondere Sparsamkeit der Multifunktionalität hat in der soziologischen Literatur vor allem LEON MAYHEW, *Ascription in Modern Societies*, a. a. O., S. 110 ff, herausgearbeitet.

[40] und hat ungefähr den Verwendungszweck, für den auch wir ihn benutzen, ist aber als Begriff noch nicht hinreichend ausgearbeitet. Siehe etwa TALCOTT PARSONS/NEIL J. SMELSER, *Economy and Society*. Glencoe/Ill. 1956, S. 15 f; TALCOTT

tive Funktion im Hinblick auf andere Funktionen, die dadurch zugleich ‹mobilisiert› werden: Im Interesse wirtschaftlicher Rationalität kann ein Wirtschaftsbetrieb davon absehen, untaugliche Familienmitglieder des Eigentümers zu rekrutieren und sich auch in seiner Personalpolitik [41] marktmäßig-mobil orientieren, ohne daß Bestand und Prosperität des Betriebes dadurch alle Funktionen für die Familie des Eigentümers einbüßten.[42] Eine Institutionalisierung funktionaler Primate eröffnet mithin gewisse Freiheiten gegenüber sekundären Funktionen und belastet diese, ohne sie zu annullieren, mit verminderter Bewertung, verminderter Kommunizierbarkeit oder gar verminderter Bewußtheit. Das erleichtert zugleich den rechtlichen Zugriff auf gesellschaftliche Teilsysteme. Unter der Voraussetzung zum Beispiel, daß die Familie ihren funktionalen Schwerpunkt in Funktionen der Nachwuchserzeugung, -aufzucht und -sozialisation hat, kann das Recht die allgemeine Schulpflicht anordnen, ohne die ökonomische Funktion heranwachsender Kinder im Haushalt der Familie (Aufpassen auf kleinere Kinder, Viehhüten, Erntehilfe usw.) und die in kirchlichen Organisationen verfestigten religiösen Interessen mitberücksichtigen oder gar kompensieren zu müssen.[43]

Auf andere Weise erleichtert die Gesellschaft Umstellungen dadurch, daß sie *eindeutige Situationsdefinitionen, spezialisierte Handlungsauslöser*

PARSONS, ‹Voting› *and the Equilibrium of the American Political System*. In: EUGENE BURDICK/ARTHUR J. BRODBECK (Hrsg.), *American Voting Behavior*. Glencoe/Ill. 1959, S. 80–120 (116 f). Vgl. auch ohne ausreichende Erläuterung gebrauchte Formulierungen wie ‹overwhelmingly preoccupied with›, ‹primarily oriented to›, ‹predominantly oriented› bei MARION J. LEVY, JR., *Modernization of the Structure of Societies. A Setting for International Affairs*. 2 Bde. Princeton 1966, passim.

41 und das ist in einem bestimmten Sinne Strukturpolitik. Hierzu NIKLAS LUHMANN, Reform und Information. Theoretische Überlegungen zur Reform der Verwaltung. Die Verwaltung 3 (1970), S. 15–41 (28 f); neu gedruckt in: DERS., Politik und Verwaltung. Opladen 1971.

42 Zu diesem vieldiskutierten Problem vgl. allgemein CLARK KERR/JOHN T. DUNLOP/FREDERICK H. HARBISON/CHARLES A. MYERS, *Industrialism and Industrial Man. The Problems, Labor and Management in Economic Growth*. Cambridge/Mass. 1960, S. 140 ff; sowie als Fallanalysen z. B. C. ROLAND CHRISTENSEN, *Management Succession in Small and Growing Enterprises*. Boston 1953; A. K. RICE, *Productivity and Social Organization. The Ahmedabad Experiment*. London 1958; und DERS., *The Enterprise and its Environment. A System Theory of Management Organization*. London 1963; CYRIL SOFER, *The Organization from Within. A Comparative Study of Social Institutions Based on a Sociotherapeutic Approach*. Chicago 1961, S. 3 ff.

43 Bei allem moralisch begründeten Erziehungseifer war bei Einführung der allgemeinen Schulpflicht gleichwohl eine gewisse Rücksicht auf die Frage nötig, ob und wann die Kinder «aus der Wirtschaft entbehrt werden können». Vgl. die preußische Verordnung betr. das Schulwesen in der Neumark vom 26. Dezember 1736, abgedruckt in: LEONHARD FROESE/WERNER KRAWIETZ (Hrsg.), Deutsche Schulgesetzgebung Bd. I. Brandenburg, Preußen und Deutsches Reich bis 1945. Weinheim–Berlin–Basel 1968, S. 95 ff. Für den klerikalen Widerstand siehe als ein typisches Produkt unter vielen: J. Ev. DIENDORFER, Der staatliche Schulzwang in der Theorie und Praxis. Passau 1868.

und *leicht faßbare Alternativen* bereitstellt. Das geschieht zum Beispiel durch übersichtliche, zweckgerichtete Prozeßverläufe (Straßenverkehr, Krankenbehandlung, Ferienreisen, Ausbildung für einen Beruf, ‹Eheanbahnung› usw.), durch ein entsprechend hohes Maß an Rollendifferenzierung, durch Gewöhnung an ein Leben nach Uhrzeit und Terminen, durch Geldrechnung, durch Organisation, deren Handlungsrahmen durch Kommunikation an die Spitze effektiv geändert werden kann. Fahrpläne, Informationsströme, Einkommenshöhen, Arbeitszeiten, Versicherungspflichten, Steuern, Kreditbedingungen, Examenserfordernisse können nur deshalb durch Rechtsakt geschaffen und geändert werden, weil sie an spezifischen Stellen des sozialen Prozesses faßbar sind und nicht alle neuen Vorschriften für jedermann in jeder Lage bewußt und zur Bedingung seiner moralischen Selbstachtung gemacht werden müssen.[44] Diese Bedingung effektiver Gesetzgebung hat im übrigen ihre spezifischen Gefahren, vor allem die, daß sie zu einer kurzsichtigen, auf einzelne Situationstypen und spezifische Interessen abzielenden Gesetzgebung verführt.

Diese Tendenz verstärkt sich durch die solche Spezialisierungen erst ermöglichenden Zusatzbedingungen der *Indifferenz* und der *Folgenneutralisierung*, die in hohem Maße mitinstitutionalisiert sein müssen. Rollenspezialisierung kann nur forciert werden, wenn die Rollen getrennt werden können. Damit ist nicht nur eine kategoriale und situationsmäßige Unterscheidbarkeit gemeint, sondern die Berechtigung, bei bestimmtem Rollenhandeln *eigene andere Rollen* außer acht zu lassen – zum Beispiel im Betrieb die Tatsache, daß man auch Vater ist; im Urlaub die Tatsache, daß man nur Verkäuferin ist; beim Einkauf die Tatsache, daß man politisch anders wählt als der Ladeninhaber usw.[45] Rollentrennung läuft auf eine

44 Eine der besten Analysen dieser Frage ist immer noch JOSEPH A. SCHUMPETER, Die Krise des Steuerstaates. Zeitfragen aus dem Gebiete der Soziologie, Heft 4 (1918). Neu gedruckt in: Aufsätze zur Soziologie. Tübingen 1953, S. 1–71. Als Parallele interessant die Studie von EGON BITTNER, The Police on Skid-Row. A Study of Peace Keeping. American Sociological Review 32 (1967), S. 699–715, die zeigt, in welchem Maße eine polizeiliche Gewährleistung öffentlicher Sicherheit und Ordnung eine über die Zeit hinweg strukturierte Lebensführung der Bevölkerung mit einer von der Gegenwart aus abschätzbaren, zugriffsfähigen Zukunft voraussetzt. Viel eindrucksvolles Material findet man ferner in Studien über die sozialen Hindernisse der ökonomisch-technischen Entwicklung von Entwicklungsländern. Siehe namentlich FRED W. RIGGS, The Ecology of Public Administration. London 1961; DERS., Administration in Developing Countries. The Theory of Prismatic Society. Boston 1964 (mit Rückschlüssen auf ‹legislative helplessness› S. 232 ff); ferner GUY FOX/CHARLES A. JOINER, Perceptions of the Vietnamese Public Administration System. Administrative Science Quarterly 8 (1964), S. 443–481; J. LLOYD MECHAM, Latin American Constitutions: Nominal and Real. Journal of Politics 21 (1959), S. 258–275.

45 Als eine theoretische Darstellung des Problems siehe SIEGFRIED F. NADEL, The Theory of Social Structure. Glencoe/Ill. 1957. Für den Gesetzgebungsprozeß und seine Beeinträchtigung durch lokale Rollenverflechtungen der Abgeordneten bemerkenswert JAMES D. BARBER, The Lawmakers. Recruitment and Adaptation to Legislative Life. New Haven–London 1965. Vgl. auch THEODORE D. KEMPER, Third Party Penetration of Local Social Systems. Sociometry 31 (1968), S. 1–29.

Verminderung und Abstraktion der Konsistenzanforderungen an den Einzelmenschen hinaus. Neben dieser auf die Persönlichkeit zugeschnittenen Form der Indifferenz gibt es Mechanismen, die Indifferenz gegen Folgen des Handelns nahelegen oder erlauben. Einen Fall dieser Art haben wir oben bereits erörtert, nämlich den *konditionaler Programmierung*.[46] Ein anderer wäre eine *Gesinnungsmoral*, bei der das Handeln nur als Ausdruck der rechten Gesinnung, nicht als Verursachung von Wirkungen verantwortet werden muß.[47] Heute ist für rechtspolitische Neuerungen vor allem die *Folgendiffusion über den Geldmechanismus* wichtig geworden: Bei Neuerungen können zwar nicht Eingriffe in subjektive Rechte außer acht bleiben, wohl aber alle sonstigen finanziellen Konsequenzen, zum Beispiel die Auswirkungen auf Gewinnmargen einzelner Betriebe oder auf frei verfügbare Überschüsse einzelner Haushalte, *obwohl diese Auswirkungen sehr weittragende strukturverändernde Konsequenzen haben können*. Der Rückgang des Handwerks und der mittelständischen Industrie und die permanente Hilfsbedürftigkeit der Landwirtschaft sind auf diese Weise miterzeugt worden, ohne daß sie von irgend jemandem verantwortet zu werden brauchen. Sie werden vielmehr in der Form *neuer* Probleme, Informationen und Interessen zum Anlaß für *neue* Gesetze. Der Geldmechanismus absorbiert mithin politische Folgeketten und Verantwortungslasten und erleichtert dadurch nicht nur ökonomische, sondern auch rechtspolitische Innovationen.

Ähnliche Innovationserleichterungen scheinen sich aus der Differenz von formulierten (begrifflich oder satzmäßig festgehaltenen) und unformulierten Strukturen zu ergeben.[48] Durch Differenzierung formulierter und nichtformulierter Strukturen wird die Chance, Aufmerksamkeit zu finden, unterschiedlich verteilt. Damit ist noch nicht darüber entschieden, ob die formulierten Strukturen in der Absicht, sie zu erhalten und sich auf sie zu berufen, oder in der Absicht, sie zu verändern, zitiert werden. *Beide* Intentionen lassen sich steigern, wenn es mehr formulierte Strukturen gibt und gleichwohl der Ignoranzbereich groß genug ist, um einen Teil der strukturellen Konsequenzen von Erhaltung *oder* Änderung dem Blick oder doch dem Kommunikationsprozeß zu entziehen.

Zusammenfassend können wir festhalten, daß jede bewußt intendierte Strukturänderung sich dem Problem des unifunktionalen Einwirkens auf multifunktionale Systeme gegenübersieht. Dieses Problem ist schwieriger zu lösen in dem Maße, als die Komplexität der Systeme steigt, deren

---

46 Vgl. S. 231 f.
47 Die Unterscheidung von Gesinnungsmoral und Verantwortungsmoral stammt von Max Weber, Politik als Beruf. 4. Aufl., Berlin 1964.
48 Fast gleichsinnig spricht man oft auch von manifesten und latenten Strukturen. Diese Unterscheidung stellt jedoch auf Bewußtheit ab und bleibt unpräzise in bezug auf die Fragen, wessen Bewußtheit zu wessen Zeit gemeint ist. Gerade in dieser Frage steckt aber ein Problem: Man kann nämlich, da Bewußtheit nur begrenzt zur Verfügung steht, den Bereich manifestbewußter Strukturen nicht wesentlich vermehren, wohl dagegen durch Formulierung den Bereich der *möglicherweise* bewußten (zitierbaren!) Strukturen.

Strukturen geändert werden sollen. Lösungen liegen einerseits in einer Verstärkung des analytischen Potentials von Forschungs- und Planungsprozessen, die es erlauben würden, Änderungen im Hinblick auf eine Mehrheit von Funktionen (also nicht nur zweckspezifisch) zu planen; zum anderen in den Systemstrukturen selbst, die Änderungsintentionen mehr oder weniger entgegenkommen können.

(3) Die bisher behandelten Unterscheidungen von erworbenen und zugeschriebenen Merkmalen und von unifunktionaler Spezialisierung und multifunktionaler Bündelung verdanken ihre Ausprägung einer Auflösung der alten Gesellschaft/Gemeinschaft-Dichotomie. Deren Komponenten werden in der neueren Forschung unter abstrakteren Gesichtspunkten herausdestilliert und auf ihren Zusammenhang hin überprüft. In diesen Kontext fügt sich eine weitere Unterscheidung ein, die aus der Gruppenpsychologie stammt, dann aber von der Soziologie rezipiert wurde und heute sehr breite Verwendung findet: die Unterscheidung von *instrumentellen und expressiven* (oft auch konsumatorisch oder emotional genannten) *Orientierungen*.

Ohne auf die weitläufige Vorgeschichte dieser Begriffsbildung einzugehen,[49] übernehmen wir sie in der abstrakten Fassung, die TALCOTT PARSONS ihr verliehen hat.[50] PARSONS hatte schon in seinen frühesten Veröffentlichungen die Zweckstruktur des Handelns als eine Struktur der Zeitdimension gesehen[51] und konstruiert daher den Unterschied von instrumenteller und expressiver oder konsumatorischer Orientierung auf dieser Achse: Instrumentell orientiert sich, wer befriedigende Zustände der Zukunft anvisiert und nach der Gegenwart, vor allem nach den Handlungen

---

[49] In die Vorgeschichte würden zum Beispiel gehören: die rechtssoziologische Unterscheidung restitutiver und repressiver Sanktionen bei DURKHEIM; die handlungstheoretische Unterscheidung zweckrationalen und wertrationalen Handelns bei MAX WEBER; die gruppenpsychologischen Forschungen über die Verteilung von Kommunikationsmustern in Gruppen von BALES und die rollentheoretischen Versuche, instrumentelle und expressive (aufgabenbezogene und sozio-emotionale) Führungsrollen zu trennen. Zur empirischen Forschung unter den letzten beiden Gesichtspunkten findet man einen Zugang bei ROBERT F. BALES, *Personality and Interpersonal Behavior*. London 1970, oder bei PETER J. BURKE, *The Development of Task and Socio-Emotional Role Differentiation*. Sociometry 30 (1967), S. 379 bis 392.

[50] Für die Entwicklungsgeschichte der PARSONSschen Begriffe siehe TALCOTT PARSONS/ROBERT F. BALES/EDWARD A. SHILS, *Working Papers in the Theory of Action*. Glencoe/Ill. 1953. Die spätere Verwendung ist am besten zugänglich in TALCOTT PARSONS, *General Theory in Sociology*. In: ROBERT K. MERTON/LEONARD BROOM/LEONARD S. COTTRELL, JR. (Hrsg.), *Sociology Today*. New York 1959, S. 3–38 (5 ff), und neuestens in: DERS., *Some Problems of General Theory in Sociology*. In: JOHN C. McKINNEY/EDWARD A. TIRYAKIAN (Hrsg.), *Theoretical Sociology. Perspectives and Developments*. New York 1970, S. 27–68 (30 f).

[51] Siehe TALCOTT PARSONS, *Some Reflections on ‹The Nature and Significance of Economics›*. The Quarterly Journal of Economics 48 (1934), S. 511–545 (513 ff).

fragt, die sie bewirken können. Expressiv oder konsumatorisch orientiert sich, wer in der Gegenwart einen sich selbst genügenden Ausdruck oder Befriedigung sucht. Schon begrifflich wird durch diese Unterscheidung klargestellt, daß expressives oder konsumatorisches Handeln in der Gegenwart festsitzt, Sinn und Situation gefühlsmäßig verschmelzend; daß dagegen instrumentelles Handeln die Gegenwart, also das Handeln schlechthin, als variabel ansetzt. Der Entwurf eines Zeithorizonts und die Eröffnung einer festlegbaren Zukunft machen die faktisch und kompakt durchlebte Gegenwart kontingent, setzen sie einem Vergleich mit anderen Möglichkeiten aus, mobilisieren sie.

Wir kommen auf diese Frage im Abschnitt über Recht, Zeit und Planung unter 4 zurück. Hier geht es zunächst um die Hypothese, daß nur instrumentelles Handeln seinem eigenen Sinnverständnis nach planmäßig variierbar ist.[52] Das bedeutet nicht, daß nicht auch expressives Handeln beeinflußbar und änderbar wäre; solche Eingriffe bleiben jedoch extern, sie können sich nicht auf das eigene Sinnverständnis des Handelnden stützen, ihn nicht an seinen eigenen Zielen fassen. Instrumentelles Handeln konzediert die eigene Änderbarkeit schon selbst und setzt sich mit der Entwicklung von Gesichtspunkten der Selbststeuerung zugleich der Fremdsteuerung aus. Es kann sich einer Änderung nicht qua Änderung, sondern allenfalls unter dem Gesichtspunkt seiner Ziele widersetzen. Daher darf man vermuten, daß Bereiche der Gesellschaft, in denen instrumentelle Orientierungen sich eingebürgert haben und institutionalisiert worden sind, zugleich die relativ höhere Variabilität aufweisen.[53] In der rechtssoziologischen Literatur taucht die nahestehende Hypothese auf, daß emotional fundierte Lebensbereiche, namentlich der Familie, einer rechtspolitischen Änderung stärker widerstreben als Bereiche gefühlsmäßig neutralisierten, instrumentellen Handelns, etwa Wirtschaft und Verkehr.[54]

Die faktische Verteilung von primär instrumentellen und primär expressiven Handlungsbereichen in einer Gesellschaft kommt nicht rein zufällig zustande, sondern hat strukturelle Gründe. Ein Mitspielen, wenn nicht Dominieren, expressiver Komponenten ist immer dann unvermeidbar, wenn Handeln durch Emotionen geschützt wird, die sich nicht über fernliegende Erfolge, sondern nur durch Darstellung ihrer selbst stabilisieren lassen. Das gilt für alle Bereiche personalen Engagements, besonders für Handlungen im Intimbereich oder wo sonst Rückschlüsse auf die Persön-

---

52 Diesen Gedanken verwendet im Hinblick auf die Wirksamkeit strafrechtlicher Sanktionen auch WILLIAM J. CHAMBLISS, *Types of Deviance and the Effectiveness of Legal Sanctions.* Wisconsin Law Review 1967, S. 703–719.

53 So ausdrücklich und ebenfalls mit Bezug auf die Zeitdimension DAVID E. APTER, *The Political Kingdom in Uganda. A Study in Bureaucratic Nationalism.* Princeton/N. J. 1961, S. 85; DERS., *The Politics of Modernization.* Chicago–London 1965, S. 83 ff u. ö.

54 So DROR, a. a. O. (1959) mit Hinweis auf die Schwierigkeiten bei der Modernisierung des Ehe- und Familienrechts in der Türkei und in Israel.

lichkeit nicht vermieden werden können.⁵⁵ Daneben gibt es typisch sozialstrukturelle Gründe für Emotionalisierungen. Askriptive und deshalb invariante Merkmale ziehen positive oder negative Gefühle auf sich, weil ihr Träger sich so auch persönlich mit ihnen als seinem Schicksal identifizieren kann. Und auch multifunktionale Institutionen tendieren zur Gefühlsbildung und setzen damit emotionale Selbstbewertung an die Stelle einer rationalen Bilanzierung ihrer unübersehbar-diffusen positiven und negativen Folgen. Unter solchen Bedingungen werden Handlungsgrundlagen vergegenwärtigt und immobilisiert, und Ziele fungieren, wenn überhaupt, nur als Abdeckung oder Rechtfertigung dessen, was ohnehin ist. Instrumentelle Orientierungen bilden sich nicht, wie der begriffliche Gegensatz es nahelegen könnte, in scharfem Kontrast hierzu, sondern eher in einem allmählichen Prozeß der Futurisierung und emotionalen Neutralisierung von Bewertungen in Bereichen, in denen Alternativen zur Gegenwart naheliegen oder doch hinreichend rasch und sicher gelernt werden können.

Gewisse Zusammenhänge zwischen askriptiven, multifunktionalen und emotional-expressiven Sinnbildungen auf der einen und leistungsmäßigen, funktional spezifizierten und instrumentellen Sinnbildungen auf der anderen Seite, wie sie in der Gemeinschaft/Gesellschaft-Dichotomie zusammengefaßt worden waren, lassen sich mithin vermuten. Die analytische Trennung der verschiedenen Aspekte dieser Dichotomie ermöglicht eine bessere empirische Überprüfung solcher Hypothesen. Sie verdeutlicht vor allem, daß und weshalb es keine Entwicklung von Gemeinschaft zu Gesellschaft gibt, sondern die konstituierenden Aspekte dieser Typen unter der Bedingung steigender Systemkomplexität nur andere Verteilungen und Kombinationen suchen. Alle Rechtspolitik muß daher mit dem Fortbestand strukturell bedingter Variabilitätshindernisse rechnen und sie einplanen.⁵⁶ Dieses Er-

---

55 Die Grenzen des Intimbereichs können daher schwierige Probleme bei der Durchführung rechtspolitischer Absichten aufwerfen. Das zeigen Bemühungen um Einbeziehung unehelicher Kinder in die Verwandtschaftsbeziehung und die Erbfolge. Ferner ist die amerikanische Gesetzgebung gegen Rassentrennung unter anderem auf dieses Problem aufgelaufen. Der Neger konnte, solange er Sklave oder Bediensteter war, in sozialen Beziehungen also als Nichtperson genommen werden konnte, im Intimbereich geduldet werden; dagegen setzte die Abwehr ein, sobald eine volle und persönliche Intersubjektivität in Aussicht genommen wurde, bei der es unvermeidbar wird, sich mit dem zu befassen, ja sich selbst für das zu halten, was der Neger als *alter ego* wahrnimmt und denkt. Die umweltoffene, leicht zugängliche, soziable Lebensführung des Amerikaners verstärkt dieses Problem und erstreckt es über die Familie im engeren Sinne hinaus in die Nachbarschaft, die Kontaktstätten der Kinder usw.

56 So argumentiert auch LEON MAYHEW namentlich in: *Ascription in Modern Societies*. Sociological Inquiry 38 (1968), S. 105–120. Ähnliche Einwände gibt es gegen eine oberflächliche Dichotomie von Traditionalität und Modernität. Zu dieser Diskussion siehe etwa JOSEPH R. GUSFIELD, *Tradition and Modernity. Misplaced Polarities in the Study of Social Change*. The American Journal of Sociology 72 (1967), S. 351–362.

fordernis wird noch unabweisbarer hervortreten, wenn wir nach den notwendigen Systemvermittlungen bei der Durchsetzung neuen Rechts fragen. Dann zeigt sich nämlich, daß unterhalb der Ebene organisierter Sozialsysteme immer auch Systeme elementarer Interaktion am Werke sind, die in gewissem Grade ihren eigenen Gesetzen folgen. Diesem Thema müssen wir uns jetzt zuwenden.

(4) Rechtsänderungen haben Erfolg in dem Maße, als es gelingt, Erwartungen und Handlungen effektiv auf andere Normen umzustellen. Dies kann nicht allein durch Umstrukturierung des Gesellschaftssystems und auch nicht allein durch Umformulierung der im politischen Subsystem der Gesellschaft gesetzten Rechtsnormen geschehen. Konkretes Erleben und Handeln beziehen sich stets auf eine Mehrheit von sinnverbindenden und -abgrenzenden Systemen zugleich und lassen sich daher nicht ohne weiteres durch Umstrukturierung eines einzigen Systems ändern. Wie am Beispiel der Rechtssoziologie von ADAM PODGÓRECKI gezeigt, muß eine Mehrheit von Systemen zusammenwirken, um neue Strukturen in entsprechendes Verhalten zu übersetzen. Die Frage ist, mit welchen Arten von Systemen man dabei rechnen muß und welche Formen der Effektvermittlung vorkommen.

Schon bei der Frage nach den Arten effektvermittelnder Systeme stoßen wir auf recht komplexe Tatbestände. Bei einem groben Überblick kommen wir mit drei Systemtypen aus. Zunächst ist an die organisch konditionierten *psychischen Systeme* (Persönlichkeiten) zu denken, die als relativ festliegende Strukturen *alle* Erlebnisverarbeitung und Handlungsselektion mitbedingen. Es gibt kein persönlichkeitsfreies Erleben und Handeln (wohl dagegen organisches Verhalten, das nicht durch die Persönlichkeitsstruktur gesteuert wird, sondern gleichsam ‹passiert›).[57] Ferner wird sehr viel sozial relevantes Handeln durch Interaktionssysteme unter Anwesenden gesteuert, die wir *einfache (oder elementare) soziale Systeme* nennen wollen.[57a] Das sind zum Beispiel Verhandlungen, geselliges Beisammensein, gemeinsame Arbeit, gemeinsames Essen, Reisen, Lehren und Lernen usw. Zwischen diese einfachen Sozialsysteme, die bei allen sozialen Kontakten entstehen, und die Gesellschaft im ganzen schieben sich heute zunehmend *organisierte Sozialsysteme*, deren Identität und Strukturselektion durch Bedingungen des Eintretens und Austretens geregelt sind und die dadurch einen Zusammenhang von Interaktionen unter Nichtanwesenden herstellen können, ohne dabei auf die allgemeinen Gesellschaftsstrukturen, auf Selbstverständlichkeiten, Wahrheiten usw. zurückgreifen zu müssen.[58] Während elemen-

---

57 Obwohl auch solches organisches Verhalten rechtlich relevant sein kann, können wir es bei einer Analyse der persönlichen Reaktion auf Rechts*änderungen*, die ja immer über Information läuft, außer acht lassen.
57a Hierzu näher NIKLAS LUHMANN, Einfache Sozialsysteme. Zeitschrift für Soziologie 1 (1972), S. 51–65.
58 Zu diesem Begriff des organisierten Sozialsystems näher NIKLAS LUHMANN, Funktionen und Folgen formaler Organisation. Berlin 1964.

tare Sozialsysteme sich auf Anwesenheit und damit auf Wahrnehmbarkeit der Teilnehmer gründen, benutzen organisierte Sozialsysteme Mitgliedschaft als funktionales Äquivalent für Anwesenheit, können damit über Wahrnehmbarkeitsgrenzen hinausgreifen und unter abstrakteren Strukturen größere Komplexität gewinnen.

Weder Persönlichkeitssysteme noch einfache Sozialsysteme, noch organisierte Sozialsysteme können eine ungebrochene Ausprägung gesamtgesellschaftlicher Strukturen sein — allein schon deshalb nicht, weil sie unter besonderen Selektionsbedingungen operieren, eine eigene Identität und eine eigene Geschichte und eine je besondere Umwelt haben, auf die sie reagieren. Das Gesellschaftssystem ist für solche Systeme nicht Struktur, sondern (mehr oder weniger geordnete) Umwelt und wird daher, bevor gehandelt werden kann, nochmaliger Selektion unterworfen. So kommt es, daß Persönlichkeiten ebenso wie einfache Systeme und Organisationen Rechtsnormen wie Daten behandeln, zu denen es mehrere mögliche Einstellungen geben kann, zwischen denen das System *nach Maßgabe der eigenen Struktur* wählt. Auch zwischen diesen verschiedenartigen Systemen bestehen Spannungsverhältnisse. Es ist keineswegs ausgemacht, daß alle persönlichen Impulse in elementaren Interaktionssystemen angebracht werden können; diese wirken vielmehr durch ihre eigenen Erwartungsstrukturen selektiv auf das, was die Persönlichkeit als eigenes realisieren kann und umgekehrt.[59] Ebensowenig versteht sich von selbst, daß die durch Organisation formalisierten normativen Erwartungen in faktische Interaktion und in persönliches Erleben und Handeln umgesetzt werden können, da auch sie den Filter anderer Systeme durchlaufen müssen.[60] An so komplizierten Verhältnissen müssen alle Theorien scheitern (oder: moralisch werden), die nach wie vor mit dem schlichten Konzept von Herrschaft und Gehorsam oder Ungehorsam zu arbeiten versuchen. Das Problem kann nicht sein, möglichst alle Systeme für möglichst alle Befehle zum Gehorsam zu bringen, denn damit würde alle Differenzierung verwischt und die Gesellschaft regressiv vereinfacht werden. Sondern es geht, wenn man von dem überlieferten Bestand universell adressierter, hauptsächlich strafrechtlicher Unterlassungsnormen absieht, bei Rechtsänderungen darum, je spezifische Adressaten zu Erwartens- bzw. Verhaltensänderungen zu motivieren und im übrigen die Schockwellen der Änderung zu absorbieren.

Eine erste Vermutung könnte sein, daß für die Annahme und Befolgung neuer Gesetze die (moralische) Einstellung zum jeweiligen Gesetz bestim-

---

59 Dies hängt damit zusammen, daß auch die einfachsten Interaktionssysteme ihre Struktur in der Form erwartbarer Erwartungen (siehe Bd. I, S. 31 ff) bilden müssen. Vgl. hierzu HERBERT BLUMER, *Psychological Import of the Group*. In: MUZAFER SHERIF/M. O. WILSON (Hrsg.), *Group Relations at the Crossroads*. New York 1953, S. 185–202 (198).

60 Dies ist ein Hauptthema umfangreicher organisationssoziologischer Forschungen. Siehe als Ausgangspunkt FRITZ J. ROETHLISBERGER/WILLIAM J. DICKSON, *Management and the Worker*. Cambridge/Mass. 1939.

mend sei; es würden dann diejenigen das Gesetz befolgen, die es für richtig halten oder die in sozialen Systemen handeln, in denen andere es für richtig halten, während die Gegner des Gesetzes sich ihm zu entziehen suchten. Empirische Forschungen haben jedoch gezeigt (und durch Nachdenken käme man auch darauf), daß eine solche moralische Gleichung viel zu einfach ist: Einerseits werden Gesetze auch von denen gebrochen, die sie bejahen und für richtig halten; zum anderen vermögen in Kraft gesetzte Gesetze nach und nach auch manche ihrer Gegner zu überzeugen (vor allem, wenn alarmierende Befürchtungen sich nicht realisieren).[61] Deshalb müssen zur Vorbereitung erklärender oder prognostischer Analysen bestimmter empirischer Konstellationen abstraktere Fragestellungen ausgearbeitet werden. Ohne Absicht auf Vollständigkeit seien drei solcher Fragestellungen genannt, und zwar (1) die Frage des *Verhältnisses von Systemstruktur und Systemgeschichte*, (2) die Frage der *Selbststeuerungsfähigkeit von Systemen* und (3) die Frage der *relativen Invarianz von Systemänderungen und Umweltänderungen*. Alle drei Hinsichten dürften für eine rechtlich zentralisierte Steuerbarkeit des Gesellschaftssystems von Bedeutung sein, und in jeder dieser Hinsichten ergeben sich für die verschiedenen Systemtypen andere Sachlagen.

In allen personalen und sozialen Systemen fungiert in gewissem Umfange *Systemgeschichte als Struktur*, das heißt als Prämisse der Erlebnisverarbeitung. Sie kann die Erlebnisverarbeitung steuern in der Form von erfahrungsbewährten, wiederholt benutzten Symbolen, deren Genesis nicht im Bewußtsein gehalten zu werden braucht, die also als Gegenwart erlebt werden; aber auch in der Form einer erinnerten, sozusagen datierbaren Vergangenheit, einer Chronologie von Ereignissen, die durch ihre Lokalisierung in der Vergangenheit der Verfügung entzogen werden – zum Beispiel: ein abgegebenes Versprechen, eine aufgedeckte Lüge, die künftig Vorsicht und Mißtrauen rechtfertigt, eine Einladung, eine Interessenbekundung, eine kränkende Abweisung usw. In beiden Weisen ist Systemgeschichte ein prinzipiell unentbehrliches Hilfsmittel der Vereinfachung von Zukunft; ja, Vergangenheit und Zukunft können als unterschiedliche Zeithorizonte der Gegenwart nur auseinandertreten in dem Maße, als Systemgeschichte unter abstrakteren Gesichtspunkten zur Struktur wird. Das Vergangene wird dann einerseits ‹kapitalisiert›, das heißt als Besitz zur Grundlage künftiger Möglichkeiten gemacht, und andererseits ‹historisiert›, das heißt in den Horizont des Erledigten abgeschoben, an dem man sich nach Maßgabe

---

61 Siehe z. B. ROBERT E. LANE, *The Regulation of Businessmen. Social Conditions of Government Economic Control*. New Haven 1954; HARRY V. BALL, *Social Structure and Rent-Control Violations*. American Journal of Sociology 65 (1960), S. 598–604; HARRY V. BALL/LAWRENCE M. FRIEDMAN, *The Use of Criminal Sanctions in the Enforcement of Economic Legislation. A Sociological View*. Stanford Law Review 17 (1965), S. 197–223 (208 f); MORROE BERGER, *Equality by Statute. The Revolution in Civil Rights*. 2. Aufl. Garden City/N. Y. 1967, S. 181 f; JOHN COLOMBOTOS, *Physicians and Medicare. A Before-After Study of the Effects of Legislation on Attitudes*. American Sociological Review 34 (1969), S. 318–334.

künftiger Erfordernisse immer wieder orientieren kann, aber nicht muß. Im Zusammenhang mit solchen Veränderungen des Zeitbewußtseins werden dann ‹Kapital› und ‹Bildung› als Werte geschätzt und institutionalisiert.

Wir kommen auf diese Zusammenhänge zwischen Systemstruktur, Recht und Zeitverständnis weiter unten nochmals zurück.[62] Hier geht es zunächst nur um die Einsicht, daß ein gesamtgesellschaftlich angebahntes Verhältnis von Systemstruktur und Zeithorizont sich nicht auf allen Systemebenen gleichermaßen realisieren läßt. Personale Strukturen der Erlebnisverarbeitung beruhen zum Teil auf vorsprachlich entstandenen Symbolbildungen, die sich bewußter Zugänglichkeit, objektivierender Distanznahme, hermeneutischer Auslegung und Re-interpretation entziehen;[63] insoweit ist dann auch Systemgeschichte unverfügbar. Ebenso verwenden Interaktionssysteme unter Anwesenden mangels ausdifferenzierter Strukturen im wesentlichen ihre eigene Situationsgeschichte als Strukturersatz; das heißt, sie orientieren sich bei der Reduktion ihrer Komplexität an dem, was vorher gesagt und getan worden ist, und finden dann oft keine Möglichkeit, sich von der faktisch entstandenen Selbstbindung zu lösen.[64] Das Korrektiv liegt hier in der Kurzfristigkeit solcher Systembildungen, die es erlaubt, mit neuen Kontakten jeweils wieder eine neue Systemgeschichte aufzubauen[64a] Auch aus Organisationsanalysen kennen wir den Vorgang, daß im Laufe der Systemgeschichte der weite Rahmen des formalorganisatorisch Möglichen eingeschränkt und die Organisation, um mit SELZNICK zu sprechen, ‹Institution› wird.[65]

Ohne uns in weitere Einzelheiten zu verlieren, können wir als Pointe festhalten, daß die Abhängigkeit von der systemeigenen Geschichte mit dem Selektionsstil und deshalb mit der besonderen Typik der Systeme zusammenhängt. Zunehmende gesellschaftliche Differenzierung führt daher

---

62 Vgl. S. 343 ff.

63 Vgl. JÜRGEN HABERMAS, Der Universalitätsanspruch der Hermeneutik. In: Hermeneutik und Dialektik. Tübingen 1970, Bd. I, S. 73–103.

64 Solche Prozesse interaktiver Selbstverstrickung spielen bei der Entstehung abweichenden Verhaltens eine bedeutsame Rolle; man wird in ihnen auf Positionen gelotst, von denen aus abweichendes Verhalten naheliegt, und wird dann unwiderrufbar entsprechend etikettiert. Vgl. die Literaturhinweise Bd. I, S. 122, Anm. 166. Aber auch rechtlich geregelte Verfahren sind Interaktionssysteme, die eine eigene Geschichte aufbauen, als Struktur weiteren Vorgehens verwenden und unwiderrufbar machen. Vgl. dazu AARON V. CICOUREL, *The Social Organization of Juvenile Justice.* New York–London–Sydney 1968, insbes. die Zusammenfassung S. 328 ff, und NIKLAS LUHMANN, Legitimation durch Verfahren. Neuwied–Berlin 1969, S. 38 ff und passim.

64a Die Voraussetzung einer ‹Ausdifferenzierung aus der allgemeinen Weltgeschichte› ist natürlich von Fall zu Fall in sehr unterschiedlichem Umfang realisierbar. Siehe dazu SHERRI CAVAN, *Liquor License. An Ethnography of Bar Behavior.* Chicago 1966, insbes. S. 54 f, 79 ff.

65 Vgl. PHILIP SELZNICK, Foundations of the Theory of Organization. American Sociological Review 13 (1948), S. 25–35; DERS., *TVA and the Grass Roots.* Berkeley–Los Angeles 1949; DERS., *Leadership in Administration. A Sociological Interpretation.* Evanston/Ill.–White Plains/N. Y. 1957.

zu einer Vervielfältigung von Systemgeschichten, die zwar als Teile einer gemeinsamen Weltgeschichte gesehen werden können, aber die Systeme in sehr unterschiedlichem Maße binden, die in Sinnsedimenten aufgehoben werden und nur zum Teil bewußtseinsfähig, kapitalisierbar oder historisierbar werden. Daraus folgt, daß man mit sehr unterschiedlichen Bedingungen der Mobilisierbarkeit von Strukturen und der Assimilierbarkeit von Neuerungen rechnen muß. Die auf Gesellschaftsebene institutionalisierte strukturelle Variabilität setzt sich nicht ohne weiteres in den übrigen Systemen fort. Andererseits können Systeme außerhalb oder unterhalb der Gesellschaftsebene leichter aufgelöst und neugegründet bzw. strukturwidrig motiviert werden, wenn sie einer Änderung von Rechtsnormen Widerstand entgegensetzen.

Unser nächster Gesichtspunkt betrifft die *Selbststeuerungsfähigkeit von Systemen*. Damit ist die Fähigkeit gemeint, bei *spezifischen* Änderungen der Umwelt *spezifische* Anpassungsentscheidungen herbeizuführen, sowie die Bandbreite der Ereignisse, über die eine solche Anpassung möglich ist. In der *selektiven Spezifikation* solcher Anpassungsprozesse liegt der wichtige Vorteil einer *Minimierung der strukturellen Konsequenzen*, die Umweltänderungen für Systeme haben. Eine rasch fluktuierende, turbulente Umwelt [66] würde den Aufbau hochkomplex strukturierter, umweltabhängiger Systeme unmöglich machen, gäbe es keine Möglichkeiten, im Wege der Selbststeuerung die laufende Anpassung von System und Umwelt selektiv zu behandeln, sei es, daß das System sich selbst, sei es, daß es ausgewählte Merkmale seiner Umwelt ändert.

Eine Fülle von systemtheoretischen Überlegungen hat sich der rationalen Nachkonstruktion solcher Selbststeuerungseinrichtungen zugewandt – zunächst in der Form von Gleichgewichtsmodellen, dann in der Form homöostatischer oder kybernetischer Modelle. Dabei ist zumindest umrißhaft deutlich geworden, daß Selbststeuerung eine höchst voraussetzungsvolle Leistung ist und keineswegs als allgemeine Eigenschaft aller Sozialsysteme unterstellt werden kann.[67] Zu den Voraussetzungen gehören unter anderem: Explizierbarkeit von ‹Sollzuständen› des Systems; hinreichende Spezifizierbarkeit der Grenzen und der Beziehungen zwischen System und Umwelt; Lernfähigkeit, was unter anderem impliziert eine hinreichend rasche Erkennbarkeit von funktional äquivalenten Problemlösungen; ferner bestimmte zeitliche Korrelationen zwischen System und Umwelt, vor allem die, daß das Änderungstempo der Umwelt nicht durchweg höher sein darf als das Änderungstempo des Systems; und nicht zuletzt zentralisierte oder,

---

66 Vgl. dazu die von F. E. EMERY/E. L. TRIST, *The Causal Texture of Organizational Environments*. Human Relations 18 (1965), S. 21–32, für Organisationen entworfene Umwelttypologie.

67 Diese Erkenntnis wird oft – und recht unglücklich, weil nicht weiterführend – als Ablehnung einer Analogie von Sozialsystem und Organismus bzw. Maschine formuliert. Es käme aber darauf an, die Bedingungen genauer anzugeben, unter denen auch soziale Systeme Selbststeuerungseinrichtungen aufbauen können.

bei ausreichender Isolierung von Teilfunktionen, dezentralisierte Entscheidungsfähigkeit des Systems in dem Sinne, daß *irgendwo* im System getroffene Anpassungsentscheidungen *überall* im System akzeptiert werden. Die Voraussetzungen dafür können in manchen Hinsichten in Familien, vor allem aber in organisierten Sozialsystemen erfüllt werden.

Für rechtspolitische Innovationen bedeutet Selbststeuerung in den betroffenen Systemen keineswegs schon eine Garantie der Befolgung des neuen Rechts. Sie bedeutet nur, daß Neuerungen mit einem minimierten Aufwand an Strukturänderung realisiert werden *können*, ohne daß die strukturellen Konsequenzen bei der Rechtsetzung mitgeplant werden müßten; sie werden nur in die Umwelt der betroffenen Systeme eingeführt in der Annahme, daß diese ihre Struktur den neuen Daten anpassen können und werden, ohne ihre Identität zu verlieren. Die Systeme absorbieren dann die Änderung mit einem gerade noch erforderlichen Aufwand möglichst ohne Gefährdung anderer Errungenschaften.

Ein dritter Gesichtspunkt schließt unmittelbar an. Rechtsänderungen können in dem Maße besser absorbiert werden, als zwischen Systemen und ihren Umwelten ein *Verhältnis relativer Invarianz* besteht, so daß die Systeme indifferent dagegen sein können, ob die Umwelt sich ändert oder nicht. Solche Indifferenz wurde früher allein unter dem Gesichtspunkt der Autarkie oder Selbstgenügsamkeit gedacht. Heute sieht man, namentlich in der Psychologie,[68] den anderen Weg einer Abstraktion struktureller Prämissen, die die Relevanz von Beziehungen zwischen System und Umwelt regulieren. Durch solche Abstraktion kann der Toleranzbereich des Systems gesteigert werden. In dem Maße, als dies erreicht wird, treten durch die eigene Struktur bedingte normative (projektive) Erwartungen an die Umwelt zurück und werden durch kognitive, lernbereite Erwartungen ersetzt.[69] Auch auf Rechtsänderungen kann das System dann kognitiv, also lernend reagieren, obwohl es sich in der Perspektive der Gesellschaft und ihres politischen Systems um normative Erwartungen handelt.

Für die Persönlichkeit sind hier Entwicklungs- und Sozialisationsprozesse involviert, deren Breitenwirkung schwer abschätzbar ist. Einfache Interaktionssysteme haben kaum Chancen, eine abstraktere Struktur und eine eigene Konzeptualisierung ihrer Umwelt zu gewinnen.[70] Im wesent-

---

68 Vgl. insbes. O. J. HARVEY/DAVID E. HUNT/HAROLD M. SCHRODER, *Conceptual Systems and Personality Organization*. New York–London 1961.

69 In der rechtssoziologischen Forschung hat ADAM PODGÓRECKI, *Loi et morale en théorie et en pratique*. Revue de l'Institut de sociologie 1970, S. 277–293, diesen Gedanken aufgenommen und versucht, die Unterscheidung von moralischem Rigorismus und Toleranz mit anderen Variablen, z. B. Ausbildung und Schichtenzugehörigkeit, zu korrelieren.

70 Abstraktionsleistungen werden bei diesem Systemtypus hauptsächlich dann angeregt, wenn die Zusammenkunft unterbrochen und nach Trennung der Teilnehmer und anderen Systemengagements wieder fortgesetzt wird. Solches Intermittieren gibt Anlaß, die Identität des Systems, die Gründe der Zusammenkunft, Plätze, Zeitpunkte, Themen, Teilnehmer bewußt zu artikulieren. Selbst dann bleibt jedoch die benötigte Abstraktionsleistung vergleichsweise gering.

lichen werden Abstraktionsleistungen durch Organisation getragen. Ebenso wie im Hinblick auf die Trennbarkeit von Struktur und Geschichte und die Selbststeuerungsfähigkeit der Systeme scheint also auch im Hinblick auf die Herstellung unabhängiger Variabilität von System und Umwelt Organisation eine innovationsgünstige Systemform zu sein. Man kann daraus schließen, daß der Organisiertheitsgrad der gesellschaftlichen Subsysteme ein wesentlicher Faktor sein wird, der die Aufnahmefähigkeit für Rechtsänderungen mitbestimmt.

Zusammenfassend sei nochmals die Perspektive verdeutlicht, unter der die vorstehenden Überlegungen standen. Spezifische, zumeist unifunktional geplante Eingriffe in das Rechtsgefüge hochdifferenzierter Gesellschaften können nicht nach dem einfachen Muster elementarer Interaktion als Erwartung und Erfüllung oder als Befehl und Gehorsam begriffen werden. Sie treffen auf ein differenziertes System, das in sich eine Vielzahl verschiedenartiger System/Umwelt-Relationen beherbergt, und setzen entsprechend differenzierte Wirkungsreihen in Lauf. Die erstrebte Änderung spezifischer Verhaltensmuster einzelner Systeme löst, wenn erfolgreich, in diesen Ausgleichsbewegungen aus, und beides zusammen ändert die Umwelt anderer Systeme. Rechtsänderung ist daher einerseits ein Motivationsproblem im Hinblick auf bestimmte, von Fall zu Fall wechselnde Adressaten; sie ist andererseits, als Einwirkung auf die Umwelt anderer Systeme, ein Absorptionsproblem. Man kann annehmen, daß beide Probleme nur zusammen erfolgreich gelöst werden können, da Systeme zu Strukturänderungen nur motiviert werden können, wenn die neuen Verhaltensprämissen als Umweltdaten anderer Systeme sich mit diesen zu erfolgreichen Interaktionsmustern verbinden lassen:[71] Nachtschichten im Betrieb lassen sich nur einführen, wenn das Familienleben darauf eingestellt werden kann; eine Demokratisierung der Entscheidungsprozesse in den Hochschulen nur, wenn die Krankenversorgung in den Universitätskliniken darauf eingestellt werden kann; Rassengleichheit nur, wenn der Personalmarkt und die nachbarschaftlichen Wohngemeinschaften sich darauf einstellen lassen; eine Befehlsverweigerung durch Soldaten bei Verbrechen und Vergehen nur, wenn die Autoritätsstruktur des Militärs darauf eingestellt werden kann [72] – und all dies, ohne lawinenartig anschwellende Folgeprobleme auszulösen. Eine genauere Analyse der Verwirklichungschancen neuen Rechts, für die hier nur einige Fragestellungen vorentworfen

---

[71] Diese Lehre hat vor allem die Organisationssoziologie aus mühsamen Versuchen mit Umschulung und Einführung neuer Methoden durch *einzelne* Mitarbeiter gezogen. Das organisierte Sozialsystem selbst läßt sich nicht durch Einführung neuer Handlungen ändern, sondern nur dadurch, daß der Rollenkontext mit Erwartungen, Gegenerwartungen und Erwartungserwartungen geändert wird. Vgl. z. B. ROBERT L. KAHN/DONALD M. WOLFE/ROBERT P. QUINN/DIEDRICK J. SNOEK, *Organizational Stress. Studies in Role Conflict and Ambiguity*. New York–London–Sydney 1964.

[72] Hierzu bereitet HOLGER ROSTECK auf Grund empirischer Erhebungen eine Veröffentlichung vor.

werden konnten, wird daher mit einer Mehrheit von System/Umwelt-Referenzen arbeiten müssen. Sie wird, solange dafür keine abstrakte logische Technologie zur Verfügung steht, sich an herausgeschnittene, relativ konkrete Konstellationen halten müssen und ihre Begriffe nur als heuristische, nicht als prognostische Instrumente verwenden können.

Alles in allem dürfte die Aufnahmefähigkeit der Gesellschaft für rechtlich ausgelöste Änderungen davon abhängen, daß die *Interdependenzen im Gesellschaftssystem nicht zu hoch sind*. Hinge alles von allem ab, wäre es kaum möglich, durch *bestimmte* Eingriffe *bestimmte* Wirkungen zu erzeugen. Die vorstehend behandelten, recht verschiedenartigen Sachverhalte lassen sich auf einen Nenner bringen, wenn man sie als Formen der *Unterbrechung von Interdependenzen* begreift. Sie verhindern, daß in Akten der Rechtsänderung zu viel zugleich bedacht und bewirkt werden muß. Andererseits steigen in zunehmend komplexen, funktional differenzierten Gesellschaften zugleich die Wechselbeziehungen zwischen den einzelnen Funktionskreisen und Teilsystemen. Unabhängigkeiten und Abhängigkeiten nehmen miteinander zu, und daraus entstehen Kombinationsprobleme auf höheren Ebenen der Systemsteuerung, die nicht beliebig – und schon gar nicht durch ‹Herrschaft› gelöst werden können. Von da her sind Fragen an den kategorialen Apparat des Rechts, an seine Steuerungsbegrifflichkeit zu stellen, vor allem die zentrale Frage, ob und wie Rechtsbegriffe in der Lage sein können, unvermeidlich hohe gesellschaftliche Interdependenzen zu reflektieren und in Entscheidungsprozesse zu übersetzen.

2. KATEGORIALE STRUKTUREN

Nicht nur die gesellschaftlichen Verhältnisse bieten für ihre Veränderung zugleich Anreize und Blockierungen. Das gleiche gilt für den Rechtsstoff selbst – für die Sinnbestände, formulierten Rechtssätze und die dogmatischen Begriffe, in denen das Recht für wiederholbares Entscheiden aufbewahrt wird.[73] Rechtsstoff hat, im Kontext der evolutionären Mechanismen, zunächst eine stabilisierende Funktion. Die Mechanismen der Variation, Selektion und Stabilisierung fungieren jedoch interdependent. Daher wirken stabilisierte Strukturen immer auch selektiv auf das, was sich ändern kann. Die Entscheidungsverfahren vermitteln diesen Effekt.

Um die Veränderungssteuerung durch vorhandene Rechtsbestände genauer beurteilen zu können, müssen wir eine wichtige Unterscheidung einführen. Der innovierende bzw. Innovation verhindernde Effekt kann sich *direkt* aus dem Recht ergeben, das als festgehaltene Struktur gesellschaftlicher Prozesse Veränderungen auslöst oder blockiert. Gesellschaftliche

---

73 Vor allem EUGEN HUBER, Recht und Rechtsverwirklichung. Probleme der Gesetzgebung und der Rechtsphilosophie. Basel 1921, S. 319 ff, hat das vorhandene Recht, das «mit der Gewalt der Gegenwart ausgerüstet» ist, unter diesem Gesichtspunkt als «Reale der Gesetzgebung» behandelt.

Veränderungen können auch, und das ist etwas ganz anderes, durch *Rechtsänderung* vermittelt werden. Diese Komplikation ist unvermeidbar, da wir die Gesellschaftsstruktur nicht mehr mit dem Recht identifizieren können, also Änderung/Nichtänderung auf seiten des Rechts und auf seiten der Gesamtheit gesellschaftlicher Strukturen unterscheiden müssen und infolgedessen Nichtänderung des Rechts mit Änderung anderer gesellschaftlicher Strukturen korrelieren kann und umgekehrt.[74] Hinzu kommt, daß in jeder Struktur Änderbarkeit und Nichtänderbarkeit zusammenhängen, weil die Änderungen abhängen von der Form, in der Nichtgeändertes festgehalten wird. Uns geht es einerseits um die Form, in der jeweils nichtgeändertes Recht festgehalten wird, und zum anderen um die Frage, wie diese Form sich unmittelbar oder über Rechtsänderungen auf eine Veränderung oder Nichtveränderung gesellschaftlicher Strukturen auswirkt. Die Möglichkeiten lassen sich an folgendem Schema ablesen. Diese abstrakt-schematische Dar-

	Gesellschaft	
	Änderung	Nichtänderung
Recht — Änderung	Positives Recht	Kodifikationen
Recht — Nichtänderung	Funktionswandel der Rechtsnormen	starre Zustände geringe Ausdifferenzierung

stellung dient dem Überblick und der gedanklichen Kontrolle. Durch Bezug auf die historische Entwicklung des modernen Rechts und durch einige Beispiele wird das, was gemeint ist, deutlicher vor Augen treten.

Ein Rückblick in die neuzeitliche Rechtsgeschichte zeigt, daß das rechtliche Fundament des industriellen Zeitalters, wenn man von einigen gesellschaftsbewußten Überleitungsmaßnahmen wie dem Abbau ständischer und regionaler Verkehrsschranken und vom Bereich verfassungspolitischer Reformen absieht, nicht im Wege legislativer Planung von Systemzuständen gelegt worden ist. Sehr wesentliche Errungenschaften sind vielmehr auf dem Wege dogmatischer Abstraktion zustande gekommen und zementiert worden. Diese dogmatischen Errungenschaften verdankten ihren Rang und ihre Effektivität als Komponenten einer neuartigen Gesellschaftsstruktur nicht ihrer legislativen Änderbarkeit, sondern ihrer Abstraktion. Es handelte

---

74 Daß diese Position heute weithin eingenommen wird (ohne daß sie in ihren komplizierten Konsequenzen durchdacht würde), hatten wir oben S. 295, Anm. 2, bereits mit einigen Hinweisen belegt.

sich nicht um den Entwurf und die Normierung bestimmter Verhaltensmodelle, die auf eine Änderung ihrer gesellschaftlichen Parameter durch Anpassung ihrer Struktur reagieren können, also nicht schon um ‹lernendes Recht›. Sondern ihr Erfolg beruhte vor allem darauf, daß relativ unwahrscheinliche, ja ungerechte soziale Beziehungen als Recht behauptet, bewertet und stabilisiert werden konnten. Ihre Abstraktion ließ höhere Komplexität und Variabilität, ließ unwahrscheinlichere Institutionen in der Gesellschaft zu und verlieh diesen Errungenschaften den abstrakten Rechtstitel. Die Abstraktion als solche wurde gewollt und für vernünftig befunden, ohne daß ihre Respezifikation durch den Rechtsmechanismus mitgeplant worden wäre.

Ein erstes Beispiel hierfür kann in der Abstraktion des *Vertragsprinzips* gefunden werden, die, unter bestimmten, als Ausnahme eingebauten Kautelen, der bloßen Übereinstimmung von Willenserklärungen Bindungswirkung verleiht und dieses Prinzip im Hinblick auf teilnahmefähige Personen und Vertragsinhalte möglichst universell setzt. Damit wird der Vertrag, obwohl Rechtsfigur, vom Erfordernis innerer Gerechtigkeit entlastet. Das Recht des Vertrages ist dann außerstande, die Gerechtigkeit des Vertrages zu gewährleisten. Es gewährleistet aber, und darauf kommt es jetzt an, seine *Kompatibilität mit einem ausdifferenzierten Wirtschaftssystem, das sich selbst durch Instabilität der Preise steuert.*[75] Die Entscheidung über Eingehen und Nichteingehen von Verträgen kann ohne Rücksicht auf Konsequenzen für höhere Systemebenen getroffen werden, hat also mehr mögliche und situationsangepaßte Motive zur Verfügung. (Sie ist deswegen, wie man inzwischen sehr wohl weiß, nicht notwendig ‹frei›.) Auf diese Weise kann über Ware und Arbeit bindend, das heißt Zukunft bindend, verfügt werden, ohne daß die erforderliche Labilität des Gesamtsystems dadurch rechtlich blockiert würde. Das Recht ist mit mehr möglichen Zuständen der Wirtschaft vereinbar. Die Strukturprobleme der modernen Gesellschaft werden durch Fluktuieren dieser Zustände, nicht durch Fluktuieren der Rechtsnormen gelöst. So jedenfalls hatte man es sich vorgestellt.[76]

Der Vertrag ‹gilt› jedoch nicht kraft der Freiheit des Willens. Die strukturelle Abstraktheit des Vertragsprinzips braucht daher mit der Kritik der Autonomie des Privatwillens nicht zu fallen; sie läßt sich in geplantes Recht überführen. In der Tat kommt es bereits in weitem Umfange zu dem, was DEGUILLEM glücklich «collaboration... de la loi et du contrat» genannt hat.[77] Das Gesetz benutzt den Vertrag, zum Beispiel den Arbeitsvertrag oder den Mietvertrag, als Form, durch deren Regulierung es Wirkungen ver-

---

75 Zur Geschichte des Vertragsrechts unter diesem Gesichtspunkt siehe EMMANUEL GOUNOT, *Le principe de l'autonomie de la volonté en droit privé. Contribution à l'étude critique de l'individualisme juridique.* Paris 1912, insbes. S. 43 ff.

76 Zu den heute geläufigen Korrektiven dieser Vorstellung siehe den Überblick bei WOLFGANG FRIEDMANN, Recht und sozialer Wandel. Frankfurt 1969, S. 99 ff.

77 HENRI DEGUILLEM, *La socialisation du contrat. Etude de sociologie juridique.* Diss. Paris 1944, S. 27.

mittelt, die es nur unter Bedingungen zur Verfügung stellt oder an die es nichtvereinbarte Nebenfolgen anknüpft. Und es kann ohne formalen Eingriff in die Abschlußfreiheit den Verwendungskontext der Vertragsform nach Maßgabe rechtspolitischer Zielsetzungen ändern. Die durch Vertrag erzielbaren Effekte stehen den Beteiligten dann gleichsam nur als verschnürtes Paket zur Verfügung. Die Bedingungen werden geändert, wenn der Gesetzgeber sich andere Effekte wünscht oder wenn er die Erfahrung machen (das heißt lernen!) muß, daß niemand zugreift oder daß die Verschnürung reißt. Auch unterhalb des Gesetzesrechts läßt der Vertrag sich durch Geschäftsformulare als «Auslösemechanismus für den Eintritt formulierter Bedingungen» [77a] benutzen.

Ein anderes Beispiel bietet das Rechtsinstitut des *subjektiven Rechts* im privaten ebenso wie im öffentlichen Recht.[78] An ihm fällt auf, daß eine rein asymmetrische Beziehung ohne Vorsorge für Ausgleich und Reziprozität als Recht gesetzt wird. Auch hier wird von der inneren Gerechtigkeit des einzelnen Rechtsinstituts abgesehen. Dem (subjektiven) Recht der einen Seite muß eine Pflicht der anderen korrespondieren, nicht aber auch noch ein Gegenrecht mit entsprechenden Gegenpflichten.[79] Reziprozität wird natürlich nicht ausgeschlossen. Subjektive Rechte können zu komplexeren Rechtsfiguren zusammengefaßt werden; aber dies sind schon Kombinationen höherer Ordnung, die nicht konstitutiv sind für die Rechtsgeltung. Der Charakter des Rechts als Recht wird also auch hier ohne Rücksicht auf Gerechtigkeit vergeben. Diese Abstraktion macht das Rechtsinstitut unabhängig von typmäßig festliegenden reziproken Interessenkonstellationen, macht es vielfältiger verwendbar, abstrakter (nämlich unabhängig von der Fortdauer der Ausgleichslage) garantierbar und mit all dem kompatibel mit höherer Komplexität und Variabilität der Gesellschaft. Die Kehrseite ist, daß die Motivation und die Ausbalancierung von Rechten und Pflichten nun auf Umwegen vermittelt, durch Systemstrukturen sichergestellt werden müssen – eine Aufgabe, die in der liberalen Konzeption übersehen und für die die analytischen und rechtstechnischen Instrumente nicht mitausgebildet wurden.[80]

77a So formuliert WINFRIED BROHM, Strukturen der Wirtschaftsverwaltung. Organisationsformen und Gestaltungsmöglichkeiten im Wirtschaftsverwaltungsrecht. Stuttgart 1969, S. 20.
78 Hierzu ausführlicher NIKLAS LUHMANN, Zur Funktion der ‹subjektiven Rechte›. Jahrbuch für Rechtssoziologie und Rechtstheorie 1 (1970), S. 321–330.
79 In der Sprache von ALVIN W. GOULDNER, *The Norm of Reciprocity*. American Sociological Review 25 (1960), S. 161–178, heißt dies, daß die Beziehung nur Komplementarität, nicht Reziprozität gewährleistet. Daran wird, auch soziologisch, die Künstlichkeit der Figur erkennbar.
80 Eine der Folgen ist, daß die Rechtsdogmatik dieses Jahrhunderts sich auf einen Wiederabbau des subjektiven Rechts hin bewegt, nämlich auf einen Wiedereinbau konkreter, gegenläufiger Pflichten, Rücksichtnahmen, Güterabwägungen, Wertbindungen im Sinne von ‹Eigentum verpflichtet›. Damit wird jedoch das Problem der Ausbalancierung abstrakter Ordnungsfiguren nicht gelöst, sondern nur die Abstraktionsebene preisgegeben, auf der es sich stellte.

Unser letztes Beispiel liefern uns die *Grundrechte*, die sich des Prinzips der *Freiheit* oder des Prinzips der *Gleichheit* bedienen. Auch dies sind dogmatische Abstraktionen, die, aus überlieferungsmäßig vorliegendem Gedankengut gewonnen, in der Neuzeit radikalisiert und so auf die Spitze getrieben worden sind, daß sie keine mögliche Realität mehr bezeichnen. In diesem universellen und radikalen Sinne sind Freiheit und Gleichheit, soziologisch gesehen, unwahrscheinliche Tatbestände. Ihre Normierung als Rechtsprinzip stellt mithin das Normale als Ausnahme hin und setzt alle Ordnung als Einschränkung von Freiheit und Gleichheit unter Begründungszwang. Die Begründung selbst wird jedoch nicht mehr ausreichend vorstrukturiert – auch insofern fehlt ein Instrumentarium der Systemplanung.

Achtet man auf die Funktion einer so paradoxen Übersteigerung und Entnormalisierung, tritt ihr Zusammenhang mit der funktionalen Differenzierung des Gesellschaftssystems in den Blick. Diese löst die gemeinsamen Glaubensgrundsätze als Beschreibungen einer natürlichen oder wünschenswerten Realität auf, beläßt ihnen jedoch den formalen Charakter der Frage nach dem Grund der Normen, der Aufforderung, je spezifische Funktionen als Begründung der Unfreiheiten oder Ungleichheiten anzugeben. Der eigentlichen Aufgabe des Rechts, dem Richten unter solchen Prätentionen auf funktionale Begründung, fehlt in dieser Dogmatik noch die Orientierung, die kategoriale Struktur, aus der sie ein Richtmaß gewinnen könnte. Die Rechtsprechung, der diese Aufgabe im wesentlichen überlassen wird, behilft sich mit dem Zitieren gegenläufiger Werte, Rechtsgüter oder schutzwürdiger Interessen, die eine Ausnahme von den Regeln der Freiheit und Gleichheit rechtfertigen. So kommt es zu einem an sich vernünftigen Abwägungsopportunismus, der aber als Kasuistik vorgeblich richtiger Entscheidungen eingefroren wird.

Diese Beispiele stehen für eine Vielzahl figurativer und wertmäßiger Abstraktionen, die der rechtsanwendende Entscheidungsprozeß in langer Tradition hervorgebracht und geläutert hat und bei Gelegenheit durch Gesetzgebung kodifizieren ließ. Genetisch stehen sie in direktem Zusammenhang mit erkannten Bedürfnissen gesellschaftlicher Praxis, entwickeln dann aber durch begriffliche Abstraktion und Eigenlogik kategoriale Formen, die sich nicht mehr in Punkt-für-Punkt-Korrelationen auf bestimmte Bedürfnisse beziehen lassen. Ihre Abstraktheit gewinnt so einen Bezug auf unvorhergesehene Situationen, erlaubt Anknüpfung und Festigung neuer Motive, bringt, um eine MARXSCHE Formulierung zu nehmen, die versteinerten Verhältnisse zum Tanzen – aber ohne durchgezeichnete Choreographie. Zugleich führt ihre Festigkeit zu einem ebenfalls unkontrollierbaren ‹Funktionswandel›, wie KARL RENNER ihn am Falle des Eigentums klassisch beschrieben hat.[81] Dogmatische Figuren dieser Art lassen sich als feststehende Begriffe, gleichsam als Subroutinen möglicher Entscheidungs-

---

81 Die Rechtsinstitute des Privatrechts und ihre soziale Funktion. Neudruck Stuttgart 1965 (zuerst 1904).

prozesse, in neue Gesetze einbauen: Man formuliert dann, daß ‹der Eigentümer› für etwas zu sorgen habe, daß ‹Verwaltungsakte› anfechtbar seien, daß Neuerungen ‹unbeschadet bestehender Rechte› durchgeführt werden, um sich dann darauf zu verlassen, daß solche Klauseln in den rechtsanwendenden Entscheidungsprozessen ihren Sinn finden werden.

Dabei bleiben jedoch viele Fragen unbeantwortet, die man vom Standpunkt rechtspolitischer Planung gesellschaftlicher Veränderungen aus formulieren könnte. Vor allem trägt die rechtsdogmatische Begrifflichkeit wenig, wenn überhaupt, zur Analyse und ‹Faktorisierung› von Planungsaufgaben bei.[82] Selbst Ansätze zu einem rechtstheoretischen Planungsinstrumentarium auf einem der vorhandenen Dogmatik entsprechenden Abstraktionsniveau sind nicht zu erkennen. Am ehesten haben noch Rechtsvergleicher ein funktionales Problembewußtsein entwickelt, das die dogmatischen Figuren (aber nicht die gesellschaftlichen Verhältnisse) zum Tanzen bringt.[83]

Ein anderer, bewußt provisorischer, bewußt in änderbare Verhältnisse hineingesetzter und mit ihnen änderbarer Normierungsstil hat sich mit wachsender politischer Verantwortung für wirtschaftliche und soziale Verhältnisse besonders seit dem Ersten Weltkrieg entwickelt. Hier gibt es so etwas wie lernendes Recht, freilich auf einer sehr konkreten, zweckbezogenen, interessennahen Stufe begrifflicher Entfaltung, von der aus sich nennenswerte Strukturänderungen nicht planen lassen. Daraus resultiert die bereits erwähnte Tendenz, sich vorzugsweise mit Bedarfsanmeldungen und Funktionsstörungen zu befassen und Anpassungen konkret durch *ad hoc* geplante Akte der Gesetzgebung zu vollziehen: durch Geldabfindungen, Quotenbeschränkungen, Handlungsverbote, Anmeldepflichten, Genehmigungsvorbehalte mit hin und wieder geänderten Bedingungen. «Die Entwicklungstendenz des Rechts zielt», so formuliert GEOFFREY SAWER,[84] «nicht in die Richtung der Generalisierung und formalen Vereinfachung und der damit verbundenen Starrheit, gegen die JHERING und GÉNY protestierten; sie zielt in die Richtung der Komplexität und Spezifikation ohne organisierende

---

82 Nicht sehr viel besser ist die Lage im Bereich der klassischen Zweck/Mittel-Analyse. Immerhin sind hier ein ausgeprägtes Problembewußtsein und eine Bereitschaft zur Verwendung komplexerer Systemmodelle zu beobachten – vgl. etwa JAMES G. MARCH/HERBERT A. SIMON, Organizations. New York–London 1958, insbes. S. 191 ff; und auch NIKLAS LUHMANN, Zweckbegriff und Systemrationalität. Über die Funktion von Zwecken in sozialen Systemen. Tübingen 1968.

83 Vgl. am ausführlichsten JOSEF ESSER, Grundsatz und Norm in der richterlichen Fortbildung des Privatrechts. Tübingen 1956. Aufs Prinzipielle zielende Formulierungen zum Zusammenhang von soziologischer Problemstellung, Rechtsvergleich und Rechtspolitik finden sich häufiger, aber die Ausarbeitung läßt sehr zu wünschen übrig. Siehe z. B. ULRICH DROBNIG, Rechtsvergleichung und Rechtssoziologie. Zeitschrift für ausländisches und internationales Privatrecht 18 (1953), S. 295–309; SPIROS SIMITIS, Die Informationskrise des internationalen Rechts und die Datenverarbeitung. Zeitschrift für Rechtsvergleichung 9 (1969), S. 276–298 (280 ff), mit weiteren Hinweisen.

84 *Law in Society*. Oxford 1965, S. 209.

Begriffe. Vom Standpunkt des Gesetzgebers aus erleichtert das ein Anpassen der Regeln an soziale Situationen, da ja die Gesellschaft selbst äußerst komplex und strukturell beweglich geworden ist. Für den Praktiker bringt dies entweder äußerste Spezialisierung mit sich, die ein breiteres soziales Bewußtsein gefährdet, oder ein Sichverlassen auf Wörterbuchbedeutungen, angestückt durch Bezugnahme auf einen engen Dokumentationszusammenhang und ohne jeden Versuch, den sozialen Zusammenhang zu verstehen.»

Die auffallende Misere des heutigen positiven, namentlich des öffentlichen Rechts liegt in der Zusammenhanglosigkeit großer Normmengen, die situationsweise verfahrensmäßig hergestellt und zu unüberblickbaren Haufen zusammengeschoben werden, ohne daß diesen Beständen gegenüber adäquate Mittel gedanklicher Disposition entwickelt worden wären. So verliert die Komplexität ihre Kontingenz, die Fülle anderer Möglichkeiten rechtlicher Regulierung und gesellschaftlicher Gestaltung ihre praktische Zugänglichkeit. Anlaß zur Besorgnis bietet weniger das Problem der Konsistenz, die Gefahr, daß rechtlich begründete Erwartungen sich in die Quere kommen und blockieren können. Das kommt zwar vor, wird dann aber zumeist als Störung erkennbar und kann durch Entscheidung beseitigt werden. Weniger unmittelbar evident, dafür aber desto weittragender sind die Gefahren für die Disponibilität des Rechts, die in seiner Positivität an sich angelegt ist, die aber nicht so ohne weiteres von selbst eintritt.

Immer deutlicher tritt ferner zutage, daß Planungen, besonders Entwicklungsplanungen, sich an komplexen, multivariablen, roh zusammengezimmerten Modellen orientieren, die den vorhandenen Rechtsstoff auf vielfältige, verstreute, teils direkte, teils indirekte Weise berühren, ohne daß diese Art Planung mit der Maschinerie der Rechtsänderungen integriert werden könnte. Vom Standpunkt der Planung aus wäre jeweils eine Vielzahl von Gesetzen in mehr oder weniger weitreichenden Einzelheiten änderungsbedürftig; aber diese Änderungen können nach Zahl und Tragweite nicht koordiniert, im Gesamtkontext jedes Einzelgesetzes abgewogen und hinreichend rasch bewirkt werden. So bilden sich neben den Gesetzen – FRIDO WAGENER formuliert sogar: «als Gesetzersatz» [85] – Pläne, die als kongruent generalisierte Erwartungen rechtsähnliche Orientierung vermitteln, vor allem Sicherheiten und Prognosemöglichkeiten erschließen, aber nicht juridifiziert werden können. Die sich unter solchen Umständen noch durchsetzenden ordnungspolitischen Intentionen werden durch Gesetze nicht mehr bestimmt oder auch nur zum Ausdruck gebracht, sondern eher behindert und auf Auswege oder Umwege gedrängt, die weder einer abgewogenen legislativen Absicht noch der eigentlichen Konzeption des Planers entsprechen.[86]

---

85 Von der Raumplanung zur Entwicklungsplanung. Deutsches Verwaltungsblatt 85 (1970), S. 93–98 (97).
86 FRITZ SCHARPF, Die politischen Kosten des Rechtsstaates. Tübingen 1970, stellt unter diesem Gesichtspunkt der vergleichsweise zurückhaltenden Gesetzge-

Mit all dem breiten sich Erscheinungen aus, die nicht gewollt sind, wertmäßig nicht gerechtfertigt werden können und zur Legitimation des Rechts nichts beizutragen vermögen. Der chaotische Zustand des Rechts sperrt zwar Neuerungen nicht aus – im Gegenteil! Vom gegebenen Bestand an Vorschriften aus lassen sich jedoch allenfalls konkret naheliegende Alternativen, allenfalls Fortschreibungen des *status quo* aktualisieren. Der Angelpunkt des Auswechselns von Problemlösungen liegt typisch nicht mehr in einer rechtlich konzipierten Problematik, sondern in realen, politisch forcierbaren Interessen. Deren Standpunkt hat, trotz aller Bemühungen um ‹Interessenjurisprudenz›, nicht zureichend in die Rechtsdogmatik eingearbeitet, vor allem nicht zureichend generalisiert werden können. Jene ‹soziologische Jurisprudenz› wird deshalb von der Soziologie aus kaum Unterstützung erhalten können. Die soziologische Analyse ergibt vielmehr einen faktischen Fehlbestand an kategorialen Steuerungsmitteln, der, wenn überhaupt, nur in sehr viel abstrakteren rechtstheoretischen Begriffslagen aufgefüllt werden kann.

Unter den derzeit praktizierbaren kategorialen Formen des Rechts hat sich die Steigerung der sachlichen Komplexität des Rechts vor allem in zwei Richtungen vollzogen: als Zunahme der Zahl und als Zunahme der Verschiedenartigkeit (Varietät) von Entscheidungen. Eine weitere Dimension von Komplexität, die Interdependenz der Entscheidungen, blieb im wesentlichen unverändert gering.[87] Das heißt: Es hängen trotz aller innerdogmatischen ‹Systematisierungsversuche› jeweils nur relativ wenige Entscheidungen derart voneinander ab, daß die einen geändert werden müßten, wenn die anderen sich ändern. Die allen rechtswissenschaftlichen Beteuerungen zuwiderlaufende sehr geringe Interdependenz des Rechts hat bei zunehmender Komplexität gleichsam als Problemausgleich gedient; man konnte bei konstanter Entscheidungslast mehr und verschiedenartigere Entscheidungen zulassen, solange es nicht darauf ankam, wie sie zusammenhängen.[88] Die Verklammerung des Rechtssystems mit einer immer komplexer werdenden Gesellschaft konnte beibehalten werden, weil die Verklammerung von Recht mit Recht nicht nachvollzogen wurde. Mit dieser Art des Ausweichens setzt sich das Recht jedoch zunehmend außerstande, hochgradig interdependente Sozialverhältnisse adäquat abzubilden, ge-

---

bungspraxis in den Vereinigten Staaten, die mehr Details einer administrativen Regelung überläßt, ein günstigeres Zeugnis aus. Siehe andererseits THEODORE J. LOWI, *The End of Liberalism. Ideology, Policy and the Crisis of Public Authority*. New York 1969, der seinerseits die rechtstechnischen Schwierigkeiten einer zentralen rechtlichen Regulierung unterschätzt.

87 Mit der Unterscheidung dieser drei Dimensionen von Komplexität folge ich einem unveröffentlichten Seminarpapier von TODD R. LA PORTE, *Organized Social Complexity. An Introduction and Explication*. Ms. 1969. Vgl. für eine etwas kompliziertere Fassung ANDREW S. MCFARLAND, *Power and Leadership in Pluralist Systems*. Stanford/Cal. 1969, S. 16.

88 Hierzu näher NIKLAS LUHMANN, Systemtheoretische Beiträge zur Rechtstheorie. Jahrbuch für Rechtssoziologie und Rechtstheorie 2 (1972) (im Druck).

schweige denn planerisch vorzuzeichnen. Darauf aber kommt es in der heutigen Theorie und Technik der Planung an.[88a] In dieser Lage entsteht jene Divergenz von Recht und Sozialplanung, von der einstweilen nicht abzusehen ist, wie sie überbrückt werden könnte.

3. Rechtsprobleme der Weltgesellschaft

Einen wichtigen, in seiner Bedeutung kaum abschätzbaren Problemkreis haben wir uns für einen besonderen Abschnitt aufbewahrt. Es handelt sich um die zunehmende Diskrepanz zwischen dem Gesellschaftssystem auf der einen Seite, das eine globale Einheit anstrebt, und dem positiven Recht auf der anderen Seite, das innerhalb territorialer Jurisdiktionsgrenzen in Geltung gesetzt wird. Das umfassende Sozialsystem ist faktisch zur einheitlichen, alle Beziehungen zwischen Menschen umgreifenden Weltgesellschaft zusammengewachsen, ohne daß dieser Entwicklung eine politische Einigung der Welt hätte folgen können. Die Rechtsbildung wird nach wie vor lokalen politischen Systemen zugewiesen und durch deren Entscheidungsverfahren gesteuert. Dadurch bahnt sich eine Lage an, in der diejenigen Probleme, die nur auf der Ebene der Weltgesellschaft gelöst werden können, in deren politischen Teilsystemen nicht mehr bzw. nur noch unter lokalem Blickwinkel problematisiert und daher nicht mehr in der Form des Rechts gelöst werden können. Diese Sachlage soll im Folgenden erläutert werden.

Daß eine Weltgesellschaft in vielen wichtigen Hinsichten bereits konstituiert ist, ja daß man heute eigentlich nicht mehr von einer Mehrheit von Gesellschaften sprechen kann, wird auch unter Soziologen im allgemeinen übersehen, weil der Blick durch die klassische Prägung des Gesellschaftsbegriffs auf das politische System fixiert bleibt und eine politische Integration der Gesellschaft für unentbehrlich gehalten wird.[89] Gleichwohl ist der Tatbestand eines über den Erdball laufenden Interaktionszusammenhanges evident. Faktisch sind die universelle Kommunikationsmöglichkeit und, mit periodischen und regionalen Ausnahmen, der universelle

---

88a Vgl. Fritz W. Scharpf, Komplexität als Schranke der politischen Planung. Referat auf der Jahresversammlung der Deutschen Vereinigung für Politische Wissenschaft, Mannheim 1971. Ms. 1971.
89 Einige Beispiele für dieses Zögern, den Begriff Gesellschaft auf die weltweite soziale Realität im ganzen anzuwenden, sind: Kenneth S. Carlston, *Law and Organization in World Society.* Urbana/Ill. 1962 (trotz dieses Titels, siehe S. 66!); Wilbert E. Moore, *Global Sociology. The World as a Singular System.* The American Journal of Sociology 71 (1966), S. 475–482; Herbert J. Spiro, *World Politics. The Global System.* Homewood/Ill. 1966; Leon Mayhew, Society. Encyclopedia of the Social Sciences Bd. 14 (1968), S. 577–586 (585); Amitai Etzioni, *The Active Society. A Theory of Societal and Political Processes.* New York 1968; Talcott Parsons, *The System of Modern Societies.* Englewood Cliffs/N. J. 1971, schon im Titel! und explizit S. 1. Auch die ältere Literatur sprach eher von Weltreich oder Weltstaat (in einem utopischen Sinne) als von Weltgesellschaft.

Weltfriede hergestellt. Eine zusammenhängende Weltgeschichte entsteht. Ein gemeinsamer Tod aller Menschen ist möglich geworden. Wirtschaftlicher Verkehr verbindet alle Teile des Erdballs, weltweite Vergleichsmöglichkeiten gehören zur wirtschaftlichen Kalkulation, und die entsprechenden Interdependenzen übertragen Störungen und Krisen. Politische und andere Neuigkeiten werden universell reportiert und beurteilt, und es ist für die daran arbeitenden Organisationen abschätzbar, welche Themen wo Aufmerksamkeit und Resonanz finden. Zumindest in den Städten und auf den Verkehrswegen der Erde formen sich typisch erwartbare Regeln des Verhaltens gegenüber unbekannten Fremden. Und allem voran finden Wissenschaft und Technik mit ihren Möglichkeitshorizonten, Implikationen und faktischen Leistungen überall erwartbare Anerkennung und, nach Möglichkeit, Verwendung. Elektrizität wird als Elektrizität, Geld als Geld, der Mensch als Mensch genommen überall – mit Ausnahmen, die einen pathologischen, rückständigen, gefährdeten Zustand signalisieren. Auf all diesen Gebieten ist ein rapides Zunehmen weltweiter Kohärenzen zu verzeichnen. Das gleiche gilt für politische Macht in der Weise, daß zumindest die großen Mächte es sich nicht mehr leisten können, Verschiebungen in den Machtverhältnissen der kleinen Mächte irgendwo auf dem Erdball zu ignorieren. Dagegen scheint die politische Entscheidungsproduktion und damit die politische Rationalität in engeren Grenzen zurückzubleiben – wie einst die Familie beim Aufbau größerer, hochkultivierter Gesellschaftssysteme.

Für die Beurteilung dieses Weltzustandes sind die Gründe wesentlich, die ihn herbeigeführt haben. Sie liegen im Übergang zur funktionalen Differenzierung des Gesellschaftssystems. In dem Maße, als sich Funktionsbereiche wie Religion, Wirtschaft, Erziehung, Forschung, Politik, Intimbeziehungen, Erholungstourismus, Massenkommunikation zu hoher Eigenständigkeit entfalten, sprengen sie die für alle gemeinsam geltenden territorialen Gesellschaftsgrenzen.[90] Jedes Teilsystem stabilisiert dann nicht nur eigene gesellschaftsinterne Grenzen gegenüber anderen Teilsystemen, sondern fordert aus der abstrakten Perspektive seiner spezifischen Funktion und aus der Eigenlogik seiner Selbsterhaltung und Selbstentfaltung heraus auch jeweils andere Gesellschaftsgrenzen. Entwicklungen in dieser Richtung haben sich bereits in den antiken Hochkulturen abgezeichnet und zu unterschiedlichen Grenzdefinitionen in religiöser und politischer Hinsicht geführt.[91] Für die moderne Gesellschaft ist ein solches Divergieren der Grenzinteressen ihrer Teilsysteme das Normale; es ist, mit anderen Worten,

---

90 Die Einsicht, daß zunehmende Innendifferenzierung die einheitlichen Außengrenzen eines Systems problematisiert, ist altes soziologisches Gedankengut. Siehe GEORG SIMMEL, Über sociale Differenzierung. Leipzig 1890, oder GUILLAUME DE GREEF, *La structure générale des sociétés*. 3 Bde. Brüssel–Paris 1908, insbes. Bd. II, S. 245 ff, 299 ff.

91 Vgl. dazu SHMUEL N. EISENSTADT, *Religious Organizations and Political Process in Centralized Empires*. The Journal of Asian Studies 21 (1962), S. 271 bis 294, der die Entstehung unterschiedlicher Bezugsgruppen für Religion und für Politik in den antiken Großreichen analysiert.

reiner Zufall, wenn Teilsysteme gleiche Außengrenzen der Gesellschaft postulieren. Innerhalb regionaler Gesellschaften könnte man nicht mehr unterstellen, daß die Gesellschaftsgrenzen identisch und die Gesellschaftsstrukturen verbindlich bleiben, wenn man von politischem Handeln zu wissenschaftlicher Forschung, von ökonomischer Planung zu erzieherischem Handeln oder zur Erholung im Kreise guter Freunde übergeht; denn territoriale Grenzen eignen sich nicht mehr zum Ausschluß von Personen von *allen* diesen Aktivitäten. Nimmt man hinzu, daß mindestens eines der Teilsysteme, nämlich die Wissenschaft, universelle Intersubjektivität als eigenes Strukturprinzip und Leistungskriterium angenommen hat, wird klar, daß es territoriale Gesellschaftsgrenzen nicht mehr geben kann, daß die Mehrheit einander fremd gegenüberstehender Gesellschaften, die allenfalls nachbarschaftliche, nicht aber weltweite Kontakte pflegten, sich aufgelöst hat und daß die Gesamtheit aller Funktionen nur noch in einem globalen System sozialer Interaktion, in der Weltgesellschaft, zusammengefaßt werden kann. Die Konstitution der Weltgesellschaft ist, um diesen wichtigen Punkt zu wiederholen, die Konsequenz des gesellschaftlichen Differenzierungsprinzips – genauer gesagt: die Konsequenz der erfolgreichen Stabilisierung dieses Differenzierungsprinzips. Die wissenschaftlich-ökonomisch-technische Entwicklung und die Positivierung des Rechts sind demgegenüber keine selbständigen Faktoren, sondern sind durch den gleichen Strukturwandel erst ermöglicht worden. Diese These hängt zusammen mit der allgemeinen systemtheoretischen Erkenntnis, daß bei zunehmender struktureller Komplikation Systemgrößen nicht mehr beliebig gewählt werden können und Größenvariationen, das heißt Zunahme oder Abnahme, daher als Anpassungsmodus entfallen und durch strukturelle Elastizität ersetzt werden müssen.[92]

Diese Größenordnung, in der allein Gesellschaft im gegebenen Entwicklungsstand noch möglich ist, hat Bedeutung für die Systemprobleme, die auf gesamtgesellschaftlicher Ebene sich stellen und zu lösen sind. Dabei scheint es sich nicht mehr nur um die klassischen Probleme der europäischen Denktradition, um Frieden und Gerechtigkeit und um Produktion und Verteilung zu handeln, obwohl diese Probleme als Teilsystemprobleme relevant bleiben. Gesellschaftsprobleme waren sie unter der Voraussetzung einer politischen bzw. einer wirtschaftlichen Gesellschaft, das heißt unter der Voraussetzung, daß der Entwicklungsstand der Gesellschaft durch ihr politisches bzw. ihr wirtschaftliches Teilsystem herbeigeführt und gefördert werde. Dieser Problematik überlagert sich jedoch eine neue, sobald alle Gesellschaften zu einer Weltgesellschaft zusammengefaßt sind. Diese Zusammenfassung beseitigt den Pluralismus gesellschaftlicher Formen und Möglichkeiten, auf dem alle bisherige Entwicklung beruhte, sowohl in der Erzeugung von Chancen als auch in der Risikominderung bei Fehlentwicklungen.

---

92 Siehe z. B. KNUT ERIK TRANÖY, *Wholes and Structures. An Attempt at a Philosophical Analysis.* Kopenhagen 1959.

Schon im Schritt von archaischen Gesellschaften zu hochkultivierten Gesellschaften hatte dieser Trend sich abgezeichnet:[93] Das unübersehbare Experimentierfeld relativ einfacher, relativ voraussetzungsloser, in elementarer Interaktion aufgebauter Formen wurde auf wenige Hochkulturen eingeschränkt, die allein Träger weiterer Entwicklung sein konnten und diese Möglichkeit durch ein gewisses Maß an struktureller Elastizität und interner Varietät, durch Differenzierung der Entwicklungsmechanismen (Variation, Selektion, Stabilisierung), durch ein gewisses Maß an interkultureller Diffusion, aber auch noch durch ihre Vielzahl präsent halten konnten. Durch Konstitution einer einzigen Weltgesellschaft hat dieser Trend gleichsam sein Endziel erreicht: Die Vielheit unabhängiger Möglichkeiten ist als Chancenstreuung ebenso wie als Sicherung gegen Katastrophen oder regressive Entwicklungen entfallen. *Alle* weitere Entwicklung beruht jetzt auf gesellschafts*internen* Strukturen und Mechanismen, insbesondere auf struktureller Elastizität, hoher Varietät, Differenzierung der Entwicklungsmechanismen und intensiver Diffusion von Neuerungen innerhalb der Gesellschaft. Mit dieser Lage haben wir keine Erfahrungen, die zu wissenschaftlich fundierten Aussagen berechtigten. Es ist schon viel erreicht, wenn die Neuartigkeit und historische Unvergleichbarkeit dieser Weltgesellschaft wenigstens wahrgenommen werden, und zwar in Kategorien, die das Anfallen relevanter Erfahrungen ermöglicht.

Aktuell scheinen vor allem diejenigen Probleme zu sein, die sich aus einer unbalancierten Gesamtentwicklung ergeben. Am stärksten fällt auf der unterschiedliche Entwicklungsstand einzelner Regionen des Erdballs, der heute nicht mehr dadurch gerechtfertigt werden kann, daß es sich um verschiedene Gesellschaften handelt, sondern im Rahmen der Weltgesellschaft als historisch bedingter Zufall erscheint. Langfristig problematischer sind diejenigen Unbalanciertheiten, die sich aus der funktionalen Differenzierung ergeben, die also mit dem Strukturprinzip der modernen Gesellschaft zusammenhängen und deshalb nicht als Zufall angesehen und beseitigt werden können. Hierher gehören jene ‹explosiven› Erscheinungen der Bevölkerungsvermehrung, der Aufblähung von Anspruchsniveaus und der Entwicklung von Zerstörungstechniken, die aus einem Vorsprung der Forschung und Technik vor der Entwicklung entsprechender Lebensformen und Institutionen resultieren. Hierher gehört auch jene schon angedeutete ‹Rückständigkeit› der Politik, die die Produktion bindender Entscheidungen in den Grenzen eines territorialen Interessenstandpunktes zurückbehält, weil dies eine Voraussetzung von Vertrauen und Konsens zu sein scheint. Schon der politische Nationalismus hatte politische Zielsetzungen in eine beträchtliche Diskrepanz zu Gesellschaftsproblemen gelenkt, und einstweilen ist nicht zu sehen, wie dies unter dem Konzept der Demokratie, wenn damit effektive Partizipation an Entscheidungen gemeint sein sollte, sich ändern könnte.

---

93 Vgl. dazu Bd. I, S. 166.

Politik gerät damit, gerade wenn sie auf ihre spezifische Funktion hin ausgerichtet und organisiert wird, in eine beträchtliche Diskrepanz zu weltweiten Erfordernissen anderer Funktionsbereiche. Regionalität, Partizipation und erforderliche Konkretheit kommunikationsfähiger und meinungsbildender Themen der Politik bedingen und bestärken sich wechselseitig und gehen eine Allianz ein, die es praktisch ausschließt, mit Mitteln der Politik strukturell bedingte Probleme der Weltgesellschaft zu lösen. Als selbst ausdifferenziert und funktional spezialisiert wird Politik letztlich außerstande gesetzt, die weltweiten Folgeprobleme funktionaler Differenzierung zu thematisieren; sie nimmt sie nur noch in einem partikularen Zuschnitt, in interessemäßiger Betroffenheit wahr und entscheidet nicht antizipatorisch, sondern reaktiv. Die in den sozialistischen Staaten bereitgehaltene Alternative, welche Differenzierung nur als Arbeitsteilung anerkennt und Politik und Wirtschaft zur dialektischen Einheit eines Steuerungssystems verschmilzt, verlangt in ihrer Konsequenz politische Einung der Weltgesellschaft, ohne daß man abschätzen könnte, wie politische Mechanismen unter dieser Bedingung funktionieren und legitimierbares Recht erzeugen können.

Solange es keinen Weltstaat gibt, fehlt dem System der Weltgesellschaft ein Moment, das die alteuropäische Tradition für wesentlich gehalten hatte und das vor allem von TALCOTT PARSONS auch heute noch als konstitutives Moment des Gesellschaftsbegriffs angesehen wird: die Eigenschaft eines handlungsfähigen sozialen Körpers, einer ‹Kollektivität›.[93a] Schon in der Unterscheidung ‹Staat und Gesellschaft› war dieser Verzicht auf Handlungsfähigkeit enthalten; nur dachte man im 19. Jahrhundert den Staat noch als handlungsfähige Organisation der Gesellschaft und als nach Population und Grenzen mit ihr deckungsgleich. Der Verzicht auf Handlungsfähigkeit auf der Ebene des Gesellschaftssystems impliziert einen Verzicht auf entsprechende Zurechnungs- und Legitimationsmittel sowie den Verzicht auf organisatorische Strukturen, die eine Selektion gesamtgesellschaftlichen Handelns ermöglichen. An deren Stelle ist die Produktion bindender Entscheidungen in den politischen Systemen der Gesellschaft getreten. Man kann darin einen ‹Organisationsmangel› oder eine Unterentwicklung des Charakters als System sehen. Andererseits scheint in dieser Offenheit und strukturellen Unbestimmtheit des Gesellschaftssystems eine wesentliche Entwicklungsbedingung zu liegen – gleichsam eine Kompensation für das Risiko der Tatsache, daß es nur noch eine Gesellschaft gibt. Die Struktur des Gesellschaftssystems muß jetzt ‹schwach› und kompatibel sein mit sehr viel mehr möglichen Zuständen des Systems.

93a Siehe bereits oben S. 302. Wegen dieser *Begriffs*entscheidung ist PARSONS genötigt, statt von Weltgesellschaft von einem globalen ‹*system of societies*› zu sprechen und den Gesellschaftsbegriff auf nationalstaatlicher Ebene innerhalb von nur territorial definierten Grenzen festzuhalten. Vgl. zuletzt *The System of Modern Societies*. Englewood Cliffs/N. J. 1971. Dazu kritisch M. H. LESSNOFF, *Parsons' System Problems*. The Sociological Review 16 (1968), S. 185–215 (186, 207).

Es ist nicht Sache einer Rechtssoziologie, diese gesellschaftstheoretische Analyse weiterzuführen. Schon aus den angedeuteten Fragestellungen und aus der offensichtlichen Nichtjuridifizierbarkeit der großen Probleme unseres Zeitalters ergibt sich jedoch die Frage, ob und in welchem Sinne Politik und Recht, die mehr als andere Strukturen Handlungsfähigkeit des Systems implizieren, weiterhin primärer Entwicklungsfaktor oder doch Risikoträger der gesellschaftlichen Entwicklung bleiben werden.

Im Rückblick auf die bisherige Entwicklungsgeschichte von Gesellschaft und Recht tritt diese Funktion normativer Mechanismen als Kategorisierung und Ausweitung tragbarer Unsicherheiten und als Stabilisierung riskanter, unwahrscheinlicher Errungenschaften deutlich hervor. Sie beruhte einerseits auf der Möglichkeit kontrafaktischen Überziehens von Erwartungen, zum anderen auf konditionaler Verknüpfung kontingenter Sachverhalte. Was nicht zu erwarten war, konnte auf diese Weise gleichwohl erwartbar gemacht werden. Anstöße und Voraussetzungen dafür boten die überblickbaren politischen Probleme regionaler Gesellschaften. Schon in der rechtlichen Normativität des Erwartens lag die Möglichkeit, Risiken des Fehlverhaltens zu überstehen, und zugleich die Chance kultureller Innovation. Durch Kombination mit Politik ist diese Leistung immens verstärkt und zum Aufbau sehr komplexer, ‹unnatürlicher›, evolutionär unwahrscheinlicher Erwartungsstrukturen benutzt worden. *Politik und Recht waren bis vor kurzem die wichtigsten Risikoträger gesellschaftlicher Evolution.* Eben diese Leistung hatte die alteuropäische Tradition mit ihrem rechtlich-politischen Gesellschaftsbegriff honoriert. Zugleich blieb diese Leistung der Stabilisierung hochkontingenter Erwartungsstrukturen an konsolidierte politische Systeme gebunden. Es scheint nun, daß gerade diese hoch-, wenn nicht überentwickelte Leistungsfähigkeit rechtlich-politischer Normierung einer Überleitung auf das System der Weltgesellschaft im Wege steht. Festlegung lernunwilliger, kontrafaktischer Erwartungen durch bloße Entscheidung – das ist ein viel zu riskanter, unglaublicher, voraussetzungsvoller Vorgang, als daß man auf einer neu gebildeten Systemebene damit einfach beginnen könnte.

Auch in den Rechtstraditionen selbst, in den begrifflichen und dogmatischen Konzeptionen überstaatlichen Rechts, ist ein Recht der Weltgesellschaft nicht vorbereitet. Das im Anschluß an römische Praxis ausgebildete alte *ius gentium* war zunächst einfach ein Verkehrsrecht für (unterprivilegierte) Fremde. Später wurde es philosophisch interpretiert als ein Recht, das der Mensch als Mensch unabhängig von dem politischen Verbande, dem er angehörte, gleichsam mitbrachte. Es war nach diesem Verständnis ein Recht der Weltgesellschaft als bloßer *societas generis humani*, als bloßer Gemeinsamkeit gewisser Gattungsmerkmale des Menschen, und war insofern politisch nicht disponibel: Naturrecht. Mit der weitergehenden Ausdifferenzierung politischer Systeme, die als Entwicklung des neuzeitlichen Staates beschrieben wird, verliert es seine Bedeutung, da das staatliche Recht innerhalb territorialer Grenzen alle Menschen als Menschen binden bzw. berechtigen kann. Es wird, etwa seit dem 17. Jahrhundert, umgedacht in ein zwischenstaatliches Recht (internationales Recht, Völkerrecht), das nur noch die Staaten in bezug auf das Handeln ihrer Organe verpflichtet und berechtigt. Beschränkt auf die Regulierung der Beziehungen zwischen Staaten, verliert es seine naturrechtliche Begründung, gerät in ein antagonistisches Verhältnis zur Politik und wird thematisch eingeengt auf die wenigen Punkte, die für diese Beziehungen von Bedeutung sind. Es bietet keine Ansatzpunkte für die Transformation von Weltgesellschaftsproblemen in Rechtssätze – eine Diskrepanz, die dadurch verschleiert wird, daß auch die Weltgesellschaft selbst in der Optik dieses Denkens nur das ‹internationale System› sein kann.[94]

Plausibel war dieser Vorstellungszusammenhang nur unter der Voraussetzung, daß die Gesellschaften Regionalgesellschaften blieben. Man konnte allenfalls konzedieren, daß Individuen sich in der Welt begegneten als Forschungsreisende, Händler oder Kapitalisten, daß sie in ihren gesellschaftlichen Interessen aber zu Hause verankert waren *und sie dort politisch zu vertreten wußten*. Das System der Weltgesellschaft wäre nach dieser Konzeption, die das 19. Jahrhundert beherrscht, darauf angewiesen, daß ihre Probleme als Privatinteressen in regionalen politischen Systemen vertreten und durchgesetzt werden. Was diese Kanäle nicht passieren konnte, blieb unartikuliert, jedenfalls rechtlich ungelöst.

Das Ende dieser ‹privaten Welt-Gesellschaft individueller Interessen› hat GERHART NIEMEYER [95] trefflich analysiert. Eine Reintegration von Völkerrecht und Politik, die ihm als Lösung vorschwebt, dürfte indes an den immanenten Eigenarten politisch-rechtlicher Problemlösung scheitern. Nicht weniger fragwürdig sind Versuche zu einer soziologischen Begründung (etwas anderes wäre: soziologische Analyse) der Geltung des Völkerrechts traditioneller Prägung. Auch hierbei kommt allein der politisch-rechtliche Aspekt des gegenwärtigen Zustandes der Weltgesellschaft in den Blick. Das Problem aber liegt, wie wir gesehen haben, gerade in der Nicht-Elargierbarkeit dieses Mechanismus und in seinem Verhältnis zu den Problemen einer anderen Systemebene.

Man könnte deshalb den Verdacht fassen, daß – auf weitere Entwicklungsmöglichkeiten hin gesehen – jene aus den Hochkulturen überlieferte Festlegung auf normative, politisch-rechtliche Mechanismen eine Fehlspezialisierung der Menschheitsentwicklung war, an die sich eine weitere Evo-

---

94 Vielleicht ist dies auch der Grund, weshalb es keine Soziologie des Völkerrechts gibt. Als Versuche, die jedoch keinen ausreichenden Anschluß an die neueren Theorie- und Methodenentwicklungen der Soziologie finden, siehe BART LANDHEER, *Les théories de la sociologie contemporaine et le droit international*. Académie de droit international, Recueil des Cours 1957, II, S. 525–626; DERS., *On the Sociology of International Law and International Society*. Den Haag 1966; KARL BERTHOLD BAUM, Die soziologische Begründung des Völkerrechts als Problem der Rechtssoziologie. Jahrbuch für Rechtssoziologie und Rechtstheorie 1 (1970), S. 257–274, mit einem Überblick über ältere Ansätze.
95 *Law Without Force. The Function of Politics in International Law*. Princeton–London–Oxford 1941.

lution nicht anschließen läßt; daß wir uns mit ihnen auf Systemebenen festgelegt haben, auf denen die Evolution menschlicher Sozialsysteme zu höherer Komplexität nicht fortgeführt werden wird. Jedenfalls enthüllt die problematische Lage der Weltgesellschaft Aspekte der Unfähigkeit von Politik, die gerade nicht politisch – auch nicht durch ‹Demokratie› – zu kurieren sind. Die Interaktionsfelder, die heute weltweite Kontakte eröffnen und tragen, etwa Forschung und Diffusion technischer Entwicklungen, Wirtschaft und Verkehr, Nachrichtenwesen, Tourismus, diplomatische Verhandlungen, zeigen deutlich einen nicht normativen Erwartungsstil, der teils mit zivilisatorischen Selbstverständlichkeiten rechnet, teils bewußt kognitiv lernfähig artikuliert wird. Gewiß kommen Moralunterstellungen vor, aber sie sind teils ideologischer, das heißt kontingenter Natur, teils Taktik, teils Naivität und jedenfalls nicht tragend für die gesellschaftliche Struktur der Interaktion in weltweiten Kontakten. Die Weltgesellschaft konstituiert sich in primär kognitiven Erwartungseinstellungen.[96] In spekulativer Überziehung dessen, was gegenwärtig schon sichtbar ist, könnte man von einer Verlagerung des evolutionären Primats von normativen auf kognitive Mechanismen sprechen.

Das kann freilich nicht heißen, daß kognitive Erwartungen an die Stelle von normativen treten, diese verdrängend, ersetzend, erübrigend. Wir wissen aus den Überlegungen im zweiten Kapitel, daß eine einseitige Festlegung auf nur kognitive oder nur normative Enttäuschungsabwicklung untragbar hohe Risiken enthielte. Ein Abbau oder eine Rückentwicklung von Recht oder ein ‹Absterben des Staates› zeichnet sich nirgends ab. Zu bedenken wäre aber, ob nicht das Recht selbst sich verändert in dem Maße, als die Weltgesellschaft sich konsolidiert und dem kognitiven Stil menschlicher Kontakte einen Primat zuweist. Diese Möglichkeit kann auf zwei Ebenen ins Auge gefaßt werden: in bezug auf die Positivität des Rechts und in bezug auf die Funktion des Rechts selbst, nämlich auf die Art, wie kongruente Generalisierung von Erwartungen zustande kommt.

Positivität heißt genau dies: Einbau von Lernfähigkeit ins Recht trotz ihres Widerspruchs zur normativen Grundeinstellung. Wir hatten gesehen, daß auf diesem Widerspruch die evolutionären und institutionellen Schwierigkeiten der Positivierung des Rechts beruhen. Entsprechend der Rollenteilung, die mit der Ausdifferenzierung eines Entscheidungsprozesses eingeführt wird, kommen Lernanforderungen auf zwei Seiten ins Spiel: auf seiten derjenigen, die entscheiden, und auf seiten derjenigen, die Entscheidungen erhalten und akzeptieren müssen. Im einen Falle hängt die Lernfähigkeit von den kategorialen Figuren ab, mit deren Hilfe die Entscheidenden Rechtsprobleme erleben und bearbeiten; im anderen Falle geht es um das Problem der Legitimität, das wir oben (Kapitel IV, 7) erörtert hatten. Dieser Einbau kognitiver Mechanismen in die an sich normative Struktur

---

96 Hierzu auch NIKLAS LUHMANN, Die Weltgesellschaft. Archiv für Rechts- und Sozialphilosophie 57 (1971), S. 1–35.

des Rechts scheint der Entwicklung einer Weltgesellschaft zu entsprechen. Weltweite Strukturbildungen und deren Folgeprobleme, Interaktionszusammenhänge und deren Unbalanciertheiten, ‹regieren› das regional in Geltung gesetzte positive Recht nicht in der Form einer übergreifenden Normierung, eines höherstufigen überstaatlichen und damit überpositiven Rechts, sondern dadurch, daß der Dynamismus der Weltgesellschaft Lernanlässe setzt, vielleicht Lernpressionen ausübt und eine gewisse Nicht-Beliebigkeit von Problemlösungen vorzeichnet. Der Grad an Detailiertheit solcher Lernanforderungen und Lösungsbeschränkungen wird variieren mit der Verdichtung weltgesellschaftlicher Strukturen; er ist weder abstrakt noch in einzelnen Hinsichten konkret voraussehbar, und wir haben allen Grund anzunehmen, daß es für das Verhältnis des Weltgesellschaftssystems zu seinen Teilsystemen nicht nur eine, sondern viele brauchbare Konstellationen gibt. Gegenwärtig aber zeichnet sich zumindest dies deutlich ab: daß die weitere Entwicklung nicht von der Normtreue des positiven Rechts in bezug auf überpositive, gesamtmenschliche Erwartungsvorgaben abhängt, sondern von Problemlösungsfähigkeiten, die als Kapazitäten für Analyse und Entscheidung, für lernende Umstrukturierung und Anpassung von Programmen in das Rechtssystem sowohl kategorial als auch institutionell eingebaut werden müssen.

Der Sinn von Recht wird diesen Wandel zur Positivität, zum Einbau von Lernleistungen nicht unberührt überdauern. Selbstverständlich ändern sich viele Rechtsnormen ihrem Inhalt nach. Diese Ebene ist hier nicht gemeint. Darüber hinaus wird man nämlich vermuten dürfen, daß auch die Art, wie das Recht seine Funktion erfüllt, von jenem Wandel betroffen ist. Von den klassischen Rechtsbegriffen aus – wenn man zum Beispiel Recht als sanktionierten Befehl staatlicher Organe begreift – läßt sich eine Veränderung der Art, wie Recht ist, was es ist, kaum fassen. Rechtsbegriffe der Rechtswissenschaft, die auf ein Entweder/Oder der Geltung zugeschnitten sind, eignen sich nicht dazu, sublime Verschiebungen in der Art, wie Recht seine Funktion erfüllt und als Sinn erlebt wird, aufzudecken. Das Konzept der kongruenten Erwartungsgeneralisierung erlaubt es dagegen, hierzu Hypothesen – wenngleich empirisch höchst ungesicherte und schwer überprüfbare Hypothesen – zu formulieren. Sie beziehen sich auf Verschiebungen im Verhältnis von zeitlicher, sozialer und sachlicher Generalisierung.

Recht kommt nur zustande, wenn Erwartungen in allen drei Dimensionen generalisiert sind. Das bedeutet nicht, daß alle Dimensionen gleiches Gewicht haben und in gleichem Maße die Probleme der jeweiligen Gesellschaft auffangen und repräsentieren. Man kann in den meisten archaischen Gesellschaften ein deutliches Vorwiegen institutionalisierender Mechanismen beobachten. Es kommt vor allem darauf an, angesichts von Rechtsbrüchen oder Rechtsstreit in kleinen sozialen Kreisen Frieden und Einmütigkeit wiederherzustellen; Fragen der sachlichen Konstruktion des Sinnes von Rechtsnormen und Fragen der Festlegung von Zukunft werden nicht bewußt oder treten jedenfalls zurück. Noch im altchinesischen Recht, das in mancher Hinsicht spätarchaische Züge bewahrt hat,[97] findet man diesen Grundzug – deutlich zu erkennen daran, daß bereits der Rechtsstreit als solcher als Ordnungsstörung gesehen wird und Verständigungsbereitschaft (also Verzicht auf an sich bestehende Rechtsansprüche!) als moralisches Gebot ins Recht selbst aufgenommen ist.[98] Recht ist nicht zuerst und vor allem Norm. In anderen, vor allem in den alteuropäischen Hochkulturen, entwickelt sich dagegen im Zusammenhang mit der Institutionalisierung von Verfahren ein Primat der normativen Orientierung des Rechts. In den Vordergrund tritt die Sicherheit des Durchhaltenkönnens von Erwartungen im Enttäuschungsfall und die Sicherheit, *darin* Konsens zu erhalten. Erst diese Sicherheit ermöglicht es, eine relativ offene, kontingente Zukunft zu projizieren und die Lebensführung als eine Kette selektiver Stationen zu organisieren. Von daher kommt unsere Gewohnheit, Recht seinem Wesenskern nach als Norm zu denken und zu definieren. Sinnstrukturen werden dann nur zur Unterscheidung verschiedener Normen herangezogen, und Konsens wird dem Recht ‹erteilt›.

Daß Zeitsicherheit, daß normative, kontrafaktische Stabilisierung des Erwartens ein Erfordernis der modernen Gesellschaft bleiben wird, ist anzunehmen. Mit einem Abbau der Normativität des Rechts ist nicht zu rechnen. Die Frage ist jedoch, ob Normativität bei aller zugestandenen Verhaltensrelevanz den Kontakt zu den Strukturentwicklungen der Weltgesellschaft tragen kann. Zweifel daran kommen auf, wenn man an das Vorwiegen kognitiver Erwartungsstrukturen in weltweit angelegten Interaktionen denkt, wenn man das rasch zunehmende Veränderungstempo in Betracht zieht und wenn man dem Umstand Rechnung trägt, daß die Positivität des Rechts auf ein Mitwirken von Lernprozessen angewiesen ist. Es könnte sein, daß unter dem Druck dieser allmählichen Verschiebung von Wirklichkeiten und Möglichkeiten sich der Brennpunkt des Rechtserlebens stärker in die Sachdimension verlagert. Die sachliche Formulierung des Inhalts von Rechtssätzen und die begrifflich-dogmatische Konstruktion ihrer Zusammenhänge wären dann nicht mehr gleichsam nur Hilfsmittel der Erkenntnis dessen, was als Rechtsnorm gilt. Das Recht nähme die Form von normierten Verhaltensmodellen an, die zur Lösung erkannter Probleme entworfen, in Geltung gesetzt, erprobt und nach Maßgabe von Erfahrungen geändert werden. Die Normativität hätte nur noch die Funktion, die Konstanz des Erwartens zu sichern, solange und soweit sie sinnvoll erscheint. Die moralische und die ideologische Begründung des Rechts würde ersetzt werden durch funktionale Kritik.

---

97 Vgl. dazu Bd. I, S. 167.
98 Siehe z. B. JEAN ESCARRA, *Le droit chinois. Conception et évolution, institutions législatives et judiciaires, science et enseignement*. Peking–Paris 1936, S. 17 f, oder, stärker auf die soziologischen Zusammenhänge eingehend, SYBILLE VAN DER SPRENKEL, a. a. O., insbes. S. 114 ff. Vgl. ferner DAN FENNO HENDERSON, *Conciliation and Japanese Law. Tokugawa and Modern*. 2 Bde., Seattle–Tokyo 1965, zu Parallelen im japanischen Rechtssystem.

Daß namentlich im Bereiche neu gesetzten Rechts solche Stilveränderungen zu beobachten sind, wird man nicht bestreiten. Ob das Recht sich damit auf die Konstitution und Dynamik eines den Erdball überspannenden einheitlichen Gesellschaftssystems einstellen läßt, ist eine offene Frage. Jedenfalls liegen hier noch kaum bedachte Alternativen zur Vorstellung eines hierarchisch übergeordneten, höherwertigen ‹Weltrechts›, für das sich im heutigen Völkerrecht, mag man es als Gewohnheitsrecht, Machtrecht oder Organisationsrecht begreifen, kaum Ansatzpunkte finden lassen. Die Nutzung jener Möglichkeiten, die rechtliche Verhaltenssteuerung wiederum kognitiv zu steuern und damit faktischen Prozessen gesellschaftlicher Veränderung anzupassen, läuft mehr oder weniger an. Ihre zunehmende Verwirklichung steht vor der Frage, wie in einem offenen Zeithorizont Sinnstrukturen geplant werden können.

4. Recht, Zeit und Planung

Ein enges Verhältnis von Recht und Zeit deutet sich in der zeitüberbrückenden Normativität, ja im Grunde bereits im Charakter des Rechts als Erwartungsstruktur an – deutet sich an, aber ist vorerst undurchsichtig geblieben. Erwartung heißt soviel wie Zukunftshorizont des Bewußtseinslebens, Vorgreifen auf die Zukunft und Übergreifen über das, was faktisch unerwartet passieren könnte. Normativität verstärkt diese Indifferenz gegen unabsehbare Zukunftsereignisse, intendiert diese Indifferenz und versucht damit, die Zukunft festzustellen. Was in der Zukunft geschehen wird, wird zur zentralen Sorge des Rechts.[98a] Wieviel Zukunft man braucht, um gegenwärtig sinnvoll leben zu können, ist nunmehr eine wesentliche evolutionäre Variable, die Einbruchsstelle wechselnder gesellschaftlicher Anforderungen an das Recht.

Der Zeithorizont menschlichen Erlebens und Handelns ist nicht nur ein Korrelat individueller Umsicht, sondern darüber hinaus in seiner allgemeinen Form ein Aspekt der Gesellschaftsstruktur und ändert sich mit ihr. In ihm gründen langfristige und tiefwirkende Zusammenhänge von Recht und Gesellschaft, die in der normalen Bewußtseinslage des täglichen Lebens nicht thematisch werden; die nämlich nicht auf der Ebene liegen, auf der unter Alternativen gewählt werden kann, sondern die diese Ebene gerade erst konstituieren. Bei den anlaufenden Bemühungen um eine rechtsförmige Gesellschaftsplanung läßt man sich implizit auf ein historisch neuartiges Verständnis von Recht, Zeit und Planung ein, das wir bewußt machen und als Planungsgrundlage heranziehen müssen.

Wir hatten oben (Bd. I, S. 152 ff) bereits Anhaltspunkte dafür genannt, daß das archaische Recht erlebt wird als Feststellung von Personen oder

---

98a So bereits explizit bei Thomas Hobbes. Siehe dazu Bernard Willms, Die Antwort des Leviathan. Thomas Hobbes' Politische Theorie. Neuwied–Berlin 1970, S. 14 f, 105 ff und passim.

Sachen in einem gegenwärtigen, alternativenlos-richtigen Zustand. Die dauerhafte Präsenz aktualen Erlebens, das zunächst Erlebte, trägt die Sinnstrukturen und konkretisiert sie in sich. Zukunft ist nur Kontinuität dieses Gegenwärtigseins, und auch die Vergangenheit wird in konkreten Bindungen an das Gewesene und im Gefühl des Mitlebens der Toten vergegenwärtigt, kann also nicht als etwas Abgeschlossenes und Erledigtes behandelt werden. Von diesem Zeiterleben aus konnte in archaischen Gesellschaften Rechtshandeln nur Reaktion auf in der Enttäuschung fortlebendes Vergangenes sein oder Gestaltung der fortdauernden Gegenwart, nicht aber Bindung eines Erwartens oder Handelns im Hinblick auf eine Zukunft, die auch anders ablaufen könnte. Man muß sogar fragen, ob und wieweit Zukunft überhaupt im Zeithorizont des täglichen Lebens erlebbar war und wieweit sie sich hinter den Grenzen der sichtbaren Welt verbarg als Übermacht möglicher Eingriffe, die das sichere Fortdauern der Gegenwart auf unabsehbare Weise zu unterbrechen vermochte.

Gesellschaften, die die Schwelle zur Hochkultur überschreiten, distanzieren sich von ihrer Vergangenheit und öffnen sich ihrer Zukunft in weit stärkerem Maße, da sie in ihrer Gegenwart mehr Ungewißheiten tragen und absorbieren oder hinausschieben können. Das geschichtlich vorgegebene Recht wird unter Leitvorstellung eines Naturrechts kritisch überprüfbar, aber nicht in jeder Hinsicht abänderbar. Vereinzelt, so namentlich bei den chinesischen Legisten, kommt es auf der Grundlage eines ausgebildeten evolutionären Bewußtseins zur Vorstellung und zur politischen Praxis einer methodischen Gesellschaftsplanung mit rechtlichen Mitteln, die Wirtschaft und Familienstruktur, technische Verbesserungen, soziale Schichtung und administrative Organisation in ihren Gestaltungsbereich einbezieht und bewußt darauf abzielt, menschliche Verhältnisse vom Zufall – das heißt vom Zeitpunkt der Selbstverwirklichung der Natur – unabhängig zu machen. Kontingenz ist die Voraussetzung, Ordnung das Ziel – und ein politisch nicht ausreichend gedecktes Strafrecht das unzulängliche Mittel. Auch in der Vorstellung individueller Schuld an Rechtsbrüchen findet man eine eigentümliche, halbdistanzierte Bindung an Vergangenes: Als Schuld lastet die Vergangenheit auf der Gegenwart, ist in ihr, obwohl längst vergangen, aktuell präsent und verpflichtend; aber Schuld kann schon gesühnt und damit erledigt werden. Schuld impliziert mithin ein Erleben von Zeit, in dem Vergangenes nicht schon von selbst erledigt ist, aber erledigt werden kann; in dem rechtliche Relevanz sich also nicht allein auf die Planung einer möglichkeitsreichen, komplexen und kontingenten Zukunft beziehen kann, sondern auch noch mit der Erledigung einer längst vergangenen Vergangenheit zu tun hat.[98b] Schuld und Sühne werden noch

---

[98b] Das bestätigt eine Untersuchung, die zeigt, daß es auch heute bei starker Einschränkung des relevanten Zeithorizontes keine sinnvolle Orientierung am Verschulden mehr gibt: EGON BITTNER, *The Police on Skid-Row. A Study of Peace Keeping.* American Sociological Review 32 (1967), S. 699–715 (insbes. 709 ff).

nicht allein unter dem Gesichtspunkt der ‹Prävention› von der Zukunft her erlebt.

Entsprechend können diese Gesellschaften ihre Zukunft schon unterscheiden vom bloßen Weiterlaufen des gegenwärtigen Lebens und vermögen in ihr naheliegende offene Möglichkeiten zu erkennen, ja sich sogar in Eschatologien eine ‹ganz andere Zukunft› vorzustellen. Im Bereich des Rechts entwickeln sie Verträge mit gegenwärtig verabredeter Bindung der Zukunft – und dies nicht nur im Sinne einer sofort vollzogenen Verfügung, die dann die Zukunft als fortgesetzte Gegenwart bestimmt, sondern im Sinne normativer Verpflichtung zu künftiger Disposition, die auch terminiert, bedingt, abrufbar gestaltet werden kann. Sie schaffen sich in den Grenzen des überlieferten Rechts Möglichkeiten nichtpaktierter Rechtsetzung, nämlich administrativ-bindender Anordnungen und Gesetzgebung. Die Zukunft wird zwar typisch noch nicht als unendlich offene Reihe von Zeitpunkten begriffen, in deren Verlauf alles, was ist, anders werden kann; aber sie wird als Verfügungshorizont der Gegenwart unter Zweckvorstellungen gebracht. Man will eine bestimmte, keine andere Zukunft erreichen und setzt deshalb Folgen des Handelns oder auch die natürliche Fortdauer der gegenwärtigen Welt als positive oder negative Entscheidungsbedingungen in die Gegenwart ein. Die beginnende funktionale Differenzierung der Gesellschaft, der Einbau von Freiheiten in Institutionen und die begriffliche Abstraktion des Rechts bieten die Grundlage dafür, daß eine in begrenztem Umfange schon offene, kontingente Zukunft ausgehalten und genutzt werden kann. Trotzdem stützt die Begründung der normativen Durchhaltbarkeit des Erwartens sich ganz wesentlich noch auf die Vorstellung, daß die Welt in ihren Grundzügen invariant bleibt und die Zukunft nicht alles ändern kann. Die Zukunft bleibt Konsequenz der Gegenwart, deren Wesen und Recht sich aus der Vergangenheit ergibt und nur akzidentelle Variationen zuläßt. Wie anders sollte auch das Festhalten von Erwartungen in einer noch ungewissen Zukunft motivierbar sein?

Die Positivität, das heißt die prinzipielle strukturelle Variabilität des Rechts wird nur begreifbar, wenn man umgekehrt die Gegenwart als Konsequenz der Zukunft sieht, das heißt als Entscheidung. Eine wesentliche Voraussetzung dafür ist mit der Abstraktion der neuzeitlichen Zeitvorstellung geschaffen: Die Zeit kann heute als ein unendliches Schema der Weltkomplexität unabhängig von dem gedacht werden, was in der Zeit besteht oder sich ereignet. Als abstrakte Reihe datierter Zeitpunkte vorgestellt, ist sie von allen eigenen sachlichen und sozialen Relevanzen gereinigt – ist als bloße Zeit weder ein Grund, Feste zu feiern, noch überhaupt ein Kausalfaktor. Darin liegt zugleich die Möglichkeit, die Zukunft abzulösen von den vergangenen Ereignissen und von den in permanent fortschreitender Gegenwart mitlaufenden Beständen. Die Zeit selbst legt, obwohl sich in ihr immer schon eine Geschichte angesammelt hat, die Zukunft nicht fest. Sie läßt sie offen, läßt sie also mit mehr Möglichkeiten in Aussicht stehen, als jemals Gegenwart und dadurch Vergangenheit werden können. Ermöglicht wird die Zukunft durch die Gegenwart der Systeme, deren Zukunft sie ist; als bestimmbare strukturiert wird sie durch Erwartungen, die in der Gegenwart erlebt und in der Dauer des immer gegenwärtigen Erlebens mitgenommen werden. Ihr Reichtum an Möglichkeiten hängt damit ab von den je gegenwärtigen Strukturen der Erlebnisverarbeitung. Zugleich aber erweist sich im Hinblick auf eine offene Zukunft die Gegenwart als Selektion aus anderen Möglichkeiten, die die Zukunft geboten hatte.

In einer wichtigen Hinsicht geht diese Betrachtung über den in der Neuzeit üblich gewordenen Zeitbegriff hinaus. Sie stellt sich die Zeit nicht mehr nur als eine – sei es reale, sei es intersubjektiv konstituierte – Zeitpunktreihe vor, auf der das Erleben vorrückt. Damit soll die Möglichkeit der Datierung nicht geleugnet, wohl aber die Implikation verabschiedet werden, daß alle Zeitpunkte – seien sie künftig, gegenwärtig oder vergangen – das gleiche Potential für Komplexität haben. Eine solche Konzeption verstellt die Eigenart der Zeit: den Unterschied von Zukunft, Gegenwart und Vergangenheit. Zukunft und Vergangenheit unterscheiden sich nicht nur durch die Richtung ihrer relativen (und wechselnden) Distanz vom momentanen Erleben, sondern vor allem durch ihre Offenheit bzw. Nichtoffenheit für andere Möglichkeiten. Die Gegenwart kann deshalb nicht zureichend als derjenige Zeitpunkt charakterisiert werden, in dem sich die (subjektive) Weltgeschichte gerade befindet. Sie ist ihrer Funktion nach Reduktion von Komplexität auf das Maß des Erlebbaren, unvermeidliche und unaufhaltbare Eliminierung anderer Möglichkeiten.

Für eine Interpretation des Phänomens Zeit fehlen dem heutigen Denken brauchbare Ansätze. Mit diesen knappen Bemerkungen kann daher kein ausreichendes Verständnis erreicht werden.[99] Soviel sollte indes erkennbar gemacht werden, daß auch die jeweilige Auslegung der Zeit von Gesellschaftsstrukturen abhängt und sich mit ihnen wandelt.[100] Der Übergang zur durchgehend funktional differenzierten Gesellschaft mit hoher struktureller Variabilität in den Teilsystemen macht die Kontingenz der Welt und die Selektivität auch der Strukturen bewußt. Weder die Zeit noch das Recht können nun länger auf der Basis struktureller Kontinuität einer ‹Natur›, das heißt auf der Basis einer Vergangenheit ohne andere Möglichkeiten begriffen werden. Das ‹Woraus› der Selektion, die Zukunft anderer Möglichkeiten der Gegenwart, übernimmt die Führung des Zeiterlebens und des rechtlichen Entscheidens. Der Zeitlauf kann nun begriffen werden als

---

99 Auch ein abstraktes Plädoyer für den Zukunftsbezug des Rechts, wie es sich etwa bei GEORGES BURDEAU, *Traité de science politique*. Bd. I, Paris 1949, S. 156 ff, zeigt, führt nicht weiter, weil man dem einen ebenso abstrakten Hinweis auf die Unentbehrlichkeit eines Vergangenheitsbezugs entgegensetzen kann.

100 Diese These ist der Soziologie im Prinzip geläufig, wird aber mit ganz unzulänglichen Zeitbegriffen expliziert und im wesentlichen nur auf das ‹Tempo› des ‹Zeitflusses› bezogen. Vgl. z. B. PITIRIM A. SOROKIN/ROBERT K. MERTON, *Social Time. A Methodological and Functional Analysis*. The American Journal of Sociology 42 (1937), S. 615–629; GEORGES GURVITCH, *The Spectrum of Social Time*. Dordrecht 1964.

zwangsläufige Reduktion von Komplexität. Was in die Vergangenheit abgeflossen ist, kann nicht mehr geändert werden. Aber durch Stabilisierung geeigneter Erwartungsstrukturen können die Komplexität der Zukunft und die Selektivität der Gegenwart gesteigert werden, so daß das, was geschieht, nicht einfach passiert, sondern als sinnvolle Auswahl aus mehr Möglichkeiten rationalisiert werden kann. Gegenwart ist dann nicht mehr nur Sinnerfüllung im unmittelbaren Erleben; vielmehr findet sich die Gegenwart unter die Anforderung gestellt, durch geeignete Selektionsverfahren jene Vergangenheiten zu schaffen, die künftig brauchbar sein werden. Man lebt deshalb im Entwurf und in Ausführung von Plänen.

Mit diesem Offenhalten einer überkomplexen Zukunft und mit der Steigerung der Selektivität des je gegenwärtigen Erlebens und Handelns ändert sich die Gegenwärtigkeit des Rechts, das aktuale Rechtserleben. Als Vorbereitung auf die Zukunft, als im Augenblick gerade noch verfügbare Vergangenheit einer Zukunft, die man eigentlich will, tritt die Gegenwart unter ein Recht, das nicht ihr eigenes ist. Sie muß Sinn beherbergen, der nicht unmittelbar überzeugt, der nicht selbstverständlich ist. Sie muß Normen tragen, die undeterminiert bleiben oder, wenn bestimmt, als künftig umdeutbar begriffen werden. Das kann in der Form bewerteter Instrumentalität oder in der Form von Ideologie, in der Form der Bereitstellung von Kapital oder Bildung oder in der Form der Bereitstellung von legitimierten Kompetenzen und Verfahren geschehen. In all dem löst die Zukunft die Vergangenheit als dominierenden Zeithorizont ab. Die Vergangenheit verliert ihre Maßgeblichkeit. Sie wird nur als Kapital oder als historisches Wissen, als Geschichte, in die Zukunft mitgenommen.[100a] Das Recht ist nicht mehr ‹gutes, altes Recht›. Es gilt nicht mehr dank seiner Invarianz, die in der Vergangenheit begründet ist und durch deren Unabänderlichkeit symbolisiert wird. Vielmehr beruht die Geltung des Rechts jetzt auf seiner Funktion. Diese wird auf Zukunft hin interpretiert: im 19. Jahrhundert als Steigerung kompatibler Freiheit oder als Freisetzung von menschlicher Energie im Interesse zivilisatorischen Fortschritts;[101] im 20. Jahrhundert unter dem Drucke von Planungsnotwendigkeiten eher (wenngleich weniger prinzipiell artikuliert) als selektive Struktur, die ihrerseits je gegenwärtige Selektionsleistungen, nämlich Entscheidungen und Erwartung von Entscheidungen ermöglicht.

Die Vergangenheit wird damit nicht abgeschüttelt, sie bekommt aber einen anderen Stellenwert im Rechtsgefüge. Sie bindet nicht mehr durch die Selbstverständlichkeit der Tradition oder durch die Kontinuität der

---

100a Daß gerade in dieser Form, im Ausgang von den Abstraktionsleistungen der Gegenwart, historisches Bewußtsein unentbehrlich ist, zeigen die MARX-Interpretationen von ALFRED SCHMIDT, Geschichte und Struktur. Fragen einer marxistischen Historik. München 1971.
101 Vgl. hierzu mit viel historischem Detail JAMES W. HURST, *Law and the Conditions of Freedom in the Nineteenth-Century United States*. Madison/Wisc. 1956.

Schuld und auch nicht mehr durch ein konservatives Werturteil in dem Sinne, daß das Alte normalerweise besser sei als das Neue. Aber sie leistet eine Ordnungsvorgabe, die – innerhalb variabler Grenzen – nach wie vor unentbehrlich ist, da niemand alles auf einmal ändern kann. Vergangenheit scheint in der Gegenwart nunmehr als *status quo* der Systeme, von dem jede sinnvolle Änderung ausgehen muß, als nicht mehr zu verhindernder Aspekt der Zukunft. Jede Neuerung muß an schon Vorhandenes, schon Bekanntes, nicht Geändertes anschließen. Solche Anschlüsse könnten bei rational durchkonstruiertem und voll durchsichtigem Recht ebenso wie bei völlig chaotischem Recht nahezu beliebig gewählt werden. Da alles faktisch geltende Recht sich zwischen diesen Extremen hält, ergeben sich Anschlußprobleme, die das limitieren, was als neues Recht geschaffen werden kann. Es wäre zum Beispiel wenig sinnvoll, einen neuen Rechtsstatus des ‹freien und vernünftigen Menschen› zu schaffen, ohne mitzubestimmen, was dies für Eigentum, Ehe, Steuern, Arbeitsprivilegien, Antragsrechte dieses und anderer Menschen bedeutet. Ins Leere und Zusammenhanglose gesetzt, würden Innovationen nichts bedeuten, nichts sein, nichts werden. Das Recht bleibt somit von seiner eigenen Geschichte – und das ist jetzt eine Geschichte von Entscheidungen – abhängig in dem Maße, als der menschlichen Fähigkeit zur Informationsverarbeitung Grenzen gesetzt sind. Durch Abstraktion von Strukturen und durch Ausdifferenzierung und Organisation von Verfahren für Entscheidungsprozesse läßt sich die Änderungsquote des geltenden Rechts beträchtlich steigern. Zugleich wird auf diese Weise immer neues altes Recht produziert, das in den *status quo* eingeht. Mit der Steigerung der Komplexität und Änderbarkeit des Rechts nimmt auf diese Weise zugleich auch das alte Recht zu, auf das bei allen Änderungen Rücksicht zu nehmen ist. Ein Überhang an altem Recht bildet nach wie vor den Vergangenheitshorizont gegenwärtigen Entscheidens, verpflichtet uns aber nicht mehr durch sein Alter, sondern belastet uns nur noch durch seine entscheidungstechnisch unentwirrbare Komplexität.

Man kann nicht behaupten, daß diese Veränderungen im Verhältnis von Recht und Zeit im Recht selbst bereits angemessen reflektiert würden. Das heutige Rechtsdenken lebt in seinen gefühlsmäßigen Verankerungen und in der Dogmatizität seiner Vernünftigkeit weitgehend noch in den Vorstellungsräumen vergangener Hochkulturen. Die Umstellung auf Positivität, die praktisch und politisch, verfahrensmäßig und in der laufenden Erzeugung von Rechtsnormen schon angelaufen ist, steht uns gedanklich noch bevor. Voraussagen über mögliche Formen der Rationalität positiven Rechts sind unter diesen Umständen schwierig. Ganz allgemein fehlen uns ausreichende Kriterien für die Beurteilung der Rationalität von Systemstrukturentscheidungen. Immerhin lassen sich einige Rahmenbedingungen und einige Grundprobleme angeben, wenn man das Prinzip der Positivität überdenkt und die bisherigen Analysen auswertet. Sobald alles Recht entscheidbar geworden ist und entsprechende Verfahren institutionalisiert sind, wird die Übernahme einer neuen Art von Gesamtverantwortung für das geltende Recht unabweisbar. Sie stellt sich mit den Verfahren ein und kann nur noch verkleinert, verteilt, hinausgeschoben oder wegsuggeriert werden. Nicht mehr nur Änderungen und Neuerungen sind dann zu verantworten, sondern auch das Unterlassen von Änderungen. Auch das Nichtentscheiden wird zur Entscheidung. Jeder Änderungswunsch wird antragsfähig, jede Vorschrift überprüfbar, die Begründungen von gestern müssen heute und morgen wieder überdacht werden. Der Begründungsstil selbst gibt eine Fülle von Hinweisen darauf: Man begründet kleine Änderungen als Vorgriff auf große Änderungen, Unterlassungen mit bevorstehenden Reformen, vorläufige Einsetzungen oder Aussetzungen mit Dringlichkeit; das Abwartenkönnen bzw. Nichtabwartenkönnen wird zum Entscheidungsgrund, Zeitfragen zum Gesichtspunkt für die Auswahl von Themen für Rechtsetzung, und die Prioritäten verdrängen die Primate. Damit drängen sich zugleich die kleinen Lösungen vor die großen Lösungen, die kleinen Probleme vor die großen Probleme – immerhin in einer Weise, die die Gesamtverantwortung für das Recht honoriert, aber aufschiebt.

In solchen sich zunächst kleinförmig ankündigenden Tendenzen kommt zur Geltung, daß unter der Bedingung der Positivität des Rechts nicht mehr nur die Sachdimension, sondern zunehmend auch die Zeitdimension zur Darstellung von strukturierter Komplexität in Anspruch genommen werden muß.[102] Das Recht muß nicht nur sachlich einigermaßen konsistent sein, es hat auch im Nacheinander seiner Strukturen und Entscheidungen keine volle Beliebigkeit. Da man nicht alles auf einmal ändern kann, kann die Folge der Änderungen nicht willkürlich gewählt werden. Die einen setzen die anderen voraus. In eine schon vorhandene Rechtsordnung können nicht irgendwelche Änderungen hineingesetzt werden, sondern nur solche, die für vorhandene Problemlösungen – realer oder auch rein dogmatischer Art – funktionale Äquivalente bieten. Änderungen vollziehen sich an vorgegebenen Systemen als Austausch von Problemlösungen oder, falls eine Ersatzlösung sich nicht einrichten läßt, als Strukturänderung, die die Grundlage eines unlösbar gewordenen Problems hinfällig werden läßt. Damit ist zugleich eine gewisse (wenn auch keineswegs eine eindeutig determinierte) zeitliche Ordnung in der Abfolge möglicher Änderungen vorgezeichnet.

Damit ist noch nichts ausgemacht über den Grad an Planung von Änderungen, den eine Gesellschaft verwirklichen kann. Auch innerhalb einer gegebenen Gesellschaft kann von Fall zu Fall und von Handlungsbereich zu Handlungsbereich das Verhältnis von manifesten und latenten Folgen sehr verschieden ausfallen. Insbesondere wäre es verfehlt, die Entwicklung der neuzeitlichen Gesellschaft einfach durch zunehmende Planung zu charakterisieren; vielmehr scheinen sowohl die geplant als auch die ungeplant eintretenden Folgen zuzunehmen, und *darauf* muß die Gesellschaft ihr Recht einstellen. Die Veränderungen der Zeitperspektive, von denen wir ausgegangen sind, zeigen an, daß in der Zeit mehr Raum für Möglichkeiten

---

102 Siehe dazu die biologisch inspirierte Unterscheidung von *complexity in form* und *complexity in time* bei J. W. S. PRINGLE, *On the Parallel between Learning and Evolution*. Behaviour 3 (1951), S. 174–215, insbes. 184 ff.

entsteht und dadurch die Selektivität der Gegenwart gesteigert wird. Sie deuten damit auf ein Problem hin, lassen aber allein noch keine Rückschlüsse darauf zu, durch welche Strukturen und Prozesse dieses Problem in den einzelnen Sinnbereichen gelöst wird.

Die Unabhängigkeit von der Vergangenheit wird nun selbst eine Frage der Zeit – nämlich der Zeit, die für Entscheidungsprozesse zur Verfügung steht. Innerhalb von Organisationen, die solche Prozesse veranstalten, wird Zeit knapp und außerdem noch durch Befristung zerstückelt. Eine chronisch knapp und befristet erlebte Zeit wirkt selektiv in bezug auf Sachziele, die man verfolgen, und Informationen, die man verwerten kann.[103] Sie hält ab von komplizierteren Gedankengängen, also von solchen, die weittragende Strukturänderungen vorbereiten könnten. Die Öffnung der Zeit für mehr Möglichkeiten spiegelt sich in den Organisationen und Verfahren als Zeitdruck.

Mehr Zeit für gedankliche Arbeit ist in den einzelnen Verfahren auch durch Umorganisation in nennenswertem Umfange kaum zu beschaffen. Zeitgewinne lassen sich dagegen – wie man am besten am Beispiel der automatischen Datenverarbeitung erkennen kann – erzielen durch sachliche Ordnung der Informationsverarbeitung, die raschen, zugriffssicheren Vorstellungswechsel gestattet. Die Selektionsleistung der Entscheidungsprozesse hängt vor allem an der Wahl der sie strukturierenden Prämissen, an den Programmen, die nicht nur als determinierende Anleitung des Entscheidens, sondern auch als abstrakte Integrationsmittel und als Gesichtspunkte des Auswechselns von Problemlösungen durchdacht werden müssen. Der Druck knapp gewordener Zeit kann nicht in der Zeitdimension, das heißt durch bloßes Hinausschieben und Vertagen, aufgefangen werden, sondern nur in der Sachdimension, nämlich durch sachliche Ordnung abstrakterer und spezifizierter oder doch spezifizierbarer Entscheidungsprämissen, oder in der Sozialdimension, nämlich durch Stellenvermehrung. Organisierte Entscheidungsprozesse sind mithin diejenigen *sozialen* Institutionen, die einen offenen *Zeithorizont* in Zeitdruck umsetzen und mit einer besseren *sachlichen* Ordnung ihrer Entscheidungsprämissen zu einer Lösung dieses Problems gelangen können.

Die auf Rechtsanwendung abgestellte juristische Dogmatik alten Stils vermittelt ein Vorgefühl des hier Möglichen – man denke etwa an die Art, wie sie es ermöglicht, die Formen der Abwicklung irrtümlicher Leistungen im Zusammenhang zu sehen. Die mit der Positivierung des Rechts verbundenen Chancen vermag sie, wie oben unter 2 erörtert, kaum wahrzunehmen, die mit ihr verbundenen Probleme kaum zu lösen. Dazu bedarf es einer abstrakteren Theorie des Rechts, die problembezogen entworfen werden müßte und die kontrollierbare Variabilität aller ihrer Elemente gewährleistet. Ob von der beginnenden Automation rechtlicher Entschei-

---

[103] Hierzu näher NIKLAS LUHMANN, Die Knappheit der Zeit und die Vordringlichkeit des Befristeten. Die Verwaltung 1 (1968), S. 3–30; neu gedruckt in: DERS., Politische Planung. Opladen 1971.

dungsprozesse und von einer in Ansätzen bereits erkennbaren allgemeinen Entscheidungstheorie Impulse für eine Umarbeitung der juristischen Dogmatik in diese Richtung ausgehen werden, bleibt abzuwarten.

Der Planungsstil positiven Rechts braucht nicht die Form einer imperativen Planung anzunehmen. Die Ebene der Planung wird selbst so komplex, daß sie nicht unmittelbar in ein moralisiertes Entweder/Oder guten bzw. schlechten Verhaltens umgedacht werden kann. Imperative Normierung eines bestimmten Verhaltens oder Unterlassens nach dem Muster ‹Du sollst nicht töten› bleibt eine der möglichen Äußerungsformen der Planung. Was aber geplant werden muß, sind nicht Handlungen, sondern Handlungszusammenhänge: Systeme. Solche Systeme können durch Planungen gesteuert, eventuell sogar geschaffen werden. Der Planer kann jedoch nicht das Handeln selbst ersetzen, er kann nur Entscheidungsprämissen für das Handeln anderer setzen und allenfalls einigermaßen voraussehen, in welche Konstellation anderer Entscheidungsprämissen die von ihm gewollten sich einfügen werden. Diese Voraussicht kann ihm dadurch erleichtert werden, daß er sich das Handeln als System denkt, es als System plant und erforscht. Genau das macht ihm zugleich klar, daß der Handelnde sich ‹in seinem System› entscheiden wird in einer Weise, für die die geplanten Entscheidungsprämissen nur ein Moment unter anderen sein werden. Und planwidriges, vor allem rechtswidriges Verhalten ist dann, wie wir bei der Erörterung des Themas Kontrolle gesehen haben,[104] nicht mehr nur schlicht vorwerfbar, sondern darüber hinaus in seinen systembedingten Gründen planerisch bedeutsam.

Damit können und werden sich normalerweise auch die Zeithorizonte von Planung und Alltagshandeln (einschließlich bürokratischer Programmausführung) differenzieren. Der Handelnde kann sich ein gleichsam naives Verhältnis zur Zukunft als Horizont der Folgen seines Handelns bewahren. Der Planer muß, will er seiner Aufgabe gerecht werden, in weiter offenen und zugleich komplex verschachtelten Zeitverhältnissen denken, weil für ihn der jeweilige Zeithorizont des Handelnden als Moment in der geplanten Zukunft hinzukommt.[105] Erst in dieser Einstellung kann man überlegen, wieviel Unsicherheit in bezug auf seine jeweilige Zukunft einem Handelnden zumutbar ist, mit welchen Strategien der Vorsorge und Risikominderung er auf eine zu weit offen gehaltene Zukunft reagieren wird und wie ihn das Recht dabei stützen kann.[106] Der Planer muß sich also in seiner Zukunft

---

104 Vgl. oben S. 292.
105 Siehe hierzu STEFAN JENSEN, Bildungsplanung als Systemtheorie. Beiträge zum Problem gesellschaftlicher Planung im Rahmen der Theorie sozialer Systeme. Bielefeld 1970, S. 64 ff.
106 Parallel dazu, und im Zusammenhang damit, wäre eine Theorie der Planung von Sozialisations- und Erziehungsprozessen zu entwickeln, die ebenfalls keine fest normierte Dressur, sondern das zu bedenken hätte, was MARION J. LEVY «socialization for an unknown future» genannt hat. (*Modernization and the Structure of Societies. A Setting for International Affairs*. 2 Bde., Princeton/N. J. 1966, Bd. I, S. 79 ff).

verschiedene Gegenwarten der jeweils Handelnden vorstellen können, die sich als Vergangenheit einer späteren Gegenwart eignen, die eine Zukunft vorbereiten hilft, die er als Planer vergegenwärtigen möchte; er muß mögliche Gegenwarten als unterschiedlich strukturierte Selektionschancen sehen und den Zeitfluß als Abbau und Aufbau von Komplexität im Sinne späterer Möglichkeiten der Selektion begreifen. Programme für die Abwicklung von Fehlleistungen müssen den Fehler zum Beispiel zugleich unter dem Gesichtspunkt einer in der Zukunft zu korrigierenden Vergangenheit und unter dem Gesichtspunkt eines möglichen Fehlers sehen, der für den, der er passiert, wie für den, der unter seinen Folgen leidet, im gegenwärtigen Zukunftshorizont in Aussicht steht und schon jetzt Vorkehrungen auslöst.

So schwierig die Umsetzung dieser Überlegungen in die vertraute juristische Begrifflichkeit sein mag, eines zumindest machen sie deutlich: daß Positivität des Rechts nicht etwa auf die viel befürchtete Willkürlichkeit des Befehls hinausläuft. Die eigentümliche Problematik des positiven Rechts liegt auf einer ganz anderen Ebene, von der aus sich erst entscheidet, wieviel Belieben und wieviel Bindungen des Handelns in einer Gesellschaft möglich werden. Hohe Komplexität läßt sich nur als strukturierte Komplexität herstellen und erhalten. Diese wiederum ist nur durch ein ausreichendes Maß an Variabilität, das heißt durch Kontingenz und zugriffssichere Austauschbarkeit rechtlich fixierter Problemlösungen zu gewährleisten. Unsere Ausgangsprobleme kehren damit wieder. Die Komplexität und die Kontingenz der Möglichkeiten des Erlebens und Handelns, die im Welthorizont des einzelnen erscheinen und durch die Existenz anderer Welt erlebender und handelnder Menschen ins Bedrohliche und Chancenreiche gesteigert werden, fordern das Recht als Struktur der Problemlösung und finden sich dann im Recht wieder. Sie werden vom Recht als Probleme rezipiert, gleichsam in die Struktur hineingenommen, weil sie so besser und auch unter der Bedingung höherer Komplexität und Kontingenz noch lösbar sind. Man hat es dann nicht mehr mit den Risiken des Verhaltens anderer, sondern mit den Risiken eines rechtlichen Verfahrens zu tun.

Die Form solcher abgeleiteter Problemfassungen variiert mit der Entwicklung der Gesellschaft und ihres Rechts. Diese Entwicklung hat eine – weder logisch notwendige, noch immanent-zwangsläufige, noch historisch-kontinuierliche, wohl aber eine im bisherigen Verlauf der Evolution im großen und ganzen sich durchsetzende – Tendenz, Unwahrscheinliches wahrscheinlich zu machen und damit Systeme von höherer Komplexität zu stabilisieren. Die Stabilisierung solcher Systeme auf einem Niveau höherer Komplexität wird durch bestimmte evolutionäre Errungenschaften möglich, in denen sich kompliziertere strukturelle Voraussetzungen mit höheren Graden der Freiheit verbinden lassen – im Falle des Rechts vor allem durch Institutionalisierung von Verfahren für Entscheidungsprozesse und durch Bildung abstrakterer Formen für die Aufbewahrung, Tradierung und laufende Bearbeitung von Sinn.

Positives Recht entsteht auf älteren Grundlagen erst in unseren Tagen. Erst heute wird die Möglichkeit faßbar, daß Recht kraft seiner Gesetztheit, das heißt kraft seiner Selektivität gelten kann. Was das im einzelnen bedeutet und wie Recht ausgestaltet werden muß, um so gelten zu können, ist noch kaum abzusehen. Positives Recht ist das voraussetzungsvollste, das unwahrscheinlichste Recht, das wir kennen. Unsere Erfahrungen mit ihm sind kurz, problematisch und ungesichert. Sie lassen sich wissenschaftlich nicht zureichend antizipieren, geschweige denn in ihren Konsequenzen ausdenken. Wir wissen nicht einmal, ob wir im täglichen Umgang mit positivem Recht überhaupt lernen – ob unsere begrifflichen Konzepte die Wirklichkeit überhaupt so schematisieren, daß relevante Erfahrungen und Lernerfolge anfallen. Wir haben vielmehr Gründe, dies zu bezweifeln. Noch haben weder die Juristen noch die Soziologen einen zureichenden Begriff des positiven Rechts entwickelt. Der juristische Positivismus, der die Gesetztheit als Geltungsgrund bloß behauptet hatte, hat sich als Sackgasse erwiesen, die klassische Rechtssoziologie als Weg am Problem vorbei. Von einer Theorie positiver Rechtspolitik und von sachgemäßer Planung kann keine Rede sein. Man kann daraus moralisierend auf die Unzulänglichkeit bisheriger Bemühungen schließen. Eine soziologische Theorie des Rechts wird daran den Rang eines säkularen Problems erkennen, das sich nur in dem Maße stabilisierbarer Lösung nähern kann, als man im Rechtsleben selbst es lernt, sich auch zum Recht lernend zu verhalten.

Schluss:

FRAGEN AN DIE RECHTSTHEORIE

Auch die Rechtswissenschaft befaßt sich mit der Realität des Rechts – aber nicht mit seiner sozialen, sondern mit seiner symbolischen Realität. Sie betrachtet das Recht als eine Sinnkonstellation für sich. Aus diesem sinnhaft-symbolischen Kontext des Rechts sind die sozialen Realitäten, sind die gesellschaftlichen Bedingungen, Entstehungsursachen und Wirkungen nicht ausgeschlossen; sie bleiben im Sinnhorizont auch der Rechtswissenschaft sichtbar und zugänglich, aber sie sind in ihm nur in einer bezeichnenden Verdichtung und Verkürzung enthalten, nämlich nur, soweit sie für die Entscheidung von Rechtsfragen relevant sind. In dieser Hinsicht wird das Recht, wenn es einmal geschaffen ist, möglicher Gegenstand einer besonderen Wissenschaft: der Rechtswissenschaft. Die Rechtswissenschaft befaßt sich mit den durch Selektionsprozesse schon feststehenden Sinnfiguren des Rechts im einzelnen. Sie kann – und muß – dabei durchaus auf Sachverhalte zurückgreifen, die nicht in der Form von Sollsätzen ausgedrückt werden können – etwa: daß ein bestimmtes Gesetz zu einem bestimmten Zeitpunkt erlassen worden *ist;* oder daß die Anwendung eines Rechtsgedankens auf einen bestimmten Fall oder Falltyp bestimmte Folgen haben *wird.*[1] Eine allgemeine Rechtstheorie, die heute weitgehend Postulat ist, könnte sich dann den Fragen widmen, die mit der besonderen Funktion dieser symbolischen Verdichtung des Rechts, mit ihren Reduktionsweisen, ihren allgemeinen Formen, ihrem Anspruchsniveau in bezug auf Konsistenz und mit der inneren Folgeproblematik, die bei jeder selektiven Verdichtung zu erwarten ist, zusammenhängen.

Das Forschungsgebiet der Rechtswissenschaft ist gegenüber dem der Soziologie (und damit auch der Rechtssoziologie) nicht deshalb eigenständig, weil jene es nur mit dem Sollen, diese es nur mit dem Sein zu tun hätte.[2] Die Selbständigkeit der Rechtswissenschaft beruht vielmehr auf jener Sinnverdichtung, die das Recht in einen engeren Horizont des Möglichen zusammenzieht und in ihm interpretierbar macht. Damit treten Voraussetzungen in Geltung, auf die die soziologische Theorie sich nicht einlassen würde; sinnhaft fixierte Denkfiguren, Verwandtschaften und Trennungen, Prin-

---

[1] Angesichts dieser Sachlage wäre eine logische Gesamtkonstruktion des Rechts wohl nur mit Hilfe von Sollsätzen erreichbar, die abschließend regeln, welche Istsätze die Jurisprudenz verwenden und mit Sollsätzen kombinieren soll und sozusagen den Schluß vom Sein aufs Sollen logisieren. Auch in dieser Richtung (die nicht die hier gewählte ist) wären Möglichkeiten einer allgemeinen Rechtstheorie denkbar.

[2] Noch fragwürdiger ist die früher übliche Trennung von Normwissenschaften und Faktenwissenschaften. Vgl. dazu von juristischer Seite die Kritik Friedrich Müllers, Normstruktur und Normativität. Zum Verhältnis von Recht und Wirklichkeit in der juristischen Hermeneutik, entwickelt an Fragen der Verfassungsinterpretation. Berlin 1966.

zipien und Argumentationsmittel (zum Beispiel die Unterscheidung von Betrug und Untreue oder die konstruktiven Zusammenhänge des Anfechtungs-, Rücktritts- und Bereicherungsrechts oder die Restriktionen bei der Anwendung des Prinzips von Treu und Glauben im Geschäftsverkehr) gewinnen Bedeutung, für die es in der soziologischen Theorie sozialer Systeme keine vollwertigen Entsprechungen gibt. Die sich als Dogmatik auf ihre Voraussetzungen einlassende Rechtswissenschaft gewinnt Möglichkeiten der Informationsverarbeitung und Entscheidungsfindung, die die Soziologie nicht hat. Die Rechtswissenschaft ist, im Unterschied zur Soziologie, eine Entscheidungswissenschaft. Sie wird deshalb gerade von der Soziologie kaum, oder allenfalls in besonderen, untypischen Konstellationen, unmittelbare Entscheidungshilfe erhalten können.[3] Aber sie kann durch Zusammenarbeit mit der Soziologie dahin gebracht werden, ihre eigene Selektivität zu reflektieren und ihre Grundentscheidungen als sinnvolle Auswahl aus anderen Möglichkeiten zu begreifen.

Die dafür notwendigen Vermittlungsdienste könnten in der Rechtssoziologie einerseits, in einer allgemeinen Rechtstheorie andererseits organisiert werden.[4] Aus dem rechtssoziologischen Forschungsansatz, der in den vorstehenden Kapiteln skizziert wurde, ergeben sich Fragen an die Rechtstheorie, die ihr zwar nicht begründende Axiome vorgeben, wohl aber Horizonte des Selbstverständnisses eröffnen könnten. Zwischen beiden Disziplinen gibt es kein Begründungsverhältnis im üblichen, hierarchischen oder logisch deduktiven Sinne, wohl aber ein Orientierungsverhältnis derart, daß die Rechtssoziologie dank ihrer höheren Komplexität und ihrem weiter gespannten Vergleichsradius es der Rechtstheorie ermöglicht, ihre Grundbegriffe als kontingente, aber sinnvolle Strukturentscheidungen zu lokalisieren.[5] Diese Art der Kooperation läßt sich an drei für die Rechtstheorie zentralen Problemen illustrieren: an der Frage der Einheit des Rechts trotz Verschiedenheit seiner Normen, am Problem der Zeitlichkeit des Rechts und an der Frage des Verhältnisses von Recht und Unrecht (oder: Rechtsnorm und abweichendem Verhalten).

Bisher ist die Einheit des Rechts, wenn man von rein definitorischen Abgrenzungsversuchen und von bloß metaphorischen Bestimmungen wie ‹Wille› oder ‹Geist› absieht, entweder durch ein Rechtsprinzip oder durch die Form des Zusammenhangs verschiedener Rechtsnormen oder durch beides artikuliert worden. Als Rechtsprinzip konnte eine inhaltliche oder eine formale Normierung des spezifischen Normsinns des Rechts gewählt

---

3 Hierzu näher NIKLAS LUHMANN, Funktionale Methode und juristische Entscheidung. Archiv des öffentlichen Rechts 94 (1969), S. 1–31. Sehr viel weitergehende Hoffnungen werden gerade in jüngster Zeit genährt. Siehe statt anderer RÜDIGER LAUTMANN, Soziologie vor den Toren der Jurisprudenz. Zur Kooperation der beiden Disziplinen. Stuttgart 1971.

4 So auch WERNER KRAWIETZ, Das positive Recht und seine Funktion. Kategoriale und methodologische Überlegungen zu einer funktionalen Rechtstheorie. Berlin 1967, insbes. S. 21 ff.

5 Daß damit konkretere Ebenen der Kooperation zwischen Soziologie und Rechtswissenschaft nicht ausgeschlossen sind, sei vorsorglich angemerkt.

werden (Gerechtigkeit bzw. Grundnorm) [6] oder eine Annahme über seine genetische Begründung in der Weltordnung (Natur).[7] Als Form des Zusammenhangs verschiedener Rechtsnormen hat durchweg der Gedanke einer Hierarchie von Rechtsquellen und Rechtsmaterien fungiert. Das alles sind Entscheidungen über Prämissen des Rechtsdenkens, die von der Rechtssoziologie als kontingente Option problematisiert und auf ihre Funktion und auf andere Möglichkeiten hin abgeleuchtet werden können.

Die Suche nach dem Rechtsprinzip geht das Problem der Einheit des Rechts direkt, vielleicht zu direkt, an, indem sie das Problem der Einheit als Prinzip der Einheit formuliert. Sie muß den dafür benutzten Begriff der Gerechtigkeit bei zunehmender Komplexität des Rechts formalisieren [8] und endet bei einer tautologischen Umschreibung des Problems. Die naturhaft-genetische Begründung muß sich auf relativ konkrete Annahmen über die Welt einlassen, die im Laufe der Entwicklung des Gesellschaftssystems zu höherer Komplexität unglaubwürdig werden. Die Hierarchievorstellung ist der bei weitem interessanteste und erfolgreichste, bis zu KELSEN hin durchgehaltene Konstruktionsversuch. Sie gestattet es der Seinstheorie ebenso wie der Normtheorie, Negativität auszuschließen und sie zugleich im Rahmen des positiv Zugelassenen als Konstruktionselement zu verwenden. Nichtsein und Unrecht werden aus dem System hinausgewiesen in ein undifferenziert-absolutes chaotisches Jenseits und alle interne Negation in die Form eines Rangverhältnisses gekleidet, dem Kompatibilität und Abgrenzbarkeit unterstellt werden. Das zunächst symmetrische, gleichwertige, also umkehrbare Verhältnis von Sein und Nichtsein wird innerhalb des Systems in ein asymmetrisches, hierarchisches transformiert und eignet sich so als Konstruktion der Einheit des Systems von oben.[9] Besonders für die reine Rechtslehre KELSENS ist die Vorstellung grundlegend und be-

---

6 Für beide Fälle, für das alteuropäische Rechtsdenken ebenso wie für KELSENS Grundnorm, ist bezeichnend, daß im Verhältnis des Rechts zu seinem Kriterium nochmals eine *normative* Beziehung angenommen wird. Das entspricht dem Erfordernis der Reflexivität des Prozesses rechtlicher Normierung (s. oben S. 213 ff).

7 Dies immer dann, wenn der Naturgedanke nicht nur zur Charakterisierung eines bestimmten Teils der Gesamtrechtsordnung (Naturrecht im Unterschied zu göttlichem Recht und zu positivem Recht) herangezogen wird, sondern das gesamte, auch das positive Recht begründet. Das ist, wie GAINES POST, Studies in Medieval Legal Thought. Princeton 1964, S. 494 ff, nachweist, bei zahlreichen Autoren des Hochmittelalters der Fall. Vgl. auch *La Filosofia della Natura nel Medioevo*. Atti del Terzo Congresso Internazionale di Filosofia Medioevale. Mailand 1966.

8 In der neuzeitlichen Rechtstheorie ist solche Formalisierung nicht nur durch die Positivierung des Rechts erforderlich geworden, sondern auch durch (damit zusammenhängende) Veränderungen in der Rechtsdogmatik, vor allem durch die Erfindung ‹subjektiver Rechte› ohne innere Reziprozität und Gerechtigkeit. Dazu NIKLAS LUHMANN, Zur Funktion der ‹subjektiven Rechte›. Jahrbuch für Rechtssoziologie und Rechtstheorie 1 (1970), S. 321–330.

9 Siehe hierzu Bemerkungen bei GOTTHARD GÜNTHER, Kritische Bemerkungen zur gegenwärtigen Wissenschaftstheorie. Aus Anlaß von Jürgen Habermas: ‹Zur Logik der Sozialwissenschaften›. Soziale Welt 19 (1968), S. 328–341 (331 f).

zeichnend, daß eine hierarchische Differenzierung die Einheit des Rechts nicht gefährde.[10] In Kommunikationsprozesse umgesetzt, findet diese Einheit Ausdruck in der Form des Befehls, der Widerstand überwinden kann. Andersheit, Widerspruch, Nichtwollen wird ‹unten› lokalisiert und damit irrelevant gesetzt, in der Spitze dagegen die Einheit des Ganzen symbolisiert, so daß die Negation der Spitze die Gefahr, aber auch die Chance der Negation des Ganzen impliziert – nämlich Revolution.[11]

Ein weiterer Vorschlag zur Lösung dieses Einheitsproblems sticht durch seinen eigenwilligen Ansatz von den bisher erörterten Traditionen ab. H. L. A. HART[12] stellt in einer ursprünglichen Rechtsschicht von ‹primary rules› bestimmte Mängel fest (nämlich ‹uncertainty›, ‹static character› und ‹inefficiency›) und bezieht darauf ‹secondary rules› eines ganz andersartigen Typs (nämlich ‹rules of recognition›, ‹rules of change› und ‹rules of adjudication›), denen das Lösen oder doch Abschwächen der Problematik einer einschichtigen Regelordnung obliegt. Damit gewinnt die Einheit des Rechts die Form eines funktionalen Aufbaus von einander zugeordneten Problemen und Problemlösungen – eine Idee, die verschiedenartige Fassungen annehmen könnte und möglicherweise Zukunft hat. Sie leitet zu den folgenden Erwägungen über.

Die Rechtssoziologie hätte nämlich die Frage zu stellen, ob die Rechtstheorie trotz zunehmender Komplexität des Rechts und trotz institutionalisierter Reflexivität rechtlicher Normierungen an jenen traditionellen Typen von Einheitskonstruktion festhalten will, und weshalb. In der Perspektive des rechtssoziologischen Forschungsansatzes, der hier vertreten wurde, ist selbst die Einheit des Rechts lediglich funktional bezeichnet worden, nämlich als Kongruenz mehrdimensionaler Erwartungsstrukturen, die unter evolutionär wechselnden Bedingungen zustande kommt und in evolutionär wechselnden Formen Ausdruck findet. Damit ist eine rechtstheoretisch sicher nicht ausreichende Bestimmung des Rechtsbegriffs vorgezeichnet – nicht ausreichend vor allem deshalb, weil die Angabe der Funktion von Recht insgesamt noch kein allein ausreichendes Kriterium für die Beurteilung der Zugehörigkeit einzelner Normen zum Recht hergibt.[13] Immerhin bietet unser

---

10 Vgl. namentlich ADOLF MERKL, Lehre von der Rechtskraft. 1923, S. 181 ff; und im Anschluß an ihn HANS KELSEN, Allgemeine Staatslehre. Berlin 1925, S. 229 ff. Zur Kritik siehe etwa KARL ENGISCH, Die Einheit der Rechtsordnung. Heidelberg 1935, S. 7 ff, und zum heutigen, unabgeschlossenen Diskussionsstand ROBERT WALTER, Der gegenwärtige Stand der reinen Rechtslehre. Rechtstheorie 1 (1970), S. 69–95 (89 ff).

11 Mit aller Konsequenz bekämpft der Anarchismus die hierarchische Struktur sozialer Systeme als Form (nicht nur als jeweils besetzte Spitze), ohne sich freilich zureichende Vorstellungen über ihre Funktion und über funktional äquivalente Problemlösungsmöglichkeiten zu bilden. Vgl. dazu OTTHEIN RAMMSTEDT, Anarchismus. Grundtexte zur Theorie und Praxis der Gewalt. Köln–Opladen 1969, Einleitung S. 15 ff.

12 *The Concept of Law*. Oxford 1961, S. 89 ff.

13 Dies Argument auch bei PETER FREY, Der Rechtsbegriff in der neueren Soziologie. Diss. Saarbrücken 1962, S. 162, 198.

funktionaler Begriff eine gute Ausgangsbasis und eine Art ‹Kontrollvorstellung› für weitere Überlegungen. Der Gedanke, daß Einheit sich in einem mehrdimensionalen und damit multifunktionalen Sinnkontext konstituiere, ist eine Vorstellung, die sich in der soziologischen Theorie sozialer Systeme zu bewähren scheint. Sie ermöglicht es, Identität funktional als Nichtaustauschbarkeit im Hinblick auf eine einzelne Funktion und strukturell als Kompatibilität verschiedener Strukturen zu deuten. Dieses Konzept bietet Vorteile für die Analyse und Steuerung sozialer Systeme mit hoher, strukturierter Komplexität. Ob es sich auch für die rechtstheoretische Erfassung der Einheit des Rechts eignet, ist eine offene Frage, denn hier gelten andere, mehr auf Entscheidung abzielende Brauchbarkeitskriterien. Diese Aufgabenstellung und auch die Analyse der bisherigen Einheitskonzepte des Rechts legen die Vermutung nahe, daß es für die Lösung dieses Problems auf die Art der Behandlung von Negationen ankommen könnte. Entscheidung kommt ja durch Ausschluß anderer Möglichkeiten zustande. Dafür hatte das Prinzipien-Denken eine schlechte Lösung, nämlich unbestimmte Negation anderer Möglichkeiten, gefunden; das Natur-Denken hatte die Lösung als Eigenschaft von Welt vorausgesetzt und darauf verzichtet, sie selbst zu erarbeiten; im Hierarchie-Modell waren durch jene eigenartige Kombination von symmetrischer (externer) und asymmetrischer (interner) Negation Grundlagen für eine systemeigene und schon ziemlich komplexe Problemlösung gefunden worden: Nur HOBBES hatte den Mut, die Geltung des Rechts auf eine Negation des Rechts, nämlich auf Vorgabe von Chaos und Ordnungsbedarf zu gründen.[14] Will man diese Lösungen überbieten, wird man die Funktion des Negierens explizit thematisieren und unabhängig von ihrer Verquickung mit sprachlichen Strukturen oder ontologischen oder logischen Denkvoraussetzungen eigens untersuchen müssen. Möglicherweise bietet ein Neudurchdenken der Tradition des Kontingenzproblems dafür geeignete Ansatzpunkte.[15]

Das führt zu unserem zweiten Thema: dem Verhältnis von Recht und Zeit. In Anlehnung an allgemein verwendbare soziologische Begriffe und Theorievorstellungen hatten wir die Frage der Zeitdauer der Rechtsgeltung in Aussagen über Erwartungen und Enttäuschungen aufgelöst. Erwartungen sind stets gegenwärtiges Erleben, in dem die Zeit nur als Horizont des Gewesenen und des Kommenden fungiert. Diesem Horizont wird im gegenwärtigen Erleben dadurch Rechnung getragen, daß die Vergangenheit als Erwartungsgrundlage und die Zukunft als Verhaltensmöglichkeit für den Enttäuschungsfall vergegenwärtigt wird. Speziell die Normativität des Er-

---

14 Daß hierin (und nicht etwa in einem besonderen Versuch, Normen aus Fakten zu deduzieren) die historische Leistung von HOBBES besteht, zeigt MANFRED RIEDEL, Zum Verhältnis von Ontologie und politischer Theorie bei Hobbes. In: REINHART KOSELLECK/ROMAN SCHNUR (Hrsg.), Hobbes-Forschungen. Berlin 1969, S. 103–118. Das macht zugleich verständlich, daß und weshalb HOBBES' Theorie ohne weitere Klärung des Status von Negationen problematisch geblieben ist.

15 Dies möchte ich in einer hier anschließenden rechtstheoretischen Publikation zu zeigen versuchen.

wartens hatten wir als Neutralisierung der nichterwartungsgemäßen Möglichkeiten der Zukunft interpretiert.

Nun fragt sich, ob die Rechtstheorie diesen Gedankenkomplex auf einen Einheitsbegriff der ‹Geltung› zusammenziehen und mit ihm wie mit einer einfachen Größe operieren kann. Sie verlöre dabei die Zeit selbst als den Unterschied von Vergangenheit, Gegenwart und Zukunft aus den Augen und behielte nur die Vorstellung einer objektiven Zeitpunktreihe bei, auf die hin Geltungszeiten präzisiert werden können. Sie würde Geltungsaussagen dann durch Zeitbestimmungen ergänzen müssen: Ein bestimmtes Gesetz gilt von diesem bis zu jenem (oder bis zu einem noch unbestimmten, aber durch Entscheidung bestimmbaren) Zeitpunkt. Dabei würde sie eine mehrfache Negierungsmöglichkeit beachten müssen: Die Negation kann sich auf die Geltung oder auf das Gesetz oder auf den Zeitpunkt beziehen und je nachdem verschiedenartige Sinnausschaltungen bewirken. Im übrigen böte diese Fassung des Zeitproblems verhältnismäßig einfache Entscheidungsmöglichkeiten an Hand von Gesetzbuch und Kalender.

Andererseits wird diese Vereinfachung mit einem Verlust von Erkenntnismöglichkeiten bezahlt. Es könnte nämlich auch Aussagen über das Recht geben, die mit Hilfe einer Negation von Zukunft oder einer Negation von Vergangenheit konstruiert werden müssen – und nicht über Negation bestimmter objektiver Zeitpunkte. Ist Normativität des Rechts nicht gerade Negation der Zukunft als Zeithorizont, der andere Möglichkeiten offenhält? Und ist Positivität des Rechts nicht gerade Negation der Vergangenheit als Zeithorizont, der andere Möglichkeiten ausgeschlossen hat? Und müßte die Rechtstheorie, ob sie diese Ansichten nun annimmt oder verwirft, nicht zumindest über eine Begriffssprache verfügen, deren Abstraktionsgrad es erlaubt, sie zu diskutieren? Solche Fragen können von der Rechtssoziologie nur gestellt, nicht entschieden werden. Aber auch hier liegt die Vermutung nahe, daß die Suche nach einer Antwort mit einer Klärung der Funktion des Negierens bei der Konstitution des Zeiterlebens beginnen müßte.

Auf ähnliche Probleme stößt man, wenn man das Verhältnis von Recht und Unrecht bedenkt. Ein dimensional und funktional nicht aufgegliedertes Konzept der Einheit rechtlichen Sollens mußte in bezug auf die Negation abweichenden Verhaltens naiv, das heißt undifferenziert bleiben. Man glaubte, das Unrecht als Negation des Rechts begreifen zu können – analog der sprachlichen Möglichkeit, Sein durch Negation in Nichtsein und Nichtsein durch Negation in Sein zu transformieren. Mit dieser Annahme ließ sich das Unrecht genau symmetrisch zum Recht konstruieren und damit aus der Rechtstheorie ausschalten. Von wenigen, anrüchigen Ausnahmen, etwa in der frühneuzeitlichen Moralkasuistik, abgesehen, blieb das Unrecht für die Theorie des Rechts ein uninteressantes Umkehrbild.[16]

---

16 Auf dieser Denkgrundlage meint z. B. THEODOR GEIGER, Vorstudien zu einer Soziologie des Rechts. Neudruck Neuwied 1964, S. 106, es gäbe nur Recht oder Nichtrecht. ‹Unrecht› sei eine wissenschaftlich belanglose, subjektive Bewertung.

Diese symmetrische Konstruktion des Verhältnisses von Recht und Unrecht ist logisch nicht notwendig und soziologisch unhaltbar. Die Logik könnte mit verschiedenen Bezugspunkten der Negierung arbeiten, namentlich Negation des Sinnes und des Sollcharakters eines Satzes nebeneinander zulassen.[17] Die Soziologie weiß, daß eine ‹Negation des Rechts› undurchführbar ist.[18] Sie hat überdies ein lebhaftes Interesse daran, die strukturellen Konsequenzen der moralischen Privilegierung bestimmter Erwartungen und der Disprivilegierung anderer aufzudecken, ja die Funktion dieser moralischen Disjunktion selbst noch untersuchen zu können. Dazu muß sie die beide Seiten egalisierende These der Symmetrie von Recht und Unrecht aufheben. Die Rechtstheorie wird für sich selbst prüfen müssen, ob sie um der Entscheidungsvereinfachung willen an der jetzt als grobe Vereinfachung erkennbaren symmetrischen Konstruktion festhalten will oder sich von ihr trennen kann.

Dabei ist zu bedenken, daß die symmetrische Konstruktion keineswegs mit dem ‹Wesen des Rechts› verbunden ist. Sie war dem archaischen Rechtsgefühl und auch dem Rechtsdenken der frühen Hochkulturen durchaus fremd. Es gab eine Zeit – und sie reicht bis in die klassische Epoche des römischen Rechts hinein – die dem natürlichen Normerleben sehr viel näher stand und sich sehr wohl vorstellen konnte, daß Recht mit Recht im Streit lag, daß Eide und Argumente, Topoi, Prinzipien und Rechtsinstitute einander widersprechen konnten, ohne schon dadurch ihren Charakter als Bestandteil der Rechtsordnung einzubüßen.[19] Diese Abbildung streitbarer

---

17 Man überlege den Sinnunterschied der Sätze: ‹Nicht Du sollst töten.› ‹Du sollst nicht töten.› ‹Daß Du tötest, ist nicht gesollt.› Vgl. zu diesen Problemen der Negation in der Normlogik GEORG HENRIK VON WRIGHT, *Norm and Action. A Logical Enquiry.* London 1963, S. 135 ff; ALF ROSS, *Directives and Norms.* London 1968, S. 143 ff. Zu diesen Möglichkeiten kämen nach unseren soziologischen Überlegungen noch diejenigen, die sich aus einer Auflösung der Einheit der Sollformel in drei Dimensionen mit je anderer Negierungsmöglichkeit ergeben.

18 Vgl. dazu DAVID MATZA, *Delinquency and Drift.* New York–London–Sydney 1964, mit Ausführungen über die spezifischen Probleme in Subkulturen, die Rechtsnormen teilweise oder fallweise negieren, aber nicht das Recht als Ganzes ablehnen können.

19 DIETER NÖRR, Zur Entstehung der gewohnheitsrechtlichen Theorie. Festschrift für Wilhelm Felgentraeger. Göttingen 1969, S. 353–356, nennt das klassische römische Recht eine streitbare, ‹agonale› Masse (355) und betont, daß erst im zweiten nachchristlichen Jahrhundert Tendenzen zur Differenzierung (wechselseitig exklusiver Begriffsfestlegung), Harmonisierung, Regelbildung und Legalisierung einsetzen. Daran ist der enge Zusammenhang ablesbar zwischen der Entwicklung eines abstrakten Einheitskonzepts und der Einschränkung interner Negierungsmöglichkeiten im Recht. Damit verknüpft sich die Folge, daß aller normativer Streit, alle Gewalt, alle rhetorischen Kunstgriffe, alle Argumentations- und Interpretationstechniken, alle Arbeit an Rechtsfragen aus dem ‹an sich schon geltenden Recht› hinausverlagert werden in ein Außenfeld der Entscheidungsvorbereitung bzw. -durchsetzung – ein Vorgang, der zugleich eine stärkere Differenzierung von Rollen und Programmen im oben (Bd. I, S. 89 ff, 172 ff) erörterten Sinne auslöst.

Negation im Recht selbst findet man vor der Entwicklung abstrakter Prinzipien der Rechtsgeltung und damit vor der Konzeption einer begrifflichen Einheit rechtlichen Sollens, deren Negation nur und immer ins Unrecht weist; sie wird sich, weil zu konkret und handlungsnah angesetzt, nicht wiederbeleben lassen. Aber die Frage ist, ob eine moderne Rechtstheorie, vor allem eine solche, die auch den rechtspolitischen Aufgaben des positiven Rechts und seinen systemstrukturellen Verflechtungen gewachsen sein will, sich weiterhin an die alte Entweder/Oder-Vereinfachung des Verhältnisses von Recht und Unrecht halten kann oder ob sie nicht auf der inzwischen gewonnenen Ebene rechtsbegrifflicher Abstraktion Möglichkeiten eines differenzierteren Negierens der normativen Geltung entwickeln muß.[20]

Unsere rechtssoziologischen Überlegungen würden es nahelegen, die Einheitsvorstellung rechtlichen Sollens zu analysieren auf verschiedene Dimensionen der Negierbarkeit hin. Ebenso wie das Sollen könnte man aber auch das Negieren einer funktionalen Analyse unterwerfen und ihm dadurch seine furchterregende Kompaktheit nehmen. Ebenso wie das Sollen ist das Negieren nicht das, was die Sprache suggeriert: eine einfache, intuitiv-klare Qualität. In beiden Fällen repräsentiert (und verdeckt) das sprachliche Symbol eine hochkomplexe, zusammengesetzte Leistung sinnkonstituierenden Erlebens, die man näher untersuchen könnte.

Am Sollen ist uns die Implikation einer komplexen und kontingenten Ebene des Erwartens von Erwartungen klargeworden, die in bestimmter Weise, nämlich durch nichtlernende Enttäuschungsbehandlung, kontrafaktisch stabilisiert wird. Am Negieren lassen sich andersartige, aber komplementäre Leistungsaspekte aufdecken, die in jeder Sollvorstellung schon vorausgesetzt sind. Die Besonderheit negierender Bewußtseinsprozesse liegt, wenn man sie mit der unmittelbar-inhaltlichen Gegebenheit von Wahrnehmungen oder Vorstellungen vergleicht,[21] in einer Kombination von

---

20 Als Teilproblem aus diesem Fragenkreis wird die Frage der Vollständigkeit der Disjunktion von Recht und Unrecht bereits erörtert. Siehe etwa ILMAR TAMMELO, *On the Logical Openness of Legal Orders. A Modal Analysis of Law with Special Reference to the Logical Status of* Non Liquet *in International Law.* The American Journal of Comparative Law 8 (1959), S. 187–203; und LOTHAR PHILIPPS, Rechtliche Regelung und formale Logik. Archiv für Rechts- und Sozialphilosophie 50 (1964), S. 317–329. An diesem Problem läßt sich vor allem die Bedeutung der Frage für die Entscheidungspraxis erkennen: Der Verzicht auf die symmetrische Konstruktion des Verhältnisses von Recht und Unrecht darf keinesfalls dahin führen, daß Teilbereiche des Rechts unentscheidbar werden; diese Gefahr müßte durch zusätzliche Entscheidungsregeln abgewendet werden.

21 In dieser Unterscheidung von inhaltlich gegebenen Impressionen und ihrer andere Möglichkeiten neutralisierenden Selektivität liegt zugleich der Ausgangspunkt für eine Theorie des Bewußtseins, die das Bewußtsein nicht mehr als phänomenale Wiedergabe des Weltbildes, sondern als Informationswert begreift und damit bessere Möglichkeiten der Artikulation der Beziehung sinnhaften Erlebens zu den neurophysiologischen Grundlagen des Bewußtseins im organischen System bietet. Vgl. R. M. BERGSTRÖM, Über die Struktur einer Wahrnehmungssituation und über ihr physiologisches Gegenstück. Annales Academiae Scientiarum Fen-

Generalisierung und Reflexivität. Generalisierung heißt Indifferenz, heißt, daß das Negierte nicht spezifiziert zu werden braucht, wenn ich mich etwas Bestimmtem in einem Horizonte anderer Möglichkeiten zuwende.[22] Auf diese Weise fungiert implizite Negation als kontinuierliches Moment allen sinnkonstituierenden Erlebens – andere Möglichkeiten anzeigend, aber pauschal ausklammernd. Das Risiko solcher Pauschalabweisung ist jedoch hoch und nur deshalb tragbar, weil das Negieren auf sich selbst angewandt, also reflexiv werden kann. Die Negation kann sich selbst durchkreuzen, sich selbst korrigieren und bleibt dadurch in einer unaufhebbaren Vorläufigkeit hängen. Sie hat keine vernichtende, sondern nur vorläufig neutralisierende Kraft. Den Entschluß, nicht zu töten, oder die Meinung, daß der Neonazismus keine Gefahr darstellt, kann ich jederzeit selbst negieren, und diese Freiheit ist unverzichtbar, weil auch ihre Negation negierbar wäre.

Diese Überlegungen ließen sich vertiefen durch eine weitere Klärung des funktionalen Primats der Negation im sinnkonstituierenden Erleben und dann auf systemtheoretische Annahmen rückbeziehen.[23] Hier kommt es vor allem darauf an zu zeigen, daß das Symbol der Negativität jene konstruktive Leistungskombination von Generalisierung und Reflexivität abdeckt und bezeichnet – also einfach eine höhere Stufe der Komplexität und Risikobewältigung der Erlebnisverarbeitung darstellt, an die weitere Errungenschaften, vor allem die uns primär interessierende Sollvorstellung, anknüpfen können. Für sehr viele Zusammenhänge des Denkens, Redens und Handelns genügt es dann, die Symbole des Seins, des Sollens und des Nicht wie einfache Münzen zu verwenden und nicht nach den sie ermöglichenden Leistungen zu fragen. Die Soziologie wird, wie mir scheint, im Prozeß der Klärung ihrer Grundbegriffe Sinn und System diese Sichtverkürzung aufgeben müssen. Ob die Rechtstheorie sich solche Vereinfachungen weiterhin leisten kann, wird von der Organisation ihrer besonderen Erkenntnisinteressen abhängen. Auch wenn sie dabei bleibt, das Sein, das Sollen und das Nicht als unanalysierte Grundbegriffe vorauszusetzen, wird sie sich heute der Möglichkeit einer solchen Analyse bewußt werden müssen und ihre grundbegrifflichen Entscheidungen als Selektion aus anderen Möglichkeiten zu rechtfertigen haben.

---

nicae, Series A. V. Medica 94 (1962), S. 1–23; und DERS., *Neural Macrostates. An Analysis of the Function of the Information-Carrying System of the Brain.* Synthese 17 (1967), S. 425–443. Diese Unterscheidung vermag im Zusammenhang mit den weiteren Ausführungen des Textes auch der Frage nach den organischen Grundlagen der Fähigkeit des Negierens eine bestimmte Richtung zu geben.

22 Die bestimmte Negation, nämlich die Negation, der ich mich als solcher zuwende (zum Beispiel: ‹Das Buch ist nicht an seinem Platz im Bücherschrank›), weist dieselbe Struktur in abgeleiteter Form auf: Sie ist indifferent gegen das, was anstelle der negierten Erwartung ins Erleben tritt.

23 Siehe hierzu auch meinen Beitrag ‹Sinn als Grundbegriff der Soziologie›, in: JÜRGEN HABERMAS/NIKLAS LUHMANN, Theorie der Gesellschaft oder Sozialtechnologie – Was leistet die Systemforschung? Frankfurt 1971, S. 25–100 (35 ff).

ÜBER DEN VERFASSER

NIKLAS LUHMANN: Geboren 1927 in Lüneburg. 1937–1944 Besuch des humanistischen Gymnasiums in Lüneburg, vorzeitig durch Kriegsdienst abgebrochen. 1946–1949 Studium der Rechtswissenschaft an der Universität Freiburg i. Br. Anschließend juristischer Vorbereitungsdienst und Tätigkeit in der öffentlichen Verwaltung in Niedersachsen, hauptsächlich im niedersächsischen Kultusministerium. 1960–1961 Studium der Verwaltungswissenschaft und der Soziologie an der Harvard-Universität. 1962–1965 Referent am Forschungsinstitut der Hochschule für Verwaltungswissenschaften Speyer. 1966–1968 Abteilungsleiter an der Sozialforschungsstelle in Dortmund. Seit 1968 Ordinarius für Soziologie an der Fakultät für Soziologie der Universität Bielefeld.

Wichtigste Veröffentlichungen:

Funktionen und Folgen formaler Organisation, 1964 / Grundrechte als Institution. Ein Beitrag zur politischen Soziologie, 1965 / Theorie der Verwaltungswissenschaft. Bestandsaufnahme und Entwurf, 1966 / Vertrauen. Ein Mechanismus der Reduktion sozialer Komplexität, Stuttgart 1968 / Zweckbegriff und Systemrationalität. Über die Funktion von Zwecken in sozialen Systemen, 1968 / Legitimation durch Verfahren, 1969 / Soziologische Aufklärung. Aufsätze zur Theorie sozialer Systeme, 1970 (enthält u. a.: Funktion und Kausalität, 1962; Wahrheit und Ideologie, 1962; Funktionale Methode und Systemtheorie, 1964; Reflexive Mechanismen, 1966; Soziologische Aufklärung, 1967; Soziologie als Theorie sozialer Systeme, 1967; Positives Recht und Ideologie, 1967; Soziologie des politischen Systems, 1968; Selbststeuerung der Wissenschaft, 1968; Praxis der Theorie, 1969) / Politische Planung. Aufsätze zur Soziologie von Politik und Verwaltung, 1971 (enthält u. a.: Lob der Routine, 1964; Zweck – Herrschaft – System. Grundbegriffe und Prämissen Max Webers, 1964; Politische Planung, 1966; Gesellschaftliche und politische Bedingungen des Rechtsstaats, 1967; Die Knappheit der Zeit und die Vordringlichkeit des Befristeten, 1968; Funktionen der Rechtsprechung im politischen System, 1969; Komplexität und Demokratie, 1969; Öffentliche Meinung, 1970; Reform und Information: Theoretische Überlegungen zur Reform der Verwaltung, 1970)

Außerdem zahlreiche Aufsätze in Sammelwerken und Fachzeitschriften

BIBLIOGRAPHIE

(Auswahl)

1. Einführungen, Gesamtdarstellungen, Forschungsberichte

Aubert, Vilhelm (Hrsg.), Sociology of Law. Harmondsworth, England 1969

Davis, F. James/Foster, Henry H., Jr./Jeffery, C. Ray/Davis, E. Eugene, Society and the Law. New York 1962

Diamond, A. S., The Evolution of Law and Order. London 1951

Eisermann, Gottfried, Die Probleme der Rechtssoziologie. Archiv für Verwaltungssoziologie – Beilage zum gemeinsamen Amtsblatt des Landes Baden-Württemberg 2 No. 2 (1965), S. 5–8

Evan, William M. (Hrsg.), Law and Sociology. Glencoe/Ill. 1962

Geiger, Theodor, Vorstudien zu einer Soziologie des Rechts. Neuwied–Berlin 1964

Gurvitch, Georges, Grundzüge der Soziologie des Rechts. Neuwied 1960

Hirsch Ernst E./Rehbinder, Manfred (Hrsg.), Studien und Materialien zur Rechtssoziologie. Sonderheft 11 der Kölner Zeitschrift für Soziologie und Sozialpsychologie. Köln–Opladen 1967

Horváth, Barna, Rechtssoziologie. Probleme der Gesellschaftslehre und der Geschichtslehre des Rechts. Berlin 1934

Lévy-Bruhl, Henri, Sociologie du droit. Paris 1961 (Dt. Übers.: Soziologische Aspekte des Rechts. Berlin 1970)

Mayhew, Leon H., Law. The Legal System. International Encyclopedia of the Social Sciences Bd. 9, 1968, S. 59–66

Naucke, Wolfgang/Trappe, Paul (Hrsg.), Rechtssoziologie und Rechtspraxis. Neuwied–Berlin 1970

Poirier, Jean, Introduction à l'ethnologie de l'appareil juridique. In: Ders. (Hrsg.), Ethnologie générale. Paris 1968, S. 1091–1110

Raiser, Thomas, Einführung in die Rechtssoziologie. Berlin 1972

Sauermann, Heinz, Die soziale Rechtsrealität. Archiv für angewandte Soziologie 4 (1932), S. 211–237

Sawer, Geoffrey, Law in Society. Oxford 1965

Schur, Edwin M., Law and Society. A Sociological View. New York 1968

Selznick, Philip, Law. The Sociology of Law. International Encyclopedia of the Social Sciences Bd. 9, 1968, S. 50–59

Simon, Rita James (Hrsg.), The Sociology of Law. Interdisciplinary Readings. San Francisco 1968

Stone, Julius, Social Dimensions of Law and Justice. London 1966

Timasheff, Nicholas S., An Introduction to the Sociology of Law. Cambridge/Mass. 1939

–, Growth and Scope of Sociology of Law. In: Howard S. Becker/Alvin Boskoff (Hrsg.), Modern Sociological Theory in Continuity and Change. New York 1957, S. 424–449

Trappe, Paul, Zur Situation der Rechtssoziologie. Tübingen 1968

Treves, Renato (Hrsg.), La sociologia del diritto. Mailand 1966 (Engl. Übers.: Treves, Renato/Jan F. Glastra van Loon [Hrsg.], Norms and Actions. Den Haag 1968)

–, (Hrsg.), Nuovi sviluppi della sociologia del diritto. Mailand 1968

2. Geschichte und Klassiker der Rechtssoziologie

Durkheim, Emile, De la division du travail social. 2. Aufl. Paris 1902
–, Leçons de sociologie, physique des mœurs et du droit. Paris 1950
Ehrlich, Eugen, Grundlegung der Soziologie des Rechts. 3. Aufl. Berlin 1967
–, Recht und Leben. Gesammelte Schriften zur Rechtstatsachenforschung und zur Freirechtslehre. Berlin 1967
Geis, Gilbert, Sociology and Sociological Jurisprudence. Kentucky Law Review 52 (1964), S. 267–293
Hauriou, Maurice, Die Theorie der Institution. (Dt. Übers.) Berlin 1965
Kraft, Julius, Vorfragen der Rechtssoziologie. Zeitschrift für vergleichende Rechtswissenschaft 45 (1930), S. 1–78
Maine, Henry Sumner, Ancient Law. Its Connections with the Early History of Society and its Relation to Modern Ideas. 1861. Zit. nach der Ausgabe The World's Classics. London–New York–Toronto 1954
Pound, Roscoe, Social Control Through Law. New Haven 1942, Neudruck o. O. (Hamden/Conn.) 1968
Rehbinder, Manfred, Status–Rolle–Kontrakt. Wandlungen der Rechtsstruktur auf dem Wege zur offenen Gesellschaft. In: Festschrift für Ernst E. Hirsch, Berlin 1967, S. 141–169
–, Die Begründung der Rechtssoziologie durch Eugen Ehrlich. Berlin 1967
Renner, Karl, Die Rechtsinstitute des Privatrechts und ihre soziale Funktion. Ein Beitrag zur Kritik des bürgerlichen Rechts. Neudruck Stuttgart 1965 (zuerst in Marx-Studien Bd. I, Wien 1904, S. 63–192)
Romano, Santi, L'ordinamento giuridico. Neudruck der 2. Aufl. Firenze 1962
Weber, Max, Rechtssoziologie (Hrsg. Johannes Winckelmann). Neuwied 1960
Winckelmann, Johannes, Legitimität und Legalität in Max Webers Herrschaftssoziologie. Tübingen 1952

3. Grundfragen der Rechtsbildung und theoretische Einzelfragen

Aubert, Vilhelm, Legal Justice and Mental Health. Psychiatry 21 (1958), S. 101–113
– /Messinger, Sheldon L., The Criminal and the Sick. Inquiry 1 (1958), S. 137 bis 160
Beutel, Frederick K., Some Potentialities of Experimental Jurisprudence as a New Branch of Social Science. Lincoln 1957 (Dt. Übers.: Die Experimentelle Rechtswissenschaft. Möglichkeiten eines neuen Zweiges der Sozialwissenschaft, Berlin 1971)
Bowman, Claude C., Distortion of Reality as a Factor in Morale. In: Arnold M. Rose (Hrsg.), Mental Health and Mental Disorder. London 1956, S. 393–407
Coser, Lewis A., Some Functions of Deviant Behavior and Normative Flexibility. The American Journal of Sociology 68 (1962), S. 172–181
Drobnig, Ulrich, Rechtsvergleichung und Rechtssoziologie. Zeitschrift für ausländisches und internationales Privatrecht 18 (1953), S. 295–309
Farneti, Paolo, Problemi di analisi sociologica del diritto. Sociologia 1961, S. 33–87
Frey, Peter, Der Rechtsbegriff in der neueren Soziologie. Diss. Saarbrücken 1962

Galtung, Johan, Expectations and Interaction Processes. Inquiry 2 (1959), S. 213–234

–, Institutionalized Conflict Resolution. Journal of Peace Research 1965, S. 348 bis 397

Gibbs, Jack P., Norms. The Problem of Definition and Classification. The American Journal of Sociology 70 (1965), S. 586–594

–, The Sociology of Law and Normative Phenomena. American Sociological Review 31 (1966), S. 315–325

–, Definitions of Law and Empirical Questions. Law and Society Review 3 (1968), S. 429–446

Glastra van Loon, J. F./Vercruijsse, E. V. W., Towards a Sociological Interpretation of Law. Sociologia Neerlandica Bd. 3. 2 (1966), S. 18–31

Hall, Jerome, Comparative Law and Social Theory. O. O. (Louisiana State U.P.) 1963

Heldrich, Andreas, Sozialwissenschaftliche Aspekte der Rechtsvergleichung. Zeitschrift für ausländisches und internationales Privatrecht 34 (1970), S. 427–442

Hubert, René, Science du droit, sociologie juridique et philosophie du droit. Archives de philosophie du droit et de sociologie juridique, 1931, S. 43–71

Humphreys, Lloyd G., The Acquisition and Extinction of Verbal Expectations in a Situation Analogous to Conditioning, Journal of Experimental Psychology 25 (1939), S. 294–301

Laing, Ronald D. / Phillipson, Herbert / Lee, A. Russell, Interpersonal Perception. London–New York 1966

Lautmann, Rüdiger, Wert und Norm. Begriffsanalysen für die Soziologie. Köln–Opladen 1969

Macauley, Stewart, Non-Contractual Relations in Business. A Preliminary Study. American Sociological Review 28 (1963), S. 55–67

Matza, David, Delinquency and Drift. New York–London–Sydney 1964

Mead, George H., The Psychology of Punitive Justice. The American Journal of Sociology 23 (1918), S. 557–602

Popitz, Heinrich, Soziale Normen. Europäisches Archiv für Soziologie 2 (1961), S. 185–198

Rommetveit, Ragnar, Social Norms and Roles. Explorations in the Psychology of Enduring Social Pressures. Oslo–Minneapolis 1955

Schanck, Richard L., A Study of a Community and Its Groups and Institutions Conceived of as Behaviors of Individuals. Psychological Monographs, Bd. 43, No. 2, Princeton/N. J. – Albany/N.Y. 1932

Scheff, Thomas J., Being Mentally Ill. A Sociological Theory. Chicago 1966

Schelsky, Helmut, Über die Stabilität von Institutionen, besonders Verfassungen. Kulturanthropologische Gedanken zu einem rechtssoziologischen Thema. Jahrbuch für Sozialwissenschaft 3 (1952), S. 1–21, neu gedruckt in: Ders., Auf der Suche nach Wirklichkeit. Gesammelte Aufsätze. Düsseldorf–Köln 1965, S. 33–55

Schumann, Karl F., Zeichen der Unfreiheit. Zur Theorie und Messung sozialer Sanktionen. Freiburg/Br. 1968

Schwartz, Richard D., Social Factors in the Development of Legal Control. A Case Study of Two Israeli Settlements. The Yale Law Journal 63 (1954), S. 471–491

Scott, Marvin B./Lyman, Stanford M., Accounts. American Sociological Review 33 (1968), S. 46–62

SPITTLER, GERD, Norm und Sanktion. Untersuchungen zum Sanktionsmechanismus. Olten–Freiburg/Br. 1967

4. RECHTE ARCHAISCHER GESELLSCHAFTEN

BARTON, R. F., The Half-Way Sun. Life Among the Headhunters of the Philippines. New York 1930
BERNDT, RONALD M., Excess and Restraint. Social Control Among a Guinea Mountain People. Chicago 1962
BOHANNAN, PAUL J., Justice and Judgment Among the Tiv. London 1957
–, The Differing Realms of the Law. In: DERS. (Hrsg.), Law and Warfare. Studies in the Anthropology of Conflict. Garden City/N.Y. 1967, S. 43–56
BÜNGER, KARL/TRIMBORN, HERMANN (Hrsg.), Religiöse Bindungen in frühen und in orientalischen Rechten. Wiesbaden 1952
EKVALL, ROBERT B., Law and the Individual Among the Tibetan Nomads. American Anthropologist 66 (1964), S. 1110–1115
EPSTEIN, A. L., Juridical Techniques and the Judicial Process. A Study of African Customary Law. Manchester 1954
GILLIN, J. P., Crime and Punishment Among the Barama River Carib. American Anthropologist 36 (1934), S. 331–344
GLUCKMAN, MAX, The Judicial Process Among the Barotse of Northern Rhodesia. Manchester 1955
–, The Ideas in Barotse Jurisprudence. New Haven–London 1965
GRÄF, ERWIN, Das Rechtswesen der heutigen Beduinen. Walldorf 1952
GUTMANN, BRUNO, Das Recht der Dschagga. München 1926
HASLUCK, MARGARET, The Unwritten Law in Albania. Cambridge/England 1954
HOEBEL, ADAMSON E., The Law of Primitive Man. A Study in Comparative Legal Dynamics. Cambridge/Mass. 1954. (Dt. Übers.: Das Recht der Naturvölker. Olten 1968)
KUPER, HILDA/KUPER, LEO (Hrsg.), African Law. Adaptation and Development. Berkeley–Los Angeles 1965
LEE, DEMETRACOPOULOU D., A Primitive System of Values. Philosophy of Science 7 (1940), S. 355–378
LLEWELLYN, KARL N./HOEBEL, ADAMSON E., The Cheyenne Way. Conflict and Case Law in Primitive Jurisprudence. Norman 1941
MAIR, LUCY, Primitive Government. Harmondsworth 1962
MALINOWSKI, BRONISLAW, Sitte und Verbrechen bei den Naturvölkern. Wien o. J.
–, A New Instrument for the Interpretation of Law – Especially Primitive. The Yale Law Journal 51 (1942), S. 1237–1254
MAUSS, MARCEL, Essai sur le don. Forme et raison de l'échange dans les sociétés archaïques. Neu gedruckt in: DERS., Sociologie et anthropologie. Paris 1950, S. 143–279. (Dt. Übers.: Die Gabe. Frankfurt 1968)
NADEL, SIEGFRIED F., Social Control and Self-Regulation. Social Forces 31 (1953), S. 265–273
POSPISIL, LEOPOLD, Kapauku Papuans and Their Law. Yale University Publications in Anthropology N. 54, 1958. Neudruck o. O. 1964, S. 248 ff
RADCLIFFE-BROWN, ALFRED R., Primitive Law. Encyclopedia of the Social Sciences. Bd. IX. New York 1933, S. 202–206

Rattray, R. S., Ashanti Law and Constitution. Oxford 1929

Schott, Rüdiger, Die Funktion des Rechts in primitiven Gesellschaften. Jahrbuch für Rechtssoziologie und Rechtstheorie 1 (1970), S. 107–174

Thurnwald, Richard, Die menschliche Gesellschaft in ihren ethno-soziologischen Grundlagen. Bd. V, Berlin–Leipzig 1934

5. Rechte hochkultivierter Gesellschaften

Bandyopadhaya, Narayan Chandra, Development of Hindu Polity and Political Theories. Bd. I, Calcutta 1927

Bonner, Robert J., Lawyers and Litigants in Ancient Athens. The Genesis of the Legal Profession. Chicago 1927

Brunner, Otto, Land und Herrschaft. Grundfragen der territorialen Verfassungsgeschichte Südostdeutschlands im Mittelalter. 3. Aufl., Brünn–München–Wien 1943

Ch'ü T'ung-Tsu, Law and Society in Traditional China. Paris–Den Haag 1961

Cohn, Bernard S., Some Notes on Law and Change in North India. Economic Development and Cultural Change 8 (1959), S. 79–93. Neu gedruckt in: Paul Bohannan (Hrsg.), Law and Warfare. Studies in the Anthropology of Conflict. Garden City/N.Y. 1967, S. 139–159

Duyvendak, J. J. L., The Book of Lord Shang. A Classic of the Chinese School of Law. London 1928

Escarra, Jean, Le droit chinois. Peking–Paris 1936

Gernet, Louis, Droit et société dans la Grèce ancienne. Paris 1955

–, Le temps dans les formes archaïques du droit. Journal de psychologie normale et pathologique 53 (1956), S. 379–406

Hahm, Pyong-Choon, The Korean Political Tradition and Law: Essays in Korean Law and Legal History. Seoul 1967

Henderson, Dan Fenno, Conciliation and Japanese Law. Tokugawa and Modern. 2 Bde. Seattle–Tokyo 1965

Jones, Walter J., The Law and Legal Theory of the Greeks. An Introduction, Oxford 1956

Kaser, Max, Das altrömische ius. Studien zur Rechtsvorstellung und Rechtsgeschichte der Römer. Göttingen 1949

Kunkel, Wolfgang, Herkunft und soziale Stellung des römischen Juristen. 2. Aufl., Graz–Wien–Köln 1967

Mühl, Max, Untersuchungen zur altorientalischen und althellenischen Gesetzgebung. Klio, Beiheft N. F. 16, Leipzig 1933

Nörr, Dieter, Zur Entstehung der gewohnheitsrechtlichen Theorie. Festschrift für Wilhelm Felgenträger. Göttingen 1969, S. 353–366

Ostwald, Martin, Nomos and the Beginning of Athenian Democracy. Oxford 1969

Ruben, Walter, Die gesellschaftliche Entwicklung im alten Indien. Bd. II. Die Entwicklung von Staat und Recht. Berlin 1968

Schacht, Joseph, Zur soziologischen Betrachtung des islamischen Rechts. Der Islam 22 (1935), S. 207–238

–, An Introduction to Islamic Law. Oxford 1964

SZLECHTER, EMILE, La ‹loi› dans la Mésopotamie ancienne. Revue internationale des droits de l'antiquité. 3. série 12 (1965), S. 55–77

VANDERMEERSCH, LÉON, La formation du légisme. Recherches sur la constitution d'une philosophie politique charactéristique de la Chine ancienne. Paris 1965

WIEACKER, FRANZ, Vom römischen Recht. Leipzig 1944

WILSON, JOHN A., Authority and Law in Ancient Egypt. Journal of the American Oriental Society 74 (1954), Supplement S. 1–17

WOLFF, HANS J., Beiträge zur Rechtsgeschichte Altgriechenlands und des hellenistisch-römischen Ägypten. Weimar 1961

6. PROBLEME POSITIVIERTER RECHTSORDNUNGEN

ALLEN, CARLETON KEMP, Law in the Making. 6. Aufl., Oxford 1958

ARENS, RICHARD/LASSWELL HAROLD D., In Defense of Public Order. New York 1961

ATKINSON, K. M. T., Athenian Legislative Procedure and Revision of the Laws. Bulletin of the John Rylands Library 23 (1939), No. 1, S. 107–150

BALL, HARRY V., Social Structure and Rent-Control Violations. American Journal of Sociology 65 (1960), S. 598–604

– /FRIEDMAN, LAWRENCE M., The Use of Criminal Sanctions in the Enforcement of Economic Legislation. A Sociological View. Stanford Law Review 17 (1965), S. 197–223

BARRACLOUGH, G., Law and Legislation in Medieval England. Law Quarterly Review 56 (1940), S. 75–92

BERGER, MORROE, Equality by Statute. The Revolution in Civil Rights. 2. Aufl., Garden City/N. Y. 1967

BRYNTESON, WILLIAM E., Roman Law and New Law. The Development of a Legal Idea. Revue internationale des droits de l'antiquité. 3. série 12 (1965), S. 203 bis 223

–, Roman Law and Legislation in the Middle Ages. Speculum 41 (1966), S. 420 bis 437

COLOMBOTOS, JOHN, Physicians and Medicare. A Before-After Study of the Effects of Legislation on Attitudes. American Sociological Review 34 (1969), S. 318 bis 334

DUSTER, TROY, The Legislation of Morality. Law, Drugs and Moral Judgment. New York–London 1970

ECKHOFF, TORSTEIN/JACOBSON, KNUT DAHL, Rationality and Responsibility in Administrative and Judicial Decision-Making. Kopenhagen 1960

GAGNÉR, STEN, Studien zur Ideengeschichte der Gesetzgebung. Stockholm–Uppsala–Göteborg 1960

KARSTEDT, ULRICH, Untersuchungen zu athenischen Behörden. Klio 31 (1938), S. 1–32

KRAUSE, HERMANN, Dauer und Vergänglichkeit im mittelalterlichen Recht. Zeitschrift der Savigny-Stiftung für Rechtsgeschichte, Germ. Abt. 75 (1958), S. 206 bis 251

KUTSCHINSKY, BERL, Law and Education. Some Aspects of Scandinavian Studies into ‹The General Sense of Justice›. Acta Sociologica 10 (1966), S. 21–41

–, Knowledge and Attitudes Regarding Legal Phenomena in Denmark. Scandinavian Studies in Criminology 2 (1968), S. 125–159

LUHMANN, NIKLAS, Grundrechte als Institution. Ein Beitrag zur politischen Soziologie. Berlin 1965
–, Legitimation durch Verfahren. Neuwied–Berlin 1969
MAYHEW, LEON H., Law and Equal Opportunity. A Study of the Massachusetts Commission Against Discrimination. Cambridge/Mass. 1968
MÜHL, MAX, Untersuchungen zur altorientalischen und althellenischen Gesetzgebung. Klio, Beiheft N. F. 16, Leipzig 1933
PLUCKNETT, T. F. T., Legislation of Edward I. Oxford 1949
PODGÓRECKI, ADAM, Law and Social Engineering. Human Organization 21 (1962), S. 177–181
–, The Prestige of Law. Acta Sociologica 10 (1966), S. 81–96
POUND, ROSCOE, The Limits of Effective Legal Action. International Journal of Ethics 27 (1917), S. 150–167
SCHARPF, FRITZ, Die politischen Kosten des Rechtsstaats. Tübingen 1970
SCHMIDT, FOLKE/GRÄNTZE, LEIF/ROOS, AXEL, Legal Working Hours in Swedish Agriculture. Theoria 12 (1946), S. 181–196
SPRANDEL, ROLF, Über das Problem des neuen Rechts im frühen Mittelalter. Zeitschrift der Savigny-Stiftung für Rechtsgeschichte, kan. Abt. 79 (1962), S. 117 bis 137

7. TEILBEREICHE DES RECHTSSYSTEMS

a) Justiz

BECKER, THEODORE L., Political Behavioralism and Modern Jurisprudence. A Working Theory and Study in Judicial Decision-Making. Chicago 1964
CARLIN, JEROME E./HOWARD, JAN, Legal Representation and Class Justice. U-C-L-A Law Review 12 (1965), S. 381–437
FEEST, JOHANNES, Die Bundesrichter. Herkunft, Karriere und Auswahl der juristischen Elite. In: WOLFGANG ZAPF (Hrsg.), Beiträge zur Analyse der deutschen Oberschicht. München 1965, S. 95–113
GÖRLITZ, AXEL, Verwaltungsgerichtsbarkeit in Deutschland. Neuwied–Berlin 1970
GROSSMAN, JOEL B./TANENHAUS, JOSEPH (Hrsg.), Frontiers in Judicial Research. New York 1969
HOWARD, WOODFORD, JR., On the Fluidity of Judicial Choice. The American Political Science Review 62 (1968), S. 43–56
KALVEN, JR., HARRY/ZEISEL, HANS, The American Jury. Boston 1966
KAUPEN, WOLFGANG/RASEHORN, THEO, Die Justiz zwischen Obrigkeitsstaat und Demokratie. Neuwied–Berlin 1971
KIRCHHEIMER, OTTO, Politische Justiz. Neuwied 1965
KÜBLER, FRIEDRICH KARL, Der deutsche Richter und das demokratische Gesetz. Archiv für die civilistische Praxis 162 (1963), S. 104–128
MURPHY, WALTER F., Elements of Judicial Strategy. Chicago–London 1964
NEWMAN, DONALD J., Conviction. The Determination of Guilt or Innocence Without Trial. Boston–Toronto 1966
PACKER, HERBERT L., Two Models of the Criminal Process. University of Pennsylvania Law Review 113 (1964), S. 1–68

Richter, Walter, Zur soziologischen Struktur der deutschen Richterschaft. Stuttgart 1968

Rottleuthner, Hubert R., Zur Soziologie richterlichen Handelns. Kritische Justiz 1970, S. 282–306, 1971, S. 60–88

Rüthers, Bernd, Die unbegrenzte Auslegung. Zum Wandel der Privatrechtsordnung im Nationalsozialismus. Tübingen 1968

Schubert, Glendon, Quantitative Analysis of Judicial Behavior. Glencoe/Ill. 1959
– (Hrsg.), Judicial Decision-Making. New York–London 1963
– (Hrsg.), Judicial Behavior. A Reader in Theory and Research. Chicago 1964
–, The Judicial Mind. Evanston 1965

Symposium: Jurimetrics. Law and Contemporary Problems 28 (1963), S. 1–270

Symposium: Social Science Approaches to the Judicial Process. Harvard Law Review 79 (1966), S. 1551–1628

Weissler, Adolf, Die Geschichte der Rechtsanwaltschaft. Leipzig 1905

Wells, Richard S./Grossman Joel B., The Concept of Judicial Policy-Making. A Critique. Journal of Public Law (1967), S. 286–310

Winter, Gerd, Sozialer Wandel durch Rechtsnormen. Berlin 1969

Zeisel, Hans/Kalven, Jr., Harry/Buchholz, Bernard, Delay in the Court. Boston 1959

Zitscher, Wolfram, Die Beziehungen zwischen der Presse und dem deutschen Strafrichter. Kiel 1968

–, Rechtssoziologische und organisationssoziologische Fragen der Justizreform. Köln–Berlin–Bonn–München 1969

Zwingmann, Klaus, Zur Soziologie des Richters in der Bundesrepublik Deutschland. Berlin 1966

b) Legislative

Barber, James D., The Lawmakers. Recruitment and Adaptation to Legislative Life. New York–London 1965

Becker, Howard S., Outsiders. Studies in the Sociology of Deviance. New York–London 1963

Horack, Frank E., Jr., Cases and Materials on Legislation. 2. Aufl., Chicago 1954

Lempert, Richard, Strategies in Research Design in the Legal Impact Study. Law and Society Review 1 (1966), S. 111–132

Stammer, Otto u. a., Verbände und Gesetzgebung. Köln 1965

Wahlke, John C./Eulau, Heinz (Hrsg.), Legislative Behavior. Glencoe/Ill. 1959
– /Buchanan, William/Ferguson, LeRoy C., The Legislative System. Explorations in Legislative Behavior. New York–London 1962

c) Polizei und Strafvollstreckung

Banton, Michael, The Policeman in the Community. New York 1964

Bittner, Egon, The Police on Skid-Row. A Study of Peace-Keeping. American Sociological Review 32 (1967), S. 699–715

Blankenburg, Erhard, Die Selektivität rechtlicher Sanktionen. Eine empirische Untersuchung von Ladendiebstählen. Kölner Zeitschrift für Soziologie und Sozialpsychologie 21 (1969), S. 805–829

Bordua, David J. (Hrsg.), The Police. Six Sociological Essays. New York–London–Sydney 1967

Cicourel, Aaron V., The Social Organization of Juvenile Justice. New York–London–Sydney 1968

Empey, LaMar T./Erickson, Maynard L., Hidden Delinquency and Social Status. Social Forces 44 (1966), S. 546–554

Feest, Johannes/Lautmann, Rüdiger (Hrsg.), Die Polizei. Soziologische Studien und Forschungsberichte. Opladen 1971

Gardiner, John A., Traffic and the Police. Variations in Law-Enforcement Policy. Cambridge/Mass. 1969

Goldstein, Joseph, Police Discretion not to Invoke the Criminal Process. Low-Visibility Decisions in the Administration of Justice. The Yale Law Review 69 (1960), S. 543–594

LaFave, Wayne R., The Police and Nonenforcement of the Law. Wisconsin Law Review 1962, S. 104–137

–, Arrest. The Decision to Take a Suspect into Custody. O. O. 1965

Skolnick, Jerome H., Justice Without Trial. Law Enforcement in Democratic Society. New York–London–Sydney 1966

Sudnow, David, Normal Crimes. Sociological Features of the Penal Code in a Public Defender Office. Social Problems 12 (1965), S. 255–276

Westley, William A., Secrecy and the Police. Social Forces 34 (1956), S. 254–257

Wilson, James Q., Varieties of Police Behavior. The Management of Law and Order in Eight Communities. Cambridge/Mass. 1968

d) Anwälte

Carlin, Jerome E., Lawyers On Their Own. A Study of Individual Practitioners in Chicago. Brunswick/N. J. 1962

–, Lawyers' Ethics. A Survey of the New York City Bar. New York 1966

Ladinsky, Jack, Careers of Lawyers, Law Practice, and Legal Institutions. American Sociological Review 28 (1963), S. 47–54

Mayhew, Leon/Reiss, Albert J., Jr., The Social Organization of Legal Contacts. American Sociological Review 34 (1969), S. 309–318

O'Gorman, Hubert J., Lawyers and Matrimonial Cases, New York 1963

Pound, Roscoe, The Lawyer From Antiquity to Modern Times. With Particular Reference to the Development of Bar Associations in the United States. St. Paul/Minn. 1953

Rüschemeyer, Dietrich, Rekrutierung, Ausbildung und Berufsstruktur. Zur Soziologie der Anwaltschaft in den Vereinigten Staaten und in Deutschland. In: David V. Glass u. a., Soziale Schichtung und soziale Mobilität. Köln 1961, S. 122–144

Smigel, Erwin O., The Wall Street Lawyer. Professional Organization Man? New York–London 1964

e) Juristen

Kaupen, Wolfgang, Die Hüter von Recht und Ordnung. Die soziale Herkunft, Erziehung und Ausbildung der deutschen Juristen – Eine soziologische Analyse. Neuwied–Berlin 1969

Weyrauch, Walter O., The Personality of Lawyers, New Haven 1964 (Dt. Übers.: Zum Gesellschaftsbild des Juristen. Neuwied 1970)

8. Recht und sozialer Wandel

Aubert, Vilhelm, Einige soziale Funktionen der Gesetzgebung. In: Hirsch/Rehbinder, S. 284–309

Bamberger, Michael A./Lewin, Nathan, The Right to Equal Treatment. Administrative Enforcement of Antidiscrimination Legislation. Harvard Law Review 74 (1961), S. 526–589

Berger, Morroe, Equality by Statute. The Revolution in Civil Rights. 2. Aufl., Garden City/N. Y. 1967

Chambliss, William J., A Sociological Analysis of the Law of Vagrancy. Social Problems 12 (1964), S. 67–77

–, Types of Deviance and the Effectiveness of Legal Sanctions. Wisconsin Law Review 1967, S. 703–719

Dror, Yehezkel, Law and Social Change. Tulane Law Review 33 (1959), S. 787 bis 801

Friedman, Lawrence M., Legal Rules and the Processes of Social Change. Stanford Law Review 4 (1967), S. 786–840 (806 f)

–, Legal Culture and Social Development. Law and Society Review 4 (1969), S. 29–44

Friedmann, Wolfgang, Recht und sozialer Wandel. Frankfurt 1969

Goldblatt, Harold/Cromien, Florence, The Effective Social Reach of the Fair Housing Practices Law of the City of New York. Social Problems 9 (1962), S. 365–370

Goostree, Robert E., The Iowa Civil Rights Statute. A Problem of Enforcement. Iowa Civil Rights Review 37 (1952), S. 242–248

Hurst, James William, The Growth of American Law. The Lawmakers. Boston 1950

–, Law and the Conditions of Freedom in the Nineteenth-Century United States. Madison 1956

–, Law and Social Progress in United States History. Ann Arbor 1960

Massell, Gregory J., Law as an Instrument of Revolutionary Change in a Traditional Milieu. The Case of Soviet Central Asia. Law and Society Review 2 (1968), S. 179–228

Podgórecki, Adam, Dreistufen-Hypothese über die Wirksamkeit des Rechts. In: Ernst E. Hirsch/Manfred Rehbinder, S. 271–283

–, Loi et morale en théorie et en pratique. Revue de l'institut de sociologie 1970, S. 277–293

Rose, Arnold M., Law and the Causation of Social Problems. Social Problems 16 (1968), S. 33–43

Schwartz, Richard D./Miller, James C., Legal Evolution and Societal Complexity. The American Journal of Sociology 70 (1964), S. 159–169

Stjernquist, Per, How are Changes in Social Behaviour Developed by Means of Legislation? In: Legal Essays. Festskrift til Frede Castberg. Kopenhagen–Stockholm–Göteborg 1963, S. 153–169

SACHREGISTER

Abhängigkeiten/Unabhängigkeiten zwischen Systemen 192, 325

Absorption von Folgeproblemen 324; s. a. Folgenneutralisierung

abstrakt / konkret 143, 151, 170 Anm. 79

Abstraktion 323
- des Rechts 143 f, 160 f, 178 ff, 326 ff

abweichendes Verhalten 39, 91, 116 ff, 223 f; s. a. Unrecht
- –, tauschförmiges Akzeptieren von 274 f, 278 f
- –, Etikettierung als 122 f
- –, gemeinsames 39, 46 f, 69
- –, Latentbleiben von 6, 72; s. a. Ignorieren; Rechtsdurchsetzung
- –, Neutralisierung von 121 ff, 174
- –, Stabilisierung von 48

Abweicherrolle 48

Abwicklung s. Enttäuschungsverarbeitung

Achtung s. Moral

Änderbarkeit des Rechts 152 f, 174, 182 f, 208 ff, 230, 237 ff, 242 f; s. a. Gesetzgebung

Änderung von Erwartungen 39, 68 f, 90 f
- von Institutionen 71 f, 74
- von Strukturen 93, 137, 242 f, 298 f; s. a. Evolution

Äquifinalität von Entwicklungsursachen 146

Aggressivität 34 f, 37

Akzeptieren von Entscheidungen 261 f; s. a. Legitimität

alter ego 32 f

altes / neues Recht 209, 300 f, 347 f

Amt 170, 199
- für Gesetzgebung 292

Angst 152, 288
- –, Entlastung von 38, 41
- –, Individualisierung von 119

Anomie 39 Anm. 22

Anonymität Dritter 66 f, 71, 74
- von Regeln 38 f

Anwendung des Rechts 181, 234 f

archaische Gesellschaften 27 f, 90 f, 105, 108 f, 111 f, 117 ff, 127, 148 f, 341, 343 f

archaisches Recht 145 ff

Argumentation 174 f, 178 f

ascribed / achieved s. Status

Asylrecht 158

Aufmerksamkeit, Entlastung von 231; s. a. Kapazität, begrenzte
- –, thematische Konzentration von 68 ff

Aufregung 54

Ausdifferenzierung des Rechts 17, 103, 105 f, 174 f, 217 ff; s. a. Verfahren
- eines politischen Systems 162 ff, 244

Ausnahmen, Isolierung von 48

Ausreden 59 f

Autonomie der Jurisprudenz 22
- von Verfahren 113, 139, 172 ff, 181 f

Bagatellsachen 273 f

Befolgung des Rechts 267

Begriffe, juristische 179, 182; s. a. kategoriale Struktur; Dogmatik

Begriffsjurisprudenz, Kritik der 21 f

Begründung des Rechts 207, 355; s. a. Transzendenz

Berechenbarkeit 17, 38

Beruf s. Juristen; Profession

Beschwerdemechanismus 271 ff

Beweis s. Rechtsbeweis

Bezugsgruppen 77 ff; s. a. Juristen; Profession
- als Kontrolle 288 ff

Billigkeit 189

binäre Schematisierung 149, 176 f, 208, 230, 351; s. a. Logik; Negation

Blutrache 108 ff, 119 f, 150 f, 154 f, 157 f, 161; s. a. Rache

Brauchtum 27

chinesisches Recht 149 Anm. 24, 167, 184 Anm. 109, 185, 193, 222 Anm. 28, 341 f

common law 179 f, 189

Dankbarkeit 155 f

Delegation 232 f

Demokratie 246, 261, 336

Dharma 184 Anm. 109
Dialog 285 ff
Differenzierung der Entscheidungsverfahren 234 ff, 244
– normativer und kognitiver Erwartungen 44 f, 49, 127 f, 139, 185
–, funktionale 129, 166, 171, 185, 190 f, 203 f, 217, 283 f, 308, 329, 334 f; s. a. Spezifikation; unifunktional / multifunktional
– von Rollen 87, 283 f
–, segmentäre 148, 163 Anm. 65
–, segmentäre / funktionale 15 f, 139 ff
– von konformem und abweichendem Verhalten 124 ff
Disjunktion, moralische 124 ff, 360
Dogmatik, juristische 22 f, 179, 201, 213 Anm. 11, 247, 290 f, 335 f, 350 f, 354 f; s. a. Begriffe; kategoriale Struktur
Dritte 65 ff, 159, 172, 260 f
Durchsetzung s. Rechtsdurchsetzung

Eid 112, 150, 154 Anm. 41
Eigentum 13, 32, 256 f
einfache Sozialsysteme 318 f; s. a. Dialog
Einheit des Rechts 214, 355 ff
Einstellungen zum Recht 5, 254 ff
elementare Mechanismen 30
empirische Sozialforschung 5 f, 8
Engagement 68, 70, 74, 264
Engpaß, evolutionärer 297
Enteignungsschutz 252 f
Entrüstung, moralische 270
Entscheidung über Anwendung von Gewalt 112 f
Entscheidungen, bindende 101, 112 f, 162; s. a. Verfahren
–, Normierung von 175 f; s. a. Programme
–, Symbolqualität von 115
Entscheidungsprämissen s. Programme
– -programme; s. Programme
– -prozeß, gerichtlicher 4 f; s. a. Gerichtsverfahren; Verfahren
Entschuldigungen 59 f, 116
Entstabilisierung 243
Enttäuschungen 31, 41 f, 53 f, 116

Enttäuschungserklärungen 56 ff
– -festigkeit 31 f, 43 f, 50 f
– -reaktion 58 ff
– -verarbeitung 16, 41 f, 53 ff, 84 f, 237 f
Entweder / Oder s. binäre Schematisierung
Erklärung s. Enttäuschungserklärungen
erlaubt / verboten 144, 178
Erleben des Erlebens anderer 32, 35; s. a. Erwartungen; Reflexivität
Erlösung 119 f
Errungenschaften, evolutionäre 135 f
Erwartungen 82 f
–, Änderung von 39, 68 f
–, Bildung und Stabilisierung von 31 f
– von Erwartungen anderer 33 ff, 51 f, 65 f, 260 f, 264 f
–, kognitive 42 f, 50, 54 Anm. 55, 124 f, 340
–, Konsistenz von 83 f
–, normative 40 ff, 95 f, 124 f, 340 ff
–, Unterstellbarkeit von s. Institutionalisierung
Erwartungssicherheit 38 f, 54, 86, 91, 100, 108, 114 f, 129; s. a. Unsicherheit
Erziehung 224 ff, 279
Erzwingbarkeit s. Rechtsdurchsetzung; Zwang
Erzwingungsstab, Selektivität des 275 ff
Ethik 41 Anm. 28, 118 f, 184, 187, 189, 223
Ethos, archaisches 283
–, berufliches 288; s. a. Profession; Juristen
Evolution 12, 132 ff, 296 f, 336 f, 352; s. a. Überleitungen
– des Rechts 63, 100, 105 f, 126
expressiv / instrumentell 179, 315 ff

Fähigkeit als Zurechnungsgrund 55 f; s. a. Zurechnung
Fallentscheidungen 234 ff
Flexibilität von Normen 39
Folgenneutralisierung 313 f; s. a. Absorption
– -verantwortlichkeit 231 f, 250, 291 f
formal / material 17; s. a. Konditionalprogramme; Zweckprogramme

375

Formalismus 153 f, 160 f
Freiheit 41 Anm. 28, 76, 137, 192, 216, 223, 329, 347
– und Bindungsmöglichkeiten 75
–, Institutionalisierung von 76
Freiheitsschranken 192
Frieden s. Landfrieden
Funktion des Rechts 99 ff, 357 f
funktionale Differenzierung s. Differenzierung
– Spezifikation s. Spezifikation
Funktionswandel der Rechtsnormen 294

Gebiet 126 ff
Gefährdungshaftung 253
Gefühl s. expressiv / instrumentell
Gegenwartsbezug archaischen Rechts 152, 154, 343 f; s. a. Zeit
Geisteskrankheit als Enttäuschungserklärung 47 f
Geldwirtschaft 16 f, 314, 327; s. a. Wirtschaft
Geltung 39, 149, 178, 280, 300, 359
gemeinsame Überzeugungen 66, 259 f; s. a. Kollektivbewußtsein; Konsens
Gemeinschaft/Gesellschaft 309 Anm. 32, 315, 317
Generalisierung, kongruente 94 ff, 123, 137, 147, 154 ff, 171, 175 ff, 188, 203, 210 ff, 226, 341 f; s. a. sachliche, soziale, zeitliche
Gerechtigkeit 154, 187 ff, 223, 226, 234, 284, 327 ff, 356
Gericht / Verfahren 173
Gerichtsverfahren 234 ff, 264; s. a. Verfahren
Geschäftsbedingungen 256, 257, 328
Geschichte 68 ff, 348; s. a. Systemgeschichte, Zeit
Gesellschaft 132 f; s. a. Evolution
– als Systemreferenz des Rechts 131
Gesellschaftstheorie 25 f, 132
Gesetzgebung 90, 143 f, 183, 192 ff, 237 ff
Gesetzgebungsverfahren 264
Gesinnungsmoral 314; s. a. Gewissen
Gewalt, physische 106 ff, 219 f, 239 f, 262 f; s. a. Zwang
Gewaltenteilung 240, 245, 251

Gewissen 91, 224, 254; s. a. Gesinnungsmoral
Gewohnheit 27
Gleichheitsprinzip 157, 186, 188 f, 232, 235 f, 279, 284, 329
Glück / Unglück als Enttäuschungserklärung 57
Gottesurteil 154
Grenzen s. Systemgrenzen
–, territoriale 126 ff, 133, 334 f
Grenzstellen 279 f
griechisches Rechtsdenken 185 ff, 224 f; s. a. Nomos, Nomothesie
Grundnorm 204 f, 356
Grundrechte 281 f, 329
gültig / ungültig 144, 178
gut / schlecht 178

Häuptlinge 163 f
Handlung und System 301 ff
Haus s. Oikos
heilige Rechte 167
Helden 86, 99
hermeneutische Kontrolle 285 ff; s. a. Argumentation; Dialog
Herrschaft, politische 19, 160, 162 f, 169 f, 184, 319; s. a. politisches System
herrschende Meinung 289 f
Hexerei als Enttäuschungserklärung 56 ff
Hierarchie 302; s. a. Legeshierarchie
– der Gerichte 284 f
– als Koordination 232 f
–, kybernetische 303 ff
–, politische 163 f, 169 f, 245
Hilfe 155 f
Hochachtung s. Moral
Hochkulturen 166 ff, 192 ff, 342, 344 f

Identifikation von Erwartungen 80 ff; s. a. sachliche Generalisierung
Identität, soziale Konstitution von 74 f
– des Rechts s. Einheit
Ideologie 93, 215, 249, 304, 308, 347
Ignorieren von Normverstößen 55
Immunisierung gegen Widerlegung 37, 94
Imperativ, Norm als 40 Anm. 25, 351 f, 357

Indifferenz 94, 212 f, 230 f, 265, 313 f;
s. a. Invarianz; Trivialisierung
indisches Recht 184 Anm. 109, 185, 194
Individualisierung 93, 168 f, 224, 265;
s. a. Person
Individuen, exemplarische 98
Information über Rechtsverstöße 268 ff
Initiativen 69
Inkongruenz der Soziologie 11 f
Instanzenzug 284 f
Institutionalisierung 64 ff, 95 ff, 260 f
instrumentell / expressiv 179, 315 ff
Interdependenz von Entscheidungen 332
Interdependenzen gesellschaftlicher Teilsysteme 192, 325
Interessenjurisprudenz 21 f, 332
Internalisierung 265 f
internationales Recht 338 f
Intimsphäre 316 f
Invarianz, relative, von Systemen 323 f;
s. a. Indifferenz
islamisches Recht 167
ius gentium 338

Juristen 3 f, 78 f, 180 f, 232, 287 ff
Juristenrecht 182 f, 192, 202
Justiz s. Gerichtsverfahren; Neutralisierung, politische; Richter; Unabhängigkeit; Unparteilichkeit
Justizverweigerung, Verbot der 142 f

Kampf 108, 172; s. a. physische Gewalt
Kapazität, begrenzte 31, 36, 45, 66 ff, 83, 230 ff, 268
kategoriale Struktur des Rechts 297, 325 ff; s. a. Begriffe; Dogmatik
Kausalität 207 f; s. a. Zurechnung
Kettenbildung s. Selektionsketten
Klage s. Beschwerdemechanismus
Knappheit s. Zeitknappheit
Kodifikationen 193, 201, 294
kognitive Erwartungen 42 f, 50, 54 Anmerkung 55, 124 f, 340
Kollektivbewußtsein 16, 72 f; s. a. gemeinsame Überzeugungen
Kollektivitäten 302, 337
Kompatibilität s. Generalisierung, kongruente
– des Rechts und der Gesellschaft 299 ff

Komplementarität des Erwartens 20, 33 ff
Komplexität 6, 31
– von Erwartungsstrukturen 35 f
– /Größe 148 Anm. 23, 332, 335
– des Rechts 6 ff, 166, 210 ff, 221 f
–, Steigerung von 7, 133, 136 f, 172, 203, 210 f, 221 f, 352
Kompromißbereitschaft in Rechtsstreitigkeiten 149, 151
Konditionalprogramme 88, 220 f, 227 ff
Konditionierung und Effektivität 231 f, 277 f
Konflikt normativer Erwartungen 63 f, 116
–, Erwartungsstrukturen im 34 f, 108
Konflikte, politische 248
Konfliktlösung 172
Kongruenz s. Generalisierung, kongruente
konkret / abstrakt 143, 151, 170 Anm. 79
Konsens 67 f, 97, 268, 336 f; s. a. gemeinsame Überzeugungen
Konsistenz 83 f, 213
– von Entscheidungen 176
Kontingenz 19 f, 31 ff, 191, 229
–, doppelte 20, 32 ff
– des Rechts 183, 198, 209 f, 331; s. a. Positivität
kontrafaktische Stabilisierung 43 f; s. a. Normen
Kontrolle 233, 282 ff
Kontroversen s. Rechtskontroversen
Koordination von Entscheidungen 232 f
Korporationsrecht 256
Kosmos als Rechtsordnung 184
Kredit 161
Krisenempfindlichkeit 243, 250
Kriterium des Rechts s. Gerechtigkeit
Kündbarkeit von Verträgen 76 f
Kultur 19, 21
Kybernetik s. Selbststeuerungsfähigkeit

Landfrieden 113 Anm. 141, 196 Anm. 138
latente / manifeste Strukturen 314 Anm. 48
Legeshierarchie 187, 197, 203, 214, 356;
s. a. Hierarchie

377

Legitimität 259 ff
Leistung 307 ff
Leitsätze 236 f
Lernen 43 f, 50, 237 ff, 260 ff; s. a. Erwartungen, kognitive
Logik 97/98 Anm. 116; s. a. binäre Schematisierung; Negation
– und Recht 228 f, 230 f, 286

Macht 110, 160, 250
– -wechsel 250, 259; s. a. Opposition
Magie 56 ff, 153 f, 160
manifeste / latente Strukturen 314 Anm. 48
Markt 258, 308
Meinungen über Recht und Justiz 5
Meinungsforschung 5, 72
Mensch als Teil oder als Umwelt der Gesellschaft 133 f; s. a. Persönlichkeitssysteme; Subjekt
mesopotamisches Recht 167, 187, 192 f, 194
Mißbrauch 252 f
Mobilisierung von Merkmalen 308; s. a. Status, zugeschriebener und erworbener
– des Rechts 181; s. a. Änderbarkeit
Mobilität 258
Möglichkeiten s. Kontingenz; Selektion; Überproduktion
Moral 27, 47 f, 87, 91, 114, 174, 184, 214 f, 270; s. a. Ethik; Ethos; Rechtsdurchsetzung, Moralisierung der
–, Trennung von Recht und 222 ff, 254
moralische Selbstaufwertung 300
multifunktional / unifunktional 309 ff

Nachgiebigkeit in Rechtsstreitigkeiten 149, 151
Naturrecht 10 f, 41 Anm. 26, 95, 134, 146, 186 f, 197 f, 215, 226, 228, 244, 338, 356
Negation 356, 358 ff; s. a. binäre Schematisierung
neues / altes Recht 209, 300 f, 347 f
Neuheit 130
Neutralisierung von Folgen 313 f
–, politische, der Justiz 242
–, symbolische 121 ff, 174

Nichtänderung des Rechts, Verantwortung für 143, 239, 348 f
nichtstaatliches Recht 131, 256 ff
Nomos 186 f
Nomothesie 200
Normalisierung 46 f, 106
Normen 40 ff; s. a. Erwartungen, normative; Programme
– als Risikoträger 299 f, 338
Normtypologien 27 f

Objektivität richterlicher Entscheidung 177
öffentliches Recht 201
Oikos 168 f
Opportunismus 249
Opposition 200 f, 241; s. a. Machtwechsel
Organisation und Programmstruktur 232 ff
organisationsinterne Rechtsbildung 256 ff
organisierte Sozialsysteme 318 f
Organisiertheitsgrad der Gesellschaft 272, 324
Organismus, Gesellschaft als 25, 133

Parömien 225
Parteibetrieb im Gerichtsverfahren 233
Persönlichkeitssysteme / Sozialsysteme 29 f, 36 ff, 265, 318 f; s. a. Mensch; Sozialisation; Subjekt
Person 85 f, 89 ff; s. a. Individualisierung
–, Institutionalisierung von 98
Personalknappheit im Erzwingungsstab 276 f
Physis / Nomos 186, 307; s. a. Naturrecht; Nomos
physische Gewalt 106 ff, 150; s. a. Zwang
Planung gesellschaftlichen Wandels 296 f, 349 f
– und Recht 247 f, 330 ff, 343 ff
Pluralismus, politischer 248
pluralistische Rechtstheorie 131, 256
Politik, territoriale Gebundenheit der 333 f, 336
– als Risikoträger 338; s. a. Normen

- und Verwaltung 245
- als Voraussetzung für Gesetzgebung 200 ff, 241, 244 ff
politische Kontrolle des Rechts 291 f
politisches System, Ausdifferenzierung 162 ff, 166 ff
Polizei s. Erzwingungsstab
Positivität des Rechts 24, 53, 190 ff, 207 ff, 340 f, 345 f; s. a. Legeshierarchie
Potential für Informationsverarbeitung 31, 45; s. a. Kapazität
Primärfunktionen 311 f
Profession 3, 288; s. a. Bezugsgruppen; Juristen
professionelle Kontrollen 288 ff
Programme 85, 87 ff, 144, 178, 227
programmierende und programmierte Entscheidung 234 f, 240 f
Projektion 37
Psychiatrie und Moral 47 f
psychiatrische Rechtspflege 305 Anm. 26
psychische Systeme s. Persönlichkeitssysteme
psychologische Rechtstheorien 28 f

Rache 59 Anm. 64; s. a. Blutrache
Rassengleichheit 278, 317 Anm. 55
Rationalisierung 17, 348
Reaktion s. Enttäuschungsreaktion
Recht 105; s. a. Ausdifferenzierung des; Funktion des; Generalisierung, kongruente
- als Mittel gesellschaftlicher Veränderungen 212, 294 ff
- als Systemstruktur 8 f, 105, 124, 134, 251 f
Rechtfertigungen 59 f, 116
Rechtsänderung s. Änderbarkeit
- -beweis 109, 112 f
- -durchsetzung 100 f, 219 f, 267 ff
- -, Moralisierung der 223, 319 f
- -fragen / Tatfragen 113, 181 f
- -gespräch vor Gericht 287
- -kenntnisse, Verbreitung von 5, 254, 268 f
- -kontroversen 177 f
- -kriterien s. Gerechtigkeit
- -prinzip 355 ff; s. a. Gerechtigkeit

- -quellenlehre 195, 207 ff; s. a. Legeshierarchie
- -soziologie 1 ff
- - und Rechtswissenschaft 354 f
- -sprichwörter 225
- -staat 240, 252 f
- -tatsachenforschung 22
- -technik 179 f
- -theorie 354 ff
- -vergleich 23
- -verstöße s. abweichendes Verhalten
Reduktionismus, psychologischer 28 f
Reflexivität 213 f, 217
- des Erwartens 32 ff
- der Institutionalisierung 79 f, 175 f
- der Normierung 213 ff, 355 f
Regel / Ausnahme 50, 174, 189
Regeln des Erwartens 38; s. a. Unterlaufen
Re-institutionalisierung 79 f; s. a. Reflexivität
Religion 56 ff, 119, 166 f, 184, 197 f
Reziprozität 155 ff, 284, 328
- der Perspektiven 32 ff
- abweichenden Verhaltens 273, 278 f
Rhetorik s. Argumentation
Richter 4 f, 67, 77, 79 f, 172 f, 175 f, 241 f; s. a. Gerichtsverfahren; Neutralisierung, politische; Unabhängigkeit; Unparteilichkeit
richterliche Rechtsbildung 202 f, 235 ff
Risiko 31 ff, 36 f, 42, 44, 49, 69 f, 87, 99, 172, 288, 299 f, 352
- der Positivität 251 ff
- der Reflexivität 215 f
Ritualismus 153 f, 160 f
römisches Recht 178, 179 f, 182, 189
Rolle 85, 86 ff, 89 ff
Rollendifferenzierung 173
- -rücksichten, diffuse 282 ff
- -theorie 2
- -trennung 283 f, 313 f

sachliche Generalisierung 64, 80, 94, 140, 154 f, 211, 341 f; s. a. Identifikation
sakrale Züge archaischen Rechts 152 f
Sanktion 54, 60 ff, 99 ff, 283
Sanktionen, repressive / restitutive 16, 98

segmentäre / funktionale Differenzierung 15 f, 139 ff; s. a. Differenzierung
Sein und Sollen 44, 354
Selbstdarstellung, Bindungswirkung von 74 f
– bei Initiative und Kritik 70
Selbsthilfe 107, 111 f, 150, 178; s. a. Blutrache, Vergeltung
Selbststeuerungsfähigkeit von Systemen 322 f
Selbstverständlichkeiten 44 ff, 68 ff
Selektion 31, 99, 139
– des Rechts 139 f, 179, 185 ff, 204, 208
Selektionsketten 114, 308
– -zwang 31, 100; s. a. Kapizität
Selektivität, doppelte 40 f, 126
– und Zeithorizonte 346 f
Selektivitätsverstärkung 40
Sezession 127
Sicherheit 308; s. a. Erwartungssicherheit, Unsicherheit
Sinn 30, 31 f, 81
Sippe s. Verwandtschaft
Sitte 27 f, 104
Skandal 62, 67
Solidarität, mechanische / organische 15 f
Sollen 27 f, 43, 80, 99; s. a. Normen
Souveränität 252
soziale Generalisierung 64, 94, 140, 154 f, 212, 341 f; s. a. Institutionalisierung
soziales System, Gesellschaft als 132 f
Sozialisation 224 ff, 232, 265 f
Sozialsysteme, einfache 318 f; s. a. Dialog
‹Soziologische Jurisprudenz› 21 f
Spezifikation, funktionale, des Rechts 179, 221 ff; s. a. unifunktional / multifunktional; Differenzierung, funktionale
– von Rollen 87; s. a. Rollentrennung
– von Werten 304 f
Sprache 40, 104 f, 118, 225
Subjekt, Mensch als 10 f; s. a. Mensch
subjektive Rechte 252 f, 281 f, 328
– Urteilselemente 177
Synallagma 156; s. a. Reziprozität; Vertrag

System / Umwelt 124 ff, 132 f, 244; s. a. Selbststeuerungsfähigkeit
Systematisierung des Rechts 178 f
Systemgeschichte 68 ff, 320 ff; s. a. Zeit
– -grenzen 124 ff; s. a. Grenzen

Schlichtung, archaische 149, 158 f
– und Verfahren 172 ff
Schuld 41 Anm. 28, 119 f, 344 f
– als Enttäuschungserklärung 56 ff
Schulpflicht 312

Staat und Gesellschaft 244, 295, 337
Stabilisierung 139, 176 f, 179, 297
s. a. Generalisierung
Status / Kontrakt 14 f, 308 f
– quo 348
–, zugeschriebener und erworbener 307 ff
– -kongruenz 170 f
Stereotypen, negative 266
Steuerungshierarchie (Parsons) 303 ff
Streik 253
Struktur 40 f, 126, 128, 132, 210
–, Recht als 8 f, 105, 124, 134, 251 f
Strukturänderung 93, 137; s. a. Änderung von Erwartungen; Evolution
Strukturen, formulierte und unformulierte 314 f
Strukturwandel s. Änderung

Takt 34 f, 46 Anm. 38
Talion 90 Anm. 105, 98, 154 f
Tatfragen / Rechtsfragen 113, 181 f
tauschförmiges Akzeptieren von Rechtsverstößen 274 f, 278 f
Technisierung 230 f
thematische Konzentration von Aufmerksamkeit 68 ff, 286 f
Territorium 126 ff, 334 f
Terror 262 f
Toleranz 213, 323
Tradierbarkeit 84, 140, 160, 162
Tradition 317 Anm. 56
–, archaische 152 f
Transzendenz der Rechtsbegründung 197 f; s. a. Begründung
Trivialisierung 213, 255, 266; s. a. Moral

380

Übererfüllung 86
Überleitungen, evolutionäre 161, 165, 172, 196 ff, 253, 266
Überproduktion normativer Erwartungen 63 f, 137, 139
– gesellschaftlicher Möglichkeiten 31, 129 f, 136, 139, 141, 190 f, 204
Überschätzung von Übereinstimmung 71
Unabhängigkeit des Richters 182, 232 f, 253
ungültig / gültig 144
unifunktional / multifunktional 309 ff
Universalität des Rechts 179
Unparteilichkeit des Richters 172, 176
Unrecht 43 Anm. 32, 121, 356, 359 f; s. a. abweichendes Verhalten
Unsicherheit in der Rolle der Juristen 180
–, Steigerung tragbarer 229 f, 253 f; s. a. Erwartungssicherheit
Unsicherheitsabsorption 40, 142, 251
Unterlassen als Entscheidung 142 f, 239, 348 f
Unterlaufen von Regeln durch Konsens 39, 149, 194, 280; s. a. Rechtsdurchsetzung
Unterstellbarkeit des Akzeptierens 261 f
– – von Erwartungen s. Institutionalisierung
Unterstützung, politische 264
Utilitarismus 18, 222 Anm. 29, 231 Anm. 50

Variation s. Änderbarkeit, Änderung
Varietät, Erzeugung von 138
– des Rechts 332
Veränderung s. Änderung
Verantwortlichkeit 231 f
Verbalisierung 59 f, 69 f, 175; s. a. Argumentation
verboten / erlaubt 144
Verfahren 101, 113, 139, 141 ff, 158 f, 161 ff, 171 ff 214, 218 f, 263 f; s. a. Ausdifferenzierung des Rechts; Entscheidungen, bindende; Gerichtsverfahren
– zur Rechtsänderung s. Gesetzgebung
Verfassung 204 f, 214
Vergeltung 154 f, 284; s. a. Talion

Vermittlung s. Schlichtung
– von Rechtswirkungen durch Systeme 306, 318 ff
Vernünftigkeit 174 f
Versäulung 248
Vertrag 10 f, 14 f, 74 ff, 156, 327 f
Vertragsfreiheit 192, 256 f
Vertrauen 114, 240, 254, 281
Verwandtschaft 127, 148, 150 f, 163, 166
Völkerrecht 128, 338 f
Vorhersagen 147 Anm. 19

Wahl, politische 264
Wahrheit 50, 129, 217 f, 224
– des Rechts 185
Wandel, gesellschaftlicher 297 ff
Wechsel im Amt 170, 199
Welt 31 f, 81, 143, 204
– -gesellschaft 333 ff
Werte 85, 88 ff, 174 f, 249
Wertsysteme 89, 249
Wirtschaft 161 f, 166; s. a. Geldwirtschaft
Wissenschaft 50, 57, 129, 221 Anm. 27, 224; s. a. Wahrheit
Wohlfahrtszwecke 17
Wünsche 97

Zeit 49, 117 f, 128, 209 ff, 231, 315 f, 343 ff, 358 f; s. a. Gegenwartsbezug; Systemgeschichte; Zukunft
– -differenz zwischen Tat und Sanktion 158 f
– -druck in Enttäuschungssituationen 59, 158
– -knappheit in Entscheidungsprozessen 350
zeitliche Generalisierung 64, 94, 140, 154 f, 341 f; s. a. Enttäuschungsfestigkeit, Normen
Zivilrecht 161 f, 164, 178
Zufall im Entscheidungsprozeß 177
– als Enttäuschungserklärung 57
– und Evolution 135 f
–, Planbarkeit von 296
Zukunft, offene 117 f, 128 ff, 191, 232, 342
Zurechnung 39, 43, 55 f, 70, 186, 208, 308; s. a. Status, zugeschriebener

- der Rechtsdurchsetzung 280 f
Zuschauer 66 f
Zwang 68 f, 100, 103, 108, 219 f, 268, 304; s. a. Erzwingungsstab; Gewalt, physische; Rechtsdurchsetzung

Zwecke, Juridifizierbarkeit von 17, 103, 220 f, 227 f
Zweckorientierung s. instrumentell / expressiv
Zweckprogramm 88, 232, 241

rororo studium
Herausgegeben von Ernesto Grassi

Rechtswissenschaften:
Prof. Dr. jur. Erhard Denninger,
Universität Frankfurt
Prof. Dr. jur. Karl Kroeschell,
Universität Göttingen

Niklas Luhmann (Univ. Bielefeld)
Rechtssoziologie 1 [1]

Niklas Luhmann (Univ. Bielefeld)
Rechtssoziologie 2 [2]

Karl Kroeschell (Univ. Göttingen)
Deutsche Rechtsgeschichte I (bis 1250) [8 – Juni 72]

Karl Kroeschell (Univ. Göttingen)
Deutsche Rechtsgeschichte II (1250–1650) [9 – Sept. 72]

Eberhard Schmidhäuser
(Univ. Hamburg)
Einführung in das Strafrecht
[12 – Sept. 72]

Betriebswirtschaftslehre:
Prof. Dr. phil. Dres. h. c. Erich Kosiol,
Freie Universität Berlin
Prof. Dr. rer. pol. Erwin Grochla,
Universität Köln

Erwin Grochla (Univ. Köln)
Unternehmungsorganisation [3]

Erwin Grochla (Hrsg.) (Univ. Köln)
Unternehmungsorganisation Reader + Abstracts [4]

Johannes Bidlingmaier (Univ. Graz)
Marketing [7 – Juli 72]

Erich Kosiol (Univ. Berlin)
Die Unternehmung als wirtschaftliches Aktionszentrum
Einführung in die Betriebswirtschaftslehre [11 – Sept. 72]

Psychoanalyse:
Hermann Argelander (Sigmund-Freud-Institut, Frankfurt/M.)
Gruppenprozesse
Wege zur Anwendung der Psychoanalyse in Behandlung, Lehre und Forschung [5]

Melanie Klein
Das Seelenleben des Kleinkindes
und andere Beiträge zur Psychoanalyse
[6]

Igor A. Caruso (Univ. Salzburg)
Soziale Aspekte der Psychoanalyse [10 – Juni 72]

August Aichhorn
Erziehungsberatung und Erziehungshilfe [13 – Juli 72]

Hans Strotzka (Univ. Wien)
Einführung in die Sozialpsychiatrie [14 – Sept. 72]

Sozialwissenschaft:
Prof. Dr. phil. Joachim Matthes,
Universität Bielefeld
Prof. Dr. rer. pol. Franz-Xaver Kaufmann, Unversität Bielefeld

Joachim Matthes (Univ. Bielefeld)
Einführung in das Studium der Soziologie [15 – Okt. 72]

Dietrich Storbeck (Univ. Bielefeld)
Raumplanung in der Industriegesellschaft
Entwicklung und Probleme der Raumplanung in Deutschland [16 – Okt. 72]

Linguistik:
Prof. Dr. phil. Dieter Wunderlich,
Freie Universität Berlin
Prof. Dr. phil. Helmut Schnelle,
Technische Universität Berlin

Dieter Wunderlich (Univ. Berlin)
Grundlagen der Linguistik
[17 – Okt. 72]

Adam Schaff (Polnische Akademie der Wissenschaften, Warschau)
Sprache und Erkenntnis
[18 – Okt. 72]

aktuell rororo

Herausgegeben von Freimut Duve

DETLEV ALBERS / WERNER GOLDSCHMIDT / PAUL OEHLKE Klassenkämpfe in Westeuropa. England, Frankreich, Italien [1502]

HEINRICH ALBERTZ / DIETRICH GOLDSCHMIDT [Hg.] Konsequenzen oder Thesen, Analysen und Dokumente zur Deutschlandpolitik [1280]

ULRICH ALBRECHT / BIRGIT A. SOMMER Deutsche Waffen für die Dritte Welt. Militärhilfe und Entwicklungspolitik. Vorwort von Helmut Glubrecht [1535]

ALVES / DETREZ / MARIGHELA Zerschlagt die Wohlstandsinseln der Dritten Welt. Mit dem Handbuch der Guerilleros von Sao Paulo [1453]

GUNTER AMENDT [Hg.] Kinderkreuzzug oder Beginnt die Revolution in den Schulen? Mit Beiträgen von Stefan Rabe, Ilan Reisin, Ezra Gerhardt, Günter Degler u. Peter Brandt [1153]

ATHÈNES-PRESSE LIBRE Schwarzbuch der Diktatur in Griechenland. Eine Dokumentation zusammengestellt von Aris Fakinos, Clément Lépidis und Richard Soméritis. Vorwort: Vagelis Tsakiridis [1338]

JAMES BALDWIN Hundert Jahre Freiheit ohne Gleichberechtigung oder The Fire Next Time / Eine Warnung an die Weißen [634]

EMIL BANDHOLZ Zwischen Godesberg und Großindustrie oder Wo steht die SPD? [1459]

RICHARD J. BARNET Der amerikanische Rüstungswahn oder Die Ökonomie des Todes. Mit einem Beitrag von Claus Grossner [1450]

UWE BERGMANN / RUDI DUTSCHKE / WOLFGANG LEFÈVRE / BERND RABEHL [Hg.] Rebellion der Studenten oder Die neue Opposition. Eine Analyse [1043]

BERLINER AUTORENGRUPPE [Hg.] Kinderläden. – Revolution der Erziehung oder Erziehung zur Revolution? [1340]

PHILIP BERRIGAN Christen gegen die Gesellschaft. US-Priester im Gefängnis [1498]

JUAN BOSCH Der Pentagonismus oder Die Ablösung des Imperialismus? Mit einem Nachwort von Sven G. Papcke [1151]

WILFRED BURCHETT Kambodscha und Laos oder Nixons Krieg? [1401]

GÉRARD CHALIAND Kann Israel noch besiegt werden? oder Die Kommandos kämpfen weiter [1409]

G. und D. COHN-BENDIT Linksradikalismus – Gewaltkur gegen die Alterskrankheit des Kommunismus [1156]

DAVID COOPER [Hg.] Dialektik der Befreiung. Mit Texten von Carmichael, Gerassi, Goodman, Marcuse, Sweezy u. a. [1274]

WOLFGANG CYRAN Genuß mit oder ohne Reue? Eine medizinische Analyse über die Gefahren des Rauchens [984]

BERNADETTE DEVLIN Irland: Religionskrieg oder Klassenkampf? [1182]

ULRICH EHEBALD Patient oder Verbrecher? Strafvollzug provoziert Delinquenz. Gutachten zum Fall N. Mit einem Vorwort von Gerhard Mauz [1501]

KLAUS ESSER Durch freie Wahlen zum Sozialismus oder Chiles Weg aus der Armut [1554]

FRANTZ FANON Die Verdammten dieser Erde. Vorwort von Jean-Paul Sartre [1209/10]

ERNST FISCHER Die Revolution ist anders. Ernst Fischer stellt sich zehn Fragen kritischer Schüler [1458]

KARL-HERMANN FLACH / WERNER MAIHOFER / WALTER SCHEEL Die Freiburger Thesen der Liberalen [1545]

ERICH FRISTER / LUC JOCHIMSEN [Hg.] Wie links dürfen Lehrer sein? Unsere Gesellschaft vor einer Grundsatzentscheidung [1555]

J. WILLIAM FULBRIGHT Die Arroganz der Macht [987]

aktuell rororo

Herausgegeben von Freimut Duve

- Das Pentagon informiert oder Der Propaganda-Apparat einer Weltmacht. Mit einem Essay von Winfried Scharlau [1541]
- **NORBERT GANSEL [Hg.]** Überwindet den Kapitalismus oder Was wollen die Jungsozialisten? [1499]
- **ROGER GARAUDY** Marxismus im 20. Jahrhundert [1148]
- Die ganze Wahrheit oder Für einen Kommunismus ohne Dogma [1403]
- **GARAUDY / METZ / RAHNER** Der Dialog oder Über das Verhältnis zwischen Katholizismus und Marxismus? [944]
- **IMANUEL GEISS / VOLKER ULLRICH [Hg.]** 15 Millionen beleidigte Deutsche oder Woher kommt die CDU? Beiträge zur Kontinuität der bürgerlichen Parteien [1414]
- **ERNESTO CHE GUEVARA** Brandstiftung oder Neuer Friede? Reden und Aufsätze. Hg. und mit einem Nachwort versehen von Sven G. Papcke [1154]
- **HILDEGARD HAMM-BRUCHER** Aufbruch im Jahr 2000 oder Erziehung im technischen Zeitalter. Ein bildungspolitischer Report aus 11 Ländern [983]
- **ROBERT HAVEMANN** Dialektik ohne Dogma? / Naturwissenschaft und Weltanschauung [683]
- **Helft Euch selbst!** Der Release-Report gegen die Sucht. Hg. vom Autorenteam: Rolv Heuer, Herman Prigann, Thomas Witecka [1543]
- **ROLF HEYEN [Hg.]** Die Entkrampfung Berlins oder Eine Stadt geht zur Tagesordnung über [1544]
- **WERNER HOFMANN** Grundelemente der Wirtschaftsgesellschaft – Ein Leitfaden für Lehrende [1149]
- **LUC JOCHIMSEN** Hinterhöfe der Nation – Die deutsche Grundschulmisere [1505]
- **JOACHIM KAHL** Das Elend des Christentums oder Plädoyer für eine Humanität ohne Gott [1093]
- **REINHARD KUHNL** Formen bürgerlicher Herrschaft. Liberalismus – Faschismus [1342]
- **REINHARD KUHNL [Hg.]** Der bürgerliche Staat der Gegenwart. Formen bürgerlicher Herrschaft II [1536]
- **HILDEGARD LUNING [Hg.]** Mit Maschinengewehr und Kreuz oder Wie kann das Christentum überleben? [1448]
- **MAO TSE-TUNG** Theorie des Guerillakrieges oder Strategie der Dritten Welt / Einleitender Essay von SEBASTIAN HAFFNER [886]
- **WALTER MENNINGEN [Hg.]** Ungleichheit im Wohlfahrtsstaat. Der Alva-Myrdal-Report der schwedischen Sozialdemokraten [1457]
- **ERNST RICHERT** Die DDR-Elite oder Unsere Partner von morgen? [1038]
- **BERTRAND RUSSELL / JEAN-PAUL SARTRE** Das Vietnam-Tribunal I oder Amerika vor Gericht [1091]
- Das Vietnam-Tribunal II oder Die Verurteilung Amerikas [1213]
- **UWE SCHULTZ [Hg.]** Umwelt aus Beton oder Unsere unmenschlichen Städte. Mit einem Nachwort von Alexander Mitscherlich [1497]
- **REINHARD STRECKER / GUNTER BERNDT [Hg.]** Polen – Ein Schauermärchen oder Gehirnwäsche für Generationen [1500]
- **JOACHIM WEILER / ROLF FREITAG** Ausbildung statt Ausbeutung. Der Kampf der Essener Lehrlinge. Mit einem Vorwort von Günter Wallraff [1504]
- **Welternährungskrise oder Ist eine Hungerkatastrophe unausweichlich?** Hg. von der Vereinigung Deutscher Wissenschaftler [1147]

Gesamtauflage über 3,6 Millionen Exemplare

**rowohlts deutsche enzyklopädie
Staats- und
Wirtschaftswissenschaften**

Clemens A. Andreae, Ökonomik der Freizeit. Zur Wirtschaftstheorie der modernen Arbeitswelt [330/31]

Hans Apel, Der deutsche Parlamentarismus / Unreflektierte Bejahung der Demokratie? [298/99]

Walter Eucken, Grundsätze der Wirtschaftspolitik [81]

J. R. Hicks, Einführung in die Volkswirtschaftslehre [155/56]

Hans Kellerer, Statistik im modernen Wirtschafts- und Sozialleben [103/04]

Erich Kosiol, Die Unternehmung als wirtschaftliches Aktionszentrum / Einführung in die Betriebswirtschaftslehre [256/57]

Börje Kragh, Konjunkturforschung in der Praxis / Prognosen und ihre Anwendung in der Konjunkturpolitik [321]

Andreas Predöhl, Das Ende der Weltwirtschaftskrise / Eine Einführung in die Probleme der Weltwirtschaft [161]

Hans Raupach, Geschichte der Sowjetwirtschaft [203/04] – System der Sowjetwirtschaft / Theorie und Praxis [296/97]

Ralf-Bodo Schmidt unter Mitwirkung von **Jürgen Berthel,** Unternehmungsinvestitionen / Strukturen – Entscheidungen – Kalküle [338]

Günter Schmölders, Konjunkturen und Krisen [3] – Finanz- und Steuerpsychologie. Erweiterte Neuauflage von Das irrationale in der öffentlichen Finanzwirtschaft [100/01] – Geschichte der Volkswirtschaftslehre / Überblick und Leseproben [163/64] – Psychologie des Geldes [263/65]

Dies ist nur eine Auswahl. Ein vollständiges Verzeichnis aller lieferbaren Bände erhalten Sie direkt vom Rowohlt Taschenbuch Verlag, 2057 Reinbek bei Hamburg

Ästhetik und Kommunikation
Beiträge zur politischen Erziehung

Die Zeitschrift »Ästhetik und Kommunikation« wird von einem Frankfurter Redaktionskollektiv am Institut für experimentelle Kunst und Ästhetik [IKAe] herausgegeben, in dem Pädagogen, Soziologen, Philosophen und Germanisten vertreten sind. Die Zeitschrift veröffentlicht theoretische und praktische Beiträge, Dokumente und Materialien, die gesellschaftliche Entwicklungen im kulturellen Überbau analysieren und kritisieren. Die Zeitschrift geht aus von der gesellschaftlichen Funktion von Schule, Wissenschaftsbereich, Massenmedien und Kunst. Die Zeitschrift wendet sich deshalb an diejenigen, die in diesen Bereichen arbeiten und der sozialisierenden Funktion dieser Institutionen ausgesetzt sind. Diesen ihre gesellschaftliche Lage wie ihre Stellung im kapitalistischen Produktionsprozeß erfahrbar und veränderbar darzustellen, ist ihr wichtigstes Ziel.

Die vier Hefte des Jahres 1972 enthalten Beiträge aus den Themenbereichen:

Ästhetik und Medientheorie
Ästhetik und Medientheorie in den sozialistischen Ländern · Ansätze zur Film- und Fernsehkritik · Agitations- und Straßentheater · Ästhetisierung der Umwelt · Kritische Theorie und Ästhetik

Pädagogik
Vorschulpädagogik · Bildungsökonomie · Medien im Unterricht · Unterrichtsmodelle und Curriculumplanung · Politische Organisation der Lehrer

Psychologie
Lernpsychologie · Kollektive Therapie · Marxismus und Psychologie

Sprachwissenschaft
Materialistische Sprachtheorie · Kompensatorische Spracherziehung · Kritik des Strukturalismus

Gegen Einsendung dieses Kupons erhalten Sie ein **Probeheft für 2 DM** (Ladenpreis 4 DM)
Rowohlt Verlag GmbH
Betr. Ästhetik und Kommunikation
2057 Reinbek, Postfach 9

Marxistisch-Leninistisches Wörterbuch der Philosophie

Herausgegeben von Georg Klaus und Manfred Buhr

Band 1-3

handbuch rororo

Philosophie ist heutzutage öffentlich. Politische, soziale und ökonomische Auseinandersetzungen werden mit einem Begriffsapparat geführt, der die Zerrissenheit der Philosophie reflektiert. Die Inflation der Begriffe geht Hand in Hand mit der Inflation der Mißverständnisse, gesteigert durch die hohen Anforderungen der modernen Logik, Informatik, Kybernetik. Dieses auf marxistisch-leninistischer Basis erarbeitete Lexikon trägt zur Klärung der Begriffe bei.

rororo handbuch 6155; 6156; 6157

746/1